通过人才管理实现执行和绩效的革新方程式

人力资源开发论

权静彦, 禹亨禄 合著
薛汝宽 翻译

(株)白山出版社

序言

- 教育能改变人吗?
- 也不是灵丹妙药，只要出了什么事就让他教育。
- 他们说人才很重要，但他们更感兴趣的是花钱雇用人才，而不是实际培养人才。
- 人才开发团队的绩效满意度是否达到5.0?

即使当我以顾问的身份考察公司或在组织内担任人力资源部门的成员时，这些问题总是像标签一样跟着我，让我感到尴尬。人力资源开发(HRD)字面上将人视为决定绩效的重要资源。这也是通过培养会员来促进组织福祉的系统性努力。尽管教育、培训、学习和职业支持等术语并未完全体现这一含义，但该领域更为人们所熟悉。实际人力资源开发活动的典型例子有新员工入职培训、晋升员工培训、管理研讨会、岗位培训和技术培训等名称。

但与学校教育以每个学生的成长为目标不同，企业教育是为了特定目的而团结起来的群体，因此也必须考虑组织的绩效。归根结底，个人的成长不应该脱离组织的成长，无论个人多么优秀，根据其对任务的适应程度以及成员之间的合作方式，会出现完全不同的结果。

现代人力资源开发需要将重点从个人层面的培训和教育转向组织层面的发展、变革、文化和战略。从这个角度来看，招聘、评估、薪酬等的管理目的是人力资源管理(HRM)的传统领域，应基于"人力资源"的"开发"。此外，为促进积极变革或提高组织层面的工作效率而进行的改进活动也是人力资源开发的一部分。

在现代人力资源开发中，同时追求个人层面和组织层面、绩效和绩效维度，上述问题可以转化为以下问题。

- 为了改变人的行为,设计了变化程序。
- 查查明原因，寻求解决该原因的解决方案。
  教育只是一个解决方案。
- 组织成员个人的发展和组织的战略达成要均衡、排列。从平衡和排序的角度来看，从外部引进人才或从内部培养人才是战术选择。
- 人才开发成果是什么，目标在哪里，如何实现，最高管理层和组织成员的需求应该统一、共享。

本书根据作者的现场经验和专业知识,分配执笔部分,努力最大限度地反映人力资源开发的两面性。前半部分由教授设计师及人才开发专家担任,后半部分由曾担任经营战略及人事组织顾问的作者负责执笔。本书共13个章节分为4个部分:人力资源开发的基础、核心领域、组织层面的扩张以及未来趋势。

第一部分介绍人力资源开发的基本术语和概念。第一章概述了人力资源开发的概念、定义、目的和组成部分,第二章探讨了人力资源开发的历史起源和出现。第三章深入探讨了随着人力资源开发范式的变化而新确立的战略性人力资源开发。

第二部分将人力资源开发的核心领域划分为五个部分进行阐述。第四章介绍了创造人力资源的差异化绩效的胜任力的意义以及科学提取胜任力的方法论,即胜任力建模。第五章涵盖了旨在实现人与工作之间匹配的工作设计以及提高组织成员对工作的投入和满意度的工作重塑。第六章涉及到辅导和指导,第七章涉及到学习组织,第八章则讨论了职业发展。到目前为止,每个核心领域都是作为独立概念,侧重于工作管理、知识管理、人际网络等方面来处理的,但在第二部分中,我们从人力资源开发的整合性视角对其进行了解释。

第三部分人力资源开发的拓展,即从组织层面的宏观角度来看待人力资源开发。第九章考察了工作满意度、劳动人性化、员工参与和质量管理,重点关注工作生活质量。第十章讨论组织变革，第十一章讨论组织文化。我们从变革和文化的角度审视追求组织可持续性和创新增长的系统行动。

最后，第四部分是人力资源发展的未来。灵活应对快速变化的环境、不确定性和低增长是所有人面临的主要问题。人力资源正在整合胜任力以加强战略、结构和流程，寻求突破。第十二章比较了短期视角下的绩效管理和更长期的组织发展，以提高组织绩效。第十三章探讨了在无限竞争中获得国际竞争力的全球人力资源开发以及从国家人力资源开发的角度审视终身学习的意义。

这本书将为研究人力资源开发理论的学生以及从事企业组织中人才开发工作的实务人员拓宽人才管理的实践视野。建议学习每一章之后，批判性地反思【自我充电站】，并将所学理论应用到现场案例和问题中，赋予其意义。间接经验将弥补这本书的不足之处。

具体描述该书的学习目标如下：

第一,可以了解人力资源开发的概念、发展史,掌握我们目前的水平和现状。

第二,可以从个人、集团、组织的高水平角度解释人力资源开发,并探索提高个人及组织胜任力的方案。

第三,可以理解具有执行和绩效两面性的人力资源开发的属性,定义和开发提高组织效率和效果的胜任力。

第四,我们能够构思不仅针对当前而且针对未来需求、不仅针对实地而且针对战略实践的人力资源开发。

希望这本书能够为那些追求“共同成长的人生”的读者重新定义“共同”的含义，填补和践行“成长”的方向和内容的指南。

2024. 3.

全体作者

译本介绍

在翻译这本书的过程中，我将自己的专业知识和经验融入其中，致力于准确传达原著作者的观点和理念。我努力确保翻译不仅在语言上精准流畅，而且在思想上与原著保持一致性和深度，为读者提供了更好理解人力资源开发领域的窗口。我希望这本书能够顺利传播到更广泛的读者群体中，为他们带来宝贵的知识与启发。

这是一部对人力资源开发领域进行全面探索的重要著作。这本书以作者的实践经验和专业知识为基础，深入探讨了人力资源开发的复杂性和重要性。通过分配不同专家执笔不同部分，书籍呈现了人力资源开发领域的多样性和广度。

这本书的编排结构合理，内容丰富全面，涵盖了人力资源开发的各个方面，既有理论阐述，又有实践指导，具有很高的可读性和实用性。尤其值得称赞的是，本书籍的后半部分交由曾担任经营战略及人事组织顾问的作者执笔，通过这种方式将理论与实践相结合，使读者能够更好地理解和应用所学知识。

作者首先从基本术语和概念入手，系统性地介绍了人力资源开发的历史、定义和组成部分，为读者提供了全面的认识。随后，书籍将人力资源开发的核心领域划分为五个部分，涵盖了关键概念如胜任力建模、工作设计、辅导和指导、学习组织以及职业发展。通过这些章节，读者不仅可以理解各个核心领域的概念，还可以探索如何应用这些概念提升个人和组织的胜任力。

除了核心领域，书籍还对人力资源开发的拓展和未来趋势进行了深入探讨。作者从组织层面审视了工作生活质量、组织变革和文化等方面，指出了人力资源开发在促进组织可持续性和创新增长方面的重要作用。同时，书籍还关注了人力资源开发在应对快速变化的环境和不确定性方面的应对策略，以及在国际竞争中获得竞争优势的方法。

总体而言，这本书不仅提供了丰富的理论知识，还将理论与实践相结合，为读者提供了可操作的指导。通过批判性反思和实地案例分析，读者能够更好地理解并应用人力资源开发的理论和方法，从而促进个人和组织的共同成长。因此，我认为这本书它不仅适合学术研究人员深入学习，也适合从事企业组织管理工作的实务人员参考借鉴。希望这本书能够为广大读者提供启迪，促进人力资源开发领域的进一步探索与实践。

2024. 3.

译者

目录

PART Ⅰ 人力资源开发的基础

PART Ⅱ 人力资源开发的领域

PART Ⅰ

人力资源开发的基础

Chapter 1

人力资源开发(HRD)的概述

1 | 人力资源和人力资源开发的概念

人力资源开发(Human Resource Development, HRD)通常被认为与人力资源管理(Human Resource Management, HRM)相对或者作为人力资源管理内的一个功能。首先，人力资源管理是管理组织成员的招聘、评估、开发、维持、报酬管理等体系。人力资源开发在其基础上主要集中在教育和培训上，直到最近一直被视为人力资源管理的一部分。然而，随着组织或人力资源周围的外部环境的变化，人力资源开发的概念和范围正在扩大，同时确立了自己的独立性，并且与人力资源管理的现有功能有了发展性的联系。

1) 人力资源开发的出现与领域

人力资源开发这个术语是由Nadler在1969年的ASTD[1](美国培训与开发协会)会议上首次提出的。直到那时，人力资源开发被视为学习知识、技能和态度，以提高工作或任务绩效的技术。相比之

1) 美国培训与发展协会(American Society for Training & Development, ASTD)成立于1945年，是一个企业培训的学术组织。2014年，该协会改名为人才发展协会(Association for Talent Development, ATD)，并宣称是一个非营利的职场学习和绩效专业组织。

下，Nadler将人力资源开发的概念定义为“一系列组织化活动和学习经验，旨在增加行为变化的可能性”。他强调了人力资源开发的目的是基于个人学习，为改善个人的工作，进而改善组织绩效做出贡献。为了实现这一目标，通过系统地设计和提供正式学习，来引导有益的经验成为可能是人力资源开发的主要角色。

Mankin (2001) 提出的 图1-1 模型中可以确认人力资源开发的领域，他指出人力资源开发不仅止步于教育和培训，还在执行战略和塑造组织文化方面发挥作用。因此，人力资源开发不仅涉及个人层面的学习知识、技能和态度，还积极参与改善组织层面的战略、创新和文化。

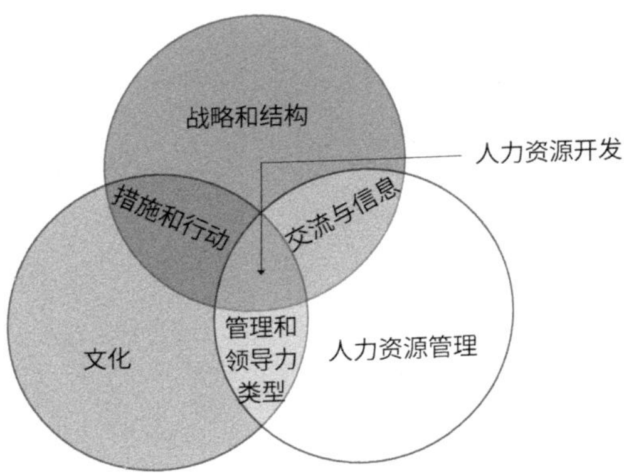

图1-1 人力资源开发模型(Mankin, 2001)

以下是 图1-2，展示了SAP内的HRM模块的概念图。SAP是一种在德国开发的企业资源计划(Enterprise Resource Planning, ERP)软件，旨在有效管理整个组织的资源。SAP/HRM由人事行政

(Personnel Administration, PA)和人事开发(Personnel Development, PD)两部分组成。人事行政包括福利管理、工资管理和考勤管理。值得注意的是，一般来说，人力资源管理的领域，如招聘、评估、报酬管理等，都包含在人事开发中。这反映了大多数人力资源管理活动的目的是为了组织成员的开发。

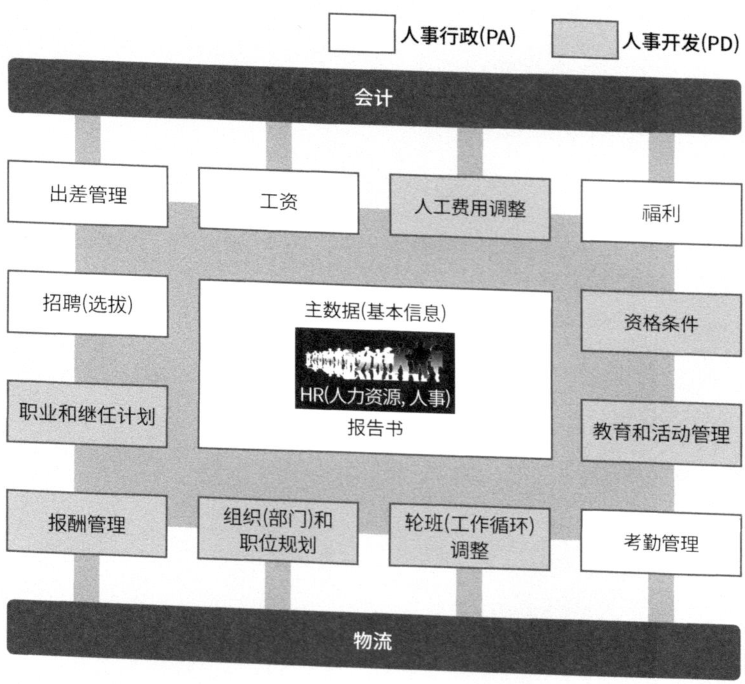

图 1-2 SAP/HRM的人事功能图

因此，人力资源开发通过促进组织成员的学习，增强他们的能力，从而追求组织的绩效。所有组织的绩效都是利用资源创造附加值的结果。人力资源开发这个术语也意味着对"人力资源"进行"开发"。组成组织的资源不仅包括人力资源，还包括原材料、设备、地理位置等"物质资源"，以及货币上的"财务资源"、专利权、版权等"技术资源"。然而，人力资源具有相对特殊性，这是人力资源开发受到关注的另一个原因。

2) 人力资源的特殊性

人力资源在表面上是指人类本身，但在最终上是指组织成员所拥有的知识、经验、忠诚和奉献精神、智慧等特性和能力。虽然我们可以统计拥有硕·博士学位的成员数量，但使用"人力"这个术语通常是指以可见的劳动投入量为基础的，而拥有硕·博士学位成员的个人能力更为重要。换句话说，大部分是无形的资源，存在于人体内，因此不容易量化和辨识并进行控制。相比之下，物质资源等有形资源的测量和控制较为容易。物质资源、财务资源、技术资源等通常都有相应的有效管理方法或规定，某种程度上已经规范化。

第二，人力资源是积极主动的。大部分资源在价值创造过程中充当工具和手段。从投入(input)-产出(output)的角度来看，我们可以估算出投入100个原材料会产生多少特定的产出物。然而，与此不同的是，人力资源所产生的产出物在内容和数量上要灵活得多，很难预测其开发的范围和结果。这是因为人类并不总是按照给定的方式执行任务。即使是相同的教育内容，每个人理解和应用的方式也会有所不同。有时会引起抵制或冲突，但超出预期的创造力和创新也源自人力资源。

第三，人力资源通过建立关系增加价值。所有的价值都是通过将人类与其他资源连接起来实现的。如果没有人类在组织的各个领域中发挥作用，就无法运作其他资源。这就是为什么人事被称为“万事”的原因。尽管最近对无人工厂的关注很高，但无人工厂仅限于预先设计的机械生产。要使无人工厂实现成长和发展，人类的投入是不可避免的。因此，将个人与适合他们的工作相匹配，即人-岗位匹配(person-job fit)，始终是人力资源管理者的主要问题。

同时，关系的建立在人力资源之间也发生着，并且更为重要。这被称为关系资本(relational capital)。组织内的成员通过建立关系相互合作，交换信息，从而促进组织绩效和塑造组织文化。此外，通过扩展到组织外部的人际网络，进行外部宣传，发掘机会，吸收信息也是人力资源的核心职责之一。因此，通过关系形成的人际网络和文化，作为另一种无形资源，对组织的竞争力产生了决定性影响，受到了关注。

最后，人力资源作为组织的利益相关者(stakeholder)这一新角色的地位正在提高。以往以财务利益为基础，投入股东(shareholder)价值最大化的经营决策机制，反映了考虑利益相关者的社会责任(corporate social responsibility, CSR)。利益相关者通过社区、环境、顾客、组织成员等多种主体参与经营，形成了企业能够正常持续成长的共识。在《财富(Fortune)》杂志[2)]评选的“适合工作的100强企业”每年

2)《财富》(Fortune)以1930年2月创刊《时代》杂志的H.R.鲁思创刊的综合经济杂志、大型版、高级体制和长文的彻底报告、有魄力的照片为特点。创刊当时大不列颠时期，只取得了3万份预售业绩，但在1978年月刊上成为了两周，每年5月的第一周，全美企业排名(Fortune 500)的公布都很有名。

排名靠前的公司中，超市Wegmans的座右铭是“员工至上，顾客其次(employee first, customer second)”。为了顾客满意，作为内部顾客的组织成员首先要满足的简单逆向思维正在成为成功事例。

以上人力资源的特殊性是一把双刃剑。即使仅凭拥有最高学历或智力的人才组成组织，也不会成为最好的组织。在制约创意和热情的组织文化中，个人不可能发挥能力。由于难以测量，人力资源的评估和预测总是有虚数介入。人职合规性必然存在资质过剩(over-qualification)、资质不达标(under-qualification)、资质不符(mis-qualification)的不均衡问题。但是，如果能够弥补这些缺点，系统地管理和开发人力资源的特殊性，并直接关系到组织的绩效，那么它本身就成为不容易复制的差别化核心力量。在后工业社会乃至第四次工业革命盛行的现代社会，通过人力资源开发确保核心力量的过程变得更加重要。

3) 人力资源开发的类型

由于人力资源的特殊性，人力资源的“开发(development)”与其他资源的概念不同，不是单纯使用和控制。以Lee(1997, 2001, 2016)为例，以开发的四种形式提出了成熟、旅程、形成和出现。这取决于您是否提前知道开发的最终结果，是否单独或共同完成身份确立(参考 图1-3)。

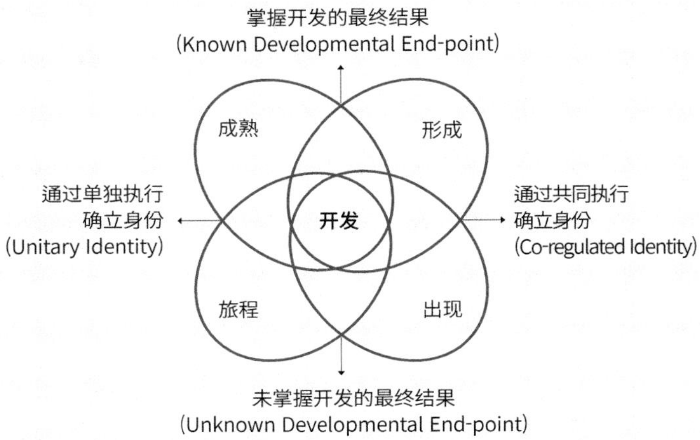

图 1-3 开发的四种类型(Lee, 2001)

成熟(maturation)是像孩子爬、走、跑一样，按照既定的程序进行的开发。旅程(voyage)是以终身学习为例，个人以内部发现为基础，修改人生长短期目标，推进的开发。形成(sharping)是指在开发的过程中，相关人员共同调节外部环境或组织的目标的情况，出现(emergent)的开发强调与他人的互动，如民主化等社会愿望实际上得到了体现。除了成熟之外，旅程、形成、出现在这个过程中，各种人的参与和介入会起到相对主要的作用。

有趣的是，韩语中开发中隐含的意思对理解人力资源开发中的“开发”很有用。开发词典上的定义是成长、发展、创造新事物、提高用处的活动。每个用例都可以包括“认知能力开发”、“经济开发”、“新产品开发”、“土地开发”等。因为人力资源是其对象，所以要把知识、技术、态度发展到更高的水平，对组织产生有益的变化，这就是开发。偶尔也翻译为“启发”，但启发对“唤醒潜在的才能”的限制性意义很强，所以对人力资源来说，“开发”是一个更合适的术语。

在实践中，人力资源的开发往往通过教育或培训进行，因此有时也混用。学者们(Nadler & Nadler, 1989； Gilley & Eggland, 1989)指出，培训(training)是目前的工作表现，而教育(education)则是专注于未来履行职责的学习活动。培训的内容强调了在特定职务上可以立即使用的即时性，在达到一定标准和标准的水平上反复掌握实际具体的技术。相比之下，教育是以人的成长和开发为目的的综合性用语，而不是特定的职务。有人认为，开发包括教育，教育包括开发，但这取决于是把教育的概念看作狭义还是广义。在组织这一特殊背景下，为了谋求人的成长、发展、创造和有用性，培训和教育以外的方法也存在，因此，把教育和开发等同起来或设置包含关系是不恰当的。

2 | 人力资源开发的定义和目的

很难找到用一句话概括人力资源开发的正义。如 表 1-1 所示，迄今为止提出各种定义的原因可以从现场和学术角度找到。第一，人力资源开发是以绩效推进体组织为脉络的实践领域。组织通过不断适应环境变化的努力成长和生存。因此，人力资源开发的范围和范式也在不断演变，目前仍在进行中。第二，学术基础不足的人力资源开发接受了教育学、心理学、经营学、经济学、系统理论等邻近学问(Passmore, 1997; Swanson & Holton, 2009)。接受不同观点对赋予人力资源开发意义做出了贡献,但多种重点混杂在一起,对将人力资源开发定位为独立领域起到了制约作用。通过从学者们主张的各种定义中得出共同的共识和区别，可以更明确地区分人力资源开发的界限，接近其本质。

表 1-1 人力资源开发的定义

(由Kim & Kim, 2016: 17-18, Wang et al., 2017等学者们修改、补充)

学者	定义	学者	定义
Harbison & Myers(1964)	增加社会所有成员知识、技能和能力的过程	Nadler & Nadler(1989)	组织在一定时期内的学习经验，创造了绩效变化的可能性
Nadler(1970)	旨在导致行为变化的特定时间内进行的一系列有组织的活动	Chalofsky (1992)	以最大限度地利用人和组织的成长和有效性为目的，基于学习的干预，旨在提高多层次学习能力的研究和实践
Jones (1981)	系统地扩展工作能力，重点关注实现组织和个人目标	Marquadt & Engel(1993)	营造学习文化、开发培训项目、共享信息和经验、评估结果、提供咨询、创造组织变革等
Chalofsky & Lincoln (1983)	对组织内个人和集团通过学习变化过程的研究	Marsick & Watkins(1994)	培训、职业发展、组织发展相结合。为学习组织提供必要的理论整合，让整个组织采取战略性行动
Swanson (1987)	旨在通过成员的能力提高组织绩效的活动，包括工作设计、适应性、专业性和激励	Stewart & McGoldrick (1996)	旨在对组织和个人学习产生积极影响的活动课程

学者	定义	学者	定义
Smith(1988)	直接或间接制度化的项目和活动，对个人开发和组织生产力产生积极影响	McLean & McLean(2001)	为了个人、组织、社区、国家和人类，从短期和长期角度提高工作知识、专业知识、生产力和满意度的过程
Watkins(1989)	为提高个人、集团、组织水平中与职务相关的学习能力的实践领域	Gilley, Eggland, & Gilley(2002)	促进知识、技能、能力和改善行为的倡议或组织活动。换句话说，学习、绩效和变革活动可以提高组织效率
McLagan (1989)	为了提高个人、团队、组织的有效性，员工的培训和发展、组织发展、职业发展的综合利用	Swanson (2009)	为改善组织系统、工作流程、团队和个人绩效而开发和展示专业知识的过程

1) 人力资源开发的本质

正如我们前面提到的，人力资源开发不限于个人的教育培训。吸收了组织发展、职业发展、执行改进等领域，构建了长期全面的领域(Gilley, Eggland, & Gilley, 2002)。它不仅与招聘、评估、维持、报酬管理等传统人力资源管理职能密切相关，而且与人力资源投入的组织内所有活动领域也有关系。

第二，人力资源开发的核心功能是通过促进组织内部的学习来改进执行、专业知识和创造绩效。它是指发现和增强组织成员在身体、情感、心理、智力等方面的潜力的活动，进而实现整个组织的能力和绩效的一切活动。

第三，传统教育注重个体学习，而人力资源开发则体现了个人、群体和组织的多层次性（multi-level）。个人、团队和组织也是人力资源相关研究的传统分析层次。由于分析方法、解释和规定因分析水平而异，因此在人力资源开发方面需要密切关注。

第四，人力资源开发的组织概念被扩张，指向地区社会、国家、人类等。人力资源开发适用于执行改进、专业性、绩效的所有单位组织。从这个角度来看，人力资源开发的脉络，比起"组织"，更适合"绩效体系（performance system）"这一综合性用语（Swanson & Holton, 2009）。特别是，随着国家争相探索繁荣和发展[3]，人力资源开发逐渐成为最重要的战略。

2）人力资源开发的目的

在人力资源开发的定义和本质中，实践中引起混乱的问题是"多层次问题"和"学习与绩效的平衡"。而且，这两个问题错综复杂地相互交织在一起。个人、团体和组织的多个层次适用于学习和绩效。下面的情况改编自Wilson、Goodman和Cronin（2007）提出的内容，让我们考虑一下它是什么水平的学习和表现。

有一个由8人组成的新产品开发小组。上个月，小组的朴在锡（音）代理接受了3D打印机教育。朴代理将组里收集意见后开发的创意用3D打印机打印出来，制作了试制品。其结果，该团队比以前

3）在韩国，为了培养有能力的人才，建设核心基础设施，进一步提高国家竞争力，将产业现场工作所需的知识、技能和态度等系统化为国家职业技能标准（NCS）。

减少了开发费用,缩短了时间。但是朴代理将在3个月后被安排到生产工厂,并转移部门,这样一来他将无法在工作中利用3D打印工作。

在上面的例子中,“3D打印技术是个人学习还是团队学习?”此外,“3D打印工作获得的成本节约和期限缩短是个人绩效还是团队绩效?”“团队绩效是个人绩效的总和吗?”对于诸如此类的问题,以片面的方式寻找答案是有限度的。

关于学习和绩效的争论始于20世纪90年代中期的美国人力资源开发学术界。最终,这归结为一个哲学问题:“人类是目的还是手段?”没有结果的纯粹学习就像一种爱好,注重结果会损害个人意志和自发性。组织环境中盛行的观点认为,不促进绩效的开发是毫无价值的,与此相反,大多数学者倾向于批评绩效开发是一种机械观念。人力资源开发的目的不是作为为组织提供劳动的单纯工具提高人类的能力,而是帮助人类在工作岗位上寻找生活的意义,这也是人力资源开发的重要作用。

表1-2 按范式总结了人力资源开发中学习与绩效的争论。个体学习或个体学习转化为多层次绩效的学习范式存在三种,以绩效改善为导向的范式又分为个体绩效和多层次绩效。

表 1-2 式与绩效范式的比较(Swanson & Holton, 2009: 140-141)

区分	学习范式			绩效范式	
	个人学习	基于执行的学习	全体制学习	个人执行改进	全体制学习
结果	·强化个人学习	·通过学习改进个人执行	·通过学习加强各个层面的执行	·改进个人执行	·强化多水平执行
解决方案	·个人学习	·个人学习 ·支持个人学习的组织系统	·个人、团队、组织的学习 ·支持多水平学习的组织系统	·非学习性个人执行系统干预 ·适当的学习	·非学习性多层次习性系统干预 ·多层次的适当学习
代表性研究方法	·成人学习理论 ·课程体系设计	·基于执行的课程 ·学习转移	·学习组织	·人类绩效技术(HPT)	·提高绩效(PI)

学习与绩效的范式一直存在冲突，但找到明确的解决方案既不可能也不理想(Swanson & Holton, 2009)。然而，人们对个人学习、开发和改善的信念，以及组织绩效建立在个人绩效之上的信念是共通的。由于人类拥有自由意志和尊严，因此，当组织成员自愿同意参与时，人力资源开发才有效。控制和调节无法最终实现人力资源开发。组织与个人和谐共处、共同成长、发展是人力资源开发的目的。

ASTD从1999年开始，将T&D的概念发展为职场学习与绩效(workplace learning & performance, WLP)。在WLP中，职场所指的是学习和绩效产生的空间。如图 1-4 所示，WLP强调学习和成长的关系，并在个人、团体和组织层面上进行综合性的探索(Sugrue, O' Driscoll, & Blair, 2005)。这涵盖了有意识/无意识的学习、形式/非形式的学习，并将其与多层次的绩效提升联系起来。

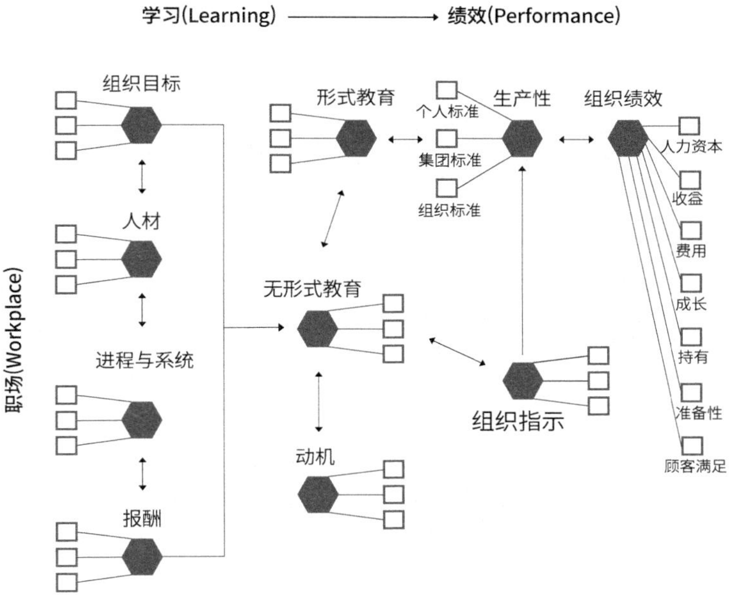

图 1-4 职场学习与绩效(WLP)的价值链(Sugrue et al., 2005)

3 | 人力资源开发的构成要素

学习与绩效综合追求的人力资源开发活动领域也存在多种观点。将实践活动视为人力资源开发的组成部分有助于明确其目的和定义。McLagan(1989)发展了Nadler(1969)的定义，将其定义为“为评估个人、团队和组织的效能而综合利用组织成员的培训与发展、组织发展、职业发展”。他的观点在图1-5的人力资源车轮(human resource wheel)中很好地体现出来。他将人力资源相关活动分为11个领域，然后分别纳入人力资源管理和人力资源开发。其中培训与开发、组织开发、职业开发属于人力资源开发的范畴。

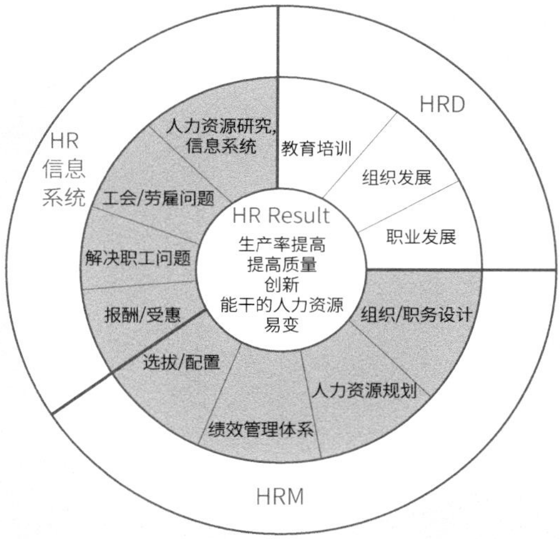

图1-5 人力资源车轮(McLagan, 1989)

培训与发展(training & development, T&D)是指通过计划的学习，获取个人所需的工作知识和技能，属于个个人发展(individual development, ID)概念。职业发展(career development, CD)是指将个人希望的职业和职业规划与组织期望的人才需求相协调，逐步规划和实现职业开发的过程。组织发展(organizational development, OD)是通过促进内外部有效关系的建立，追求能够提高组织有效性的变革活动。

相比之下，Swanson和Holton(2009)提出了除了职业开发之外的两个组成部分。根据他们的观点，培训与发展是培养专业能力的过程，而组织发展则是体现专业能力的概念。他们认为，在考虑到激活的劳动市场中存在着频繁换工作的情况时，组织内部产生的与晋升等相关的单向职业开发的意义已经被淡化(参见 图 1-6)。

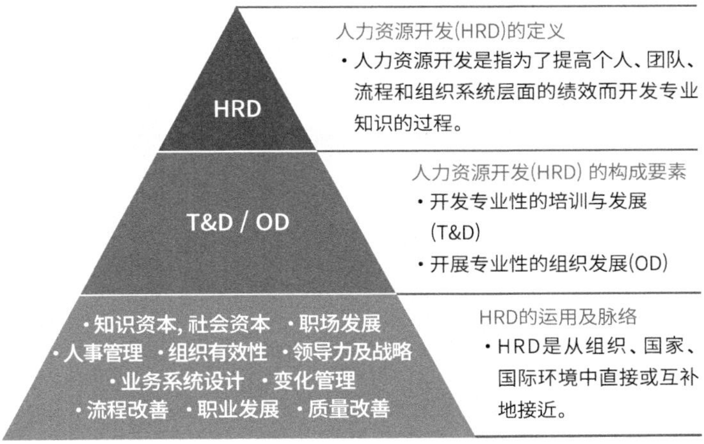

图 1-6 人力资源开发的定义，构成要素，用途和背景(Swanson & Holton, 2009)

然而，Gilley等人(2002)认为，职业发展的方式和内容略有改变，引入了职业转换管理(outplacement)并加强了以核心人才为重点的继任制度(succession plan)等措施。他们将职业开发纳入人力资源开发的范畴，并添加了绩效管理。如图1-7所示，他们建议将人力资源开发的组成部分分为个人/组织层面的焦点和长期/短期结果方面的四个部分。

这里的绩效管理(performance management, PM)是通过改善组织的支援体系或环境,谋求员工的绩效改进和提高绩效的系统活动。指向短期结果的执行管理的接近方式是以人类绩效技术(human performance technology, HPT)为基础,而组织开发是以心理学、社会学等行动科学(behavior science)为基础,提高组织有效性,增进员工福利的过程(Werner & DeSimone,2009)。

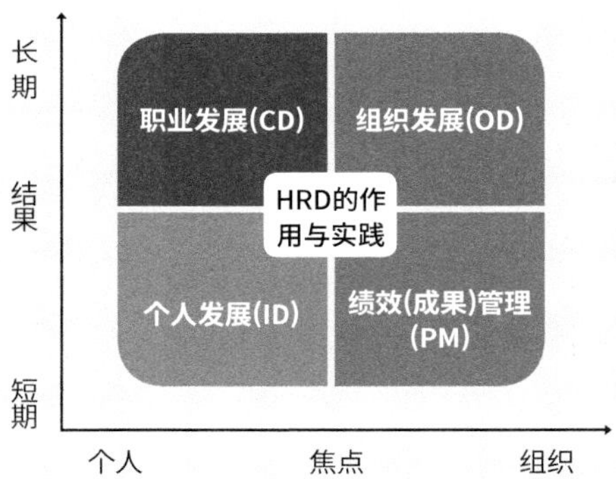

图1-7 人力资源开发的4大构成要素(Gilley, Eggland, & Gilley, 2002)

后，在ASTD中，通过从WLP的角度对McLagan的人力资源车轮进行补充的车轮，如 图1-8 所示，作为实践学科，帮助重新确认人力资源开发的组成部分。将学习作为解决方案的WLP领域与人力资源开发领域一起纳入知识经营。并提出了通过学习之外的解决方案，还提出了激励、选拔及聘用等六个方面来提高绩效。

图1-8 ASTD的人力资源车轮(Rothwell et al., 1998)

自我充电站

行为改变是教育的目的

不知从何时开始，每次乘坐扶梯都不得不留意周围。带着一句生硬的“让一下！”和不耐烦的眼神，经历过让人不快的经历的人应该不在少数。2002年世界杯即将到来之际，“排队行动”正式展开。左侧留给行走的人，右侧供站立的人使用，这就是坐电梯的礼仪准则。乍看之下，为了急于赶路的人们腾出道路是一个合理的解决方案。

然而，也有一个缺点，就是想要在右侧骑行的人排队的时间比以前更长。尤其是，由于重量集中在右侧，自动扶梯经常发生故障，导致安全事故。据韩国电梯安全管理研究所称，2002年首尔地铁发生了16起自动扶梯事故，但2006年这一数字增加了五倍多，达到89起。最后，2007年，首尔都市捷运公司推行了“站双排运动”。可笑的事实是，因为运营商不同，1到4号线是左行右立，5到8号线是并排站。无论如何，直到2015年国家安全部门出面将其废止，大约8年的“站双排运动”在许多地方持续广泛地实施，但已经养成单排队习惯的人们并不容易转变为双排队。

我们往往倾向于以宣传和教育作为变革的手段，而不是关注变革的本质。我们喜欢用“~活动”、“~运动”这样的词汇来吸引人们的参与，希望能够迅速地推动变革。实际上，我们却常常忽略了变革的实质，过分关注宣传和教育的数量而牺牲了实质性的效果。特别是当推动的变革看起来合理且有利时，宣传和教育往往会变成单向的灌输。相比于共鸣、

自我充电站

理解和说服，单向的洗脑成为宣传和教育的主要内容。然而，试图通过宣传和教育来解决所有问题而不充分考虑其效能和作用，势必会遇到局限。

宣传和教育的基本前提是："不知道就不会改变"，"不知道就不会去做"。换句话说，当无知是问题的根源时，宣传和教育是最有效的。然而，宣传和教育的效果往往低于预期，或者是暂时的。这并不是因为人们不知道，而是因为执行起来困难。就像人们大多知道减肥对健康有益，但实践起来却困难一样。教育越是强调减肥的重要性，越是反复强调，其效果可能会减弱。如果陷入空白谬误（clean slate fallacy）的陷阱，即忽视了既有的饮食习惯、睡眠习惯等因素，情况会更加恶化。学习者可能会误以为自己处于完全空白状态，只等待新知识的涌入。然而，过去学习的知识和经验会主导当前的思考和行动，严重影响新学习的速度和接受范围，而忽视这一点。

自我充电站

1 举例说明填鸭式教育的问题。

2 找出变化的失败事例,整理事后措施及影响。

3 找出克服空白谬误的方案。

Chapter 2

人力资源开发的变化·发展

1 | 人力资源开发的起源

人力资源开发的历史与教育的历史息息相关。人力资源开发及其组成部分根据时代的变迁而演变，其根基始终与教育有着密切的联系。通过研究教育史，我们可以理解人力资源开发的起源和组成要素的提出背景。教育这个词蕴含着两个完全不同的含义：教育的‘教’意味着从外部获取知识和社会秩序，而培育的‘育’意味着引导个体实现内在潜能。这个词汇中包含了两种截然不同的含义。一代人通过教育将他们的经验传承给下一代，使后代能够适应自然、社会、文化等环境，这种行为是人类生存与繁荣的必不可少的因素，也是人类与其他动物的一个重要区别之一。

1) 希腊、罗马时代和中世纪时代的教育

教育中的“教”和“育”虽然是不同的含义，但它们需要平衡和谐才能达到理想状态，但从古代开始，这并不是一个容易解决的问题。在古希腊和罗马时期，由于缺乏正规教育，教育主要依赖于父母的家庭教育，而双方的教育哲学也有所不同。古希腊的教育被视

为提供发掘和开发个人天赋的机会的工具。换句话说，古希腊的教育文化是以个人卓越性为中心，追求与社会的和谐。相反，罗马强调实用性和效果。罗马的父母认为将生活所需的知识和技能传授给子女，并培养社会所需的良好品质是他们的责任(Ahn, 2013)。

在政治及经济体制进一步发展的中世纪，不仅是家庭教育，社会教育也将呈现出更加系统化的面貌。因此，宗教和学徒制度(apprenticeship)的影响很大。天主教会制定了培训教课，目的是培训神职人员和修道士。据说，即使是中世纪前期，抄写圣经的修道士中也有很多文盲。精选从古希腊流传下来的基础学问的教育教课就是所谓的自由七艺(the 7 liberal art) (Park, 2017)。

图 2-1 7自由教课1)

“自由”一词的意思是通过教育可以摆脱无知带来的担忧和负担。七艺由逻辑、语法、修辞学组成的三艺(trivium)和数学、几何、音乐、天文学组成的四艺(quadrivium)组成。与语言相关的三门教课是学习思考、写作和沟通的基本教课。比三艺更高级的四艺以数

1) 大英博物馆收藏(来源: https://goo.gl/B6F46k). 从左侧开始, 语法, 逻辑学, 修辞学, 音乐, 数学, 几何学, 天文学

学为基础，教授了空间的数学（几何）、时间的数学（音乐）、时空的数学（天文学）。自由课程体系经过中世纪后期的大学，也影响着今天大学的课程（Joseph & McGlinn, 2002）。

在中世纪，教育的中心是修道院，涉及学术、艺术和出版。而在工作场所，技术学习和能力开发则依靠学徒制度得到系统地实现。年轻的学徒（apprentice）通过严格的三阶段过程，即学徒、技工（journeyman）和匠人（master），传承知识（Chang, 1985）。作为学徒，寄宿在工匠家或者师傅家中，在帮助师傅工作的同时学习基础技术。学徒期满后，他们成为技工，继续精进专业技能。技工可以从事对外活动，并获得固定的工资。如果技工制作出精品以证明自己的能力，他们就可以晋升为匠人[2)]。认证匠人的审查是在匠人的组合行会（guild）进行的。行会通过将会员限制为工匠的排他性纽带关系谋求自己的利益。行会不仅是手工业行会，还扩散到商人行会，成为中世纪的代表性经济体制。行会体制发展到家庭手工业发展到工厂手工业的近代。对于行会的维持和发展，学徒教育是重要的原动力。建国初期的美国也可以广泛找到学徒教育的痕迹，因为作为殖民地没有行会，所以有政府主导运营的差异。目前，在需要学习精湛技艺的手工业中，学徒制教育仍然有效。

十字军战争和失败导致了自由主义的兴起，以及贸易和商业的繁荣。除了原有的学校为行会成员的子女提供教育之外，还自发地建立了供新兴市民阶层和上层阶级子女的学校和大学。然而，随着

2) 我们称名牌为masterpiece的由来，以德国的meister制度为基准，2010年引入韩国的“meister高中”的meister在德语中是匠人的意思。

文艺复兴时代的到来，行会开始逐渐解体。手工业行会无法克服来自东方商品的竞争，转变为企业家的商人们不再需要行会的保护。在文艺复兴时代，一些杰出的学者提出了当时具有突破性的教育理念和方法。

2）文艺复兴时期的教育

Desiderius Erasmus（1466-1536年）的自由教育论和Martin Luther（1483-1546年）的公共教育论认为，无论贫富和阶级，包括女性在内的所有孩子都应该获得教育机会（Shin，2004）。John Amos Comenius（1592-1670年）倡导实物教育。引进了一种科学方法，可以在亲眼看到、触摸实物、与语言联系的过程中，愉快而彻底地学习经验知识。John Locke（1632-1704年）在《教育漫话（Some Thoughts concerning Education）》中提出了通过身体、道德和智力教育培养绅士的教育观。拒绝人类的先天性，主张白纸说（tabula rasa），主张通过感觉和反省进行学习。

在小说形式的《Émile》中，Jean-Jacques Rousseau（1712-1778年）阐明了自然主义教育观（Naturalistic Education）。社会歪曲人与生俱来的善良本性，主张教育的作用是遏制和保护它。强调了消极教育（negative education），比起依赖教科书或纪律，更注重自发和自然的经验（Lee，2013）。

被称为“教育之父”的Johann Heinrich Pestalozzi（1744-1827年）将以前以卢梭为首的学者的教育哲学定为民众教育。他把人天生内在的“智”（head），“德”（heart），“体”（hand）的3H协调发展，进而改革社会看作是全人教育。他还强调了培养被疏远儿童或贫民自生能力的社会教育，相信劳动和学习相结合的劳作教育（manual training）为主动参与生产活动和社会改革铺平了道路（Yang, 2014）。

因此，文艺复兴时期的思想家们把面向特权阶层的教育转变为面向普通大众的教育，并为职业教育的发展做出了巨大贡献。从启蒙到开发的观点变化，发展阶段的教育，“通过劳动学习”。实现劳作教育的重要性、对女性教育的关注、消极教育和积极教育等论题是当今形成人力资源开发的有效哲学机制。

2 | 人力资源开发的出现

文艺复兴以后，经历了工业革命和两次世界大战，出现了现代意义上的人力资源开发。在人力资源开发的必要性认识方面，作为新生国家，传统的行会制度的束缚微乎其微，因南北战争（1861-1865年）而实现工业发展的美国领先于欧洲。机器带来18世纪中期的工业革命，将未熟练工和半熟练工的生产效率提升到了人类从未经历过的水平。只要有最低限度的智力，任何人都可以在接受基础培训后参与生产。

这是威胁行会核心——匠人地位的时代变化。再加上行会的排他性利益维护行为与以地区为中心的封闭产业结构直接相关，因此与新兴资本家发生冲突，行会走向没落。长期低效的学徒教育无法满足激增的劳动力需求。企业自己开始提供工作所需的技术培训，这将作为“公司内部学校（corporate school）”或“工厂学校（factory school）”出现。被评价为企业主办和提供的第一个正规教育项目。公司内部学校以Westinghouse、GE、Ford、Goodyear等大企业为中心迅速扩张。

1) 工业革命和HRD基础的建立

随着对公司内部学校功能和效果的关注，1910年前后美国确立了需要人力资源开发专门组织和支援的认识。Fredrick Winslow Taylor的科学管理方法、Henry Ford的移动组装方法以及第一次世界大战（1914-1918）对此产生了影响。Taylor于1911年发表的《科学管理原理（The Principles of Scientific Management）》被认为是一门经营学。当时企业的管理依据习惯和直觉大致估计。这就是所谓的“放任管理（drifting management）”。放任工作怠慢、错误的工作方式，那是个没有生产效率概念的时代。他从环境，即非科学的经营管理中找到了工人低效率和怠慢的原因。

一般来说，他的业绩是以根据动作研究（motion study）和时间研究（time study）设定的标准工作量为基础，精心创造的作业管理。也有人批评说，因为每一个铲子的大小、每一铲的量、移动铲子的角度等都严格处理，所以把人当作机器来对待。

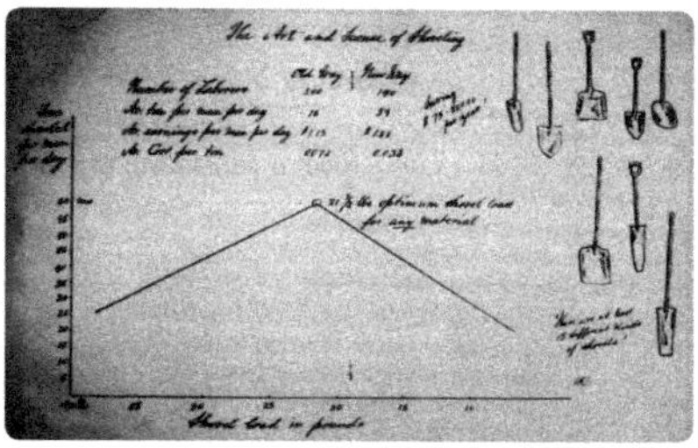

图 2-2 Taylor的研究笔记[3)]

然而，他认为科学管理目的的争论焦点是书开头指出的“劳资的最大繁荣”他主张，如果培养人才提高效率，劳动者在支付高工资的同时，可以为雇主提供更多的利润。不仅是精密的工作管理，还首次安排了工作中的正式休息时间，提出了以标准工作量为依据，实现任务就支付高工资的差别化报酬体系和工作专业化，将优秀人才任命为职场监督管理该领域的职场制度(functional foremanship)。为了实现这一目标，还重点介绍了适合工作的劳动者的选拔和教育。如今，通过观察和分析消除浪费的科学观点应该在人力资源开发方面得到正确的评价。

Taylor的科学管理法是由Ford于1914年开发了大量生产的移动组装法(conveyor system, moving assembly work)。以产品的简单化(simplification)、零件的标准化(standardization)、作业的专业化(specialization)为前提，追求传送带和作业者时机同步管理(management by synchronization)，最大限度地提高了生产效率。他

3) 一铲装量为21.5磅时，工作效率最高。来源：https://goo.gl/4R8Kbc

的经营哲学是以"低价格、高工资"提高社会生活水平的奉献主义。实际上，福特(Ford)公司支付了其他企业的2-3倍的工资。短期内，随着熟练工人的离职率下降，生产效率进一步提高，长期培养中产阶级，增加购买力。福特汽车比竞争对手更便宜，销量迅速增长，1918年美国汽车中有一半是福特产品。

通常人们将Taylor和Ford的共同点视为表面上的生产效率最大化，但在人力资源开发方面更值得关注的是他们的哲学共同点。通过与工人共享大规模生产带来的企业利润的"Ford服务主义"与"Taylor的劳资共同繁荣"密切相关。然而，现实是大多数公司忽视了这一点，仅仅将其作为管理技术的引入，结果陷入了限制和问题之中。就Ford而言，他甚至被Adolf Hitler视为英雄，并获得了最高勋章。从工人的工作环境角度来看，过度的机械化和自动化限制了工人的自主性，使其陷入了简单的重复性工作中，这引发了建立工会和制定劳工法的需求。追求短期大规模生产而不与工人分享利润的结果更加致命。停滞不前的工资无法创造购买力和需求，导致生产出来的商品无法销售。这导致了1929年的经济大萧条(Great Depression)，给世界带来了深刻的伤痕。许多经济学家认为，欧洲爆发的两次世界大战是欧洲试图通过战争解决面临的经济危机的努力。

2) 科学的培训期

两次世界大战之间的30年期间(第一次是1914年至1918年，第二次是1939年至1945年)是一个转折点，其中强调了培训和教育以及人力资源管理系统化的必要性。世界大战呈现出全面战争的形式，动员所有国家资源。随着作为劳动力主体的男性被征召入伍，女性作为替代劳动力出现并被投入到各个生产场所。因此，针对女性的任务指南和职业培训应运而生。还出现了培训指导员的项目(job instructor training, JIT)，该项目可以迅速培训包括女性在内的许多不熟练者。

此外，迫切需要进行集体心理测试，以在短时间内测量和筛选大量应征入伍者的智力和能力。在第一次世界大战中，R. Yerkes为公众引入了陆军甲种测验(Army Alpha test)，为文盲引入了陆军乙种测验(Army Beta test)。在第二次世界大战期间，第一个性格测试是由 R. Woodworth开发的，它被用来识别情绪不稳定的人。心理测试的开发及其大规模应用战后发展为临床心理学。各种心理测试不断发展，不仅在教育领域，而且在公司的选择和安置中也得到了传播。即使在现代人力资源开发中，具有经过验证的信度和效度的心理测试也被用作个人理解的重要信息来源。

大部分人力资源开发专家认为，在经历了世界大战后，首次提出了培训和开发的流程和模型。在第一次世界大战中，美国应急船舶公司(Emergency Fleet Corporation)建立了一套培训体系，以迅速建造大量船只。参与其中的Charles A.Allen和Michael J.Kane开发了由演示(show)、讲解(tell)、实践(do)和检查(check)组成的培训的四阶段模型。Channing R. Dooley曾在第一次世界大战中隶属于特殊培训和教育战争部委员会(War Department for Education and Special Training)，负责为美国陆军中的不同职业制定适合的教育教案。这些经验为他在第二次世界大战中作为战时人力资源委员会(War Manpower Commission)主席构建"督导人员训练(training within industry, TWI)"奠定了基础。

TWI是针对管理者或监督者的一种领导项目，旨在以低廉的成本高效生产和推广军需物资。TWI继承了Allen和Kane的模型，提出了学习者准备(preparation)、培训执行(presentation)、应用尝试(application)和测试(testing)四个阶段的培训过程。

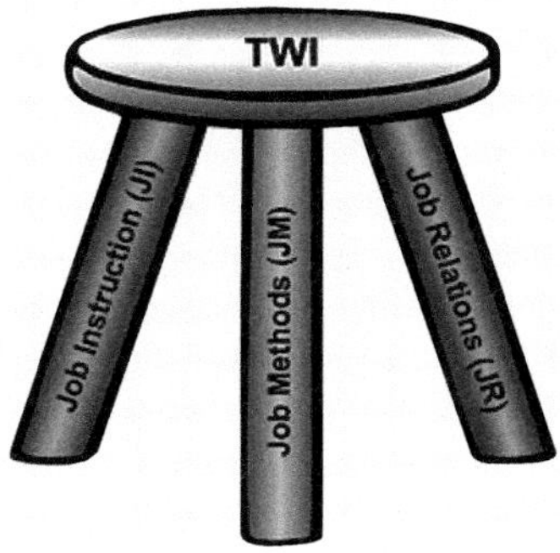

图 2-3 TWI的培训项目[4)]

TWI再次由三个培训项目组成。其内容包括：工作教导(job instruction, JI)、工作改善(job methods, JM)、工作关系(job relations, JR)。他们与现代人力资源开发的组成部分绩效、质量、人际关系相关联。TWI由于三个培训项目各遵循四个阶段流程的标准化定型，所以在实践中很容易应用。

4) 出处：https://goo.gl/s3cWpp

之后，与GM合作添加程序开发方法（program development method）。该程序旨在培训如何导出和改善质量问题，这成为Plan-Do-Check-Act（Deming cycle）或六西格玛[5]（six sigma）的Define-Measure-Analyze-Improve-Control的基础。

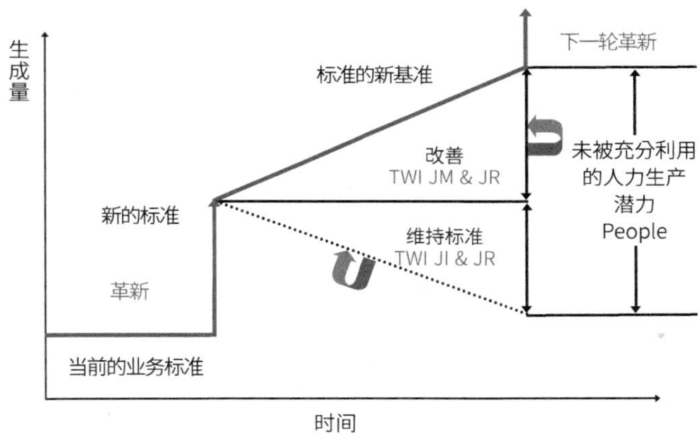

图 2-4 TWI的指向性和效果

3) 组织开发和HRD发展

在世界大战期间萌芽并在战后开花的领域是人际关系理论和组织发展。上述战争所引发的人力资源开发的进步，都是基于Taylor的科学管理。在一家电话制造商的霍桑（Hawthorne）工厂进行的一系列研究最初旨在揭示生产力与环境因素（包括工作场所照明）之间的关系。然而，他们发现预期影响生产力的物理和经济

5) 这是一种基于数据的管理创新方法，旨在帮助企业实现最高的质量水平，六西格玛（σ，标准偏差）的目标是每100万个产品中有0.002个以下的缺陷。

因素毫无意义，而心理和社会因素却很重要。

重新认识到了个人想要得到认可的欲望、自豪感以及作为非正式群体可靠沟通渠道的作用。与批判低工资、童工、长工时等展开反对工厂运动，要求人性化工作环境的当时社会氛围相吻合，引起了巨大反响。以往集中在工人的工作和任务上的研究，将重点放在执行它的人和行为上。人际关系理论以人本主义哲学为基础，心理学和社会学相结合，随着行为科学的引入，发展成为组织理论和组织开发，从经济学角度强调劳动者的资本价值，发展成为人力资本论。人际关系理论的扩散和发展成为现代经营学主要研究领域组织行动论的理论背景。

如果说初期的人际关系理论集中在个人水平上,那么组织发展则为了提高组织整体的能力,引入行为科学和团体力学,构建了独立领域。Kurt Lewin主张变革力场理论（force field theory）、三阶段变化模型，为T群体（T-group）[6]、执行研究（action research）[7]等执行技术的发展做出了贡献。力场理论将人类的行为视为个人和环境（场）相互作用的结果。行为变化是指在力场内部引导变化的驱动力（driving forces）和拒绝变化的遏制力（restraining forces）相互作用的结果。如果两种力量处于平衡状态，就不会发生变化。组织变化发生在驱动力相对大于遏制力时。另外，他基于力场理论提出

6) T(Training的缩写)群体是一个为期两周的培训项目，培训者与约12名参与者每天开会，旨在提高人际技能。他们通过实践和反馈来讨论自己的行为对他人的影响，对他人行为的反应，以及团队活动中出现的现象。这类培训类似于感受性训练(sensitivity training)或实验室训练(laboratory training)的概念。

7) 为了解决问题，开发新的技术或方法，直接应用到现场了解效果，也被称为行动研究或现场研究。

了解冻(unfreezing)、移动(moving)、再冻结(refreezing)的变化模型。他提议的有效变化不是驱动力的强化，而是遏制力的弱化。减弱抵抗的活动处于解冻阶段。

Lewin的简明主张被评价为组织开发的诞生。如今的组织开发受T群组、执行研究、人际关系理论、工作生活质量(quality of working life, QWL)、战略性变革[8](open system approach)的影响而发展(Cummings & Worley, 2007)。有史以来积累的教育、培训和对人类的理解和知识集中在Nadler于1969年倡导的人力资源开发(HRD)一词中。随着世界经济和企业环境的发展，人力资源开发正在从包括企业和国家在内的不同水平进行学术研究和实践性实验。

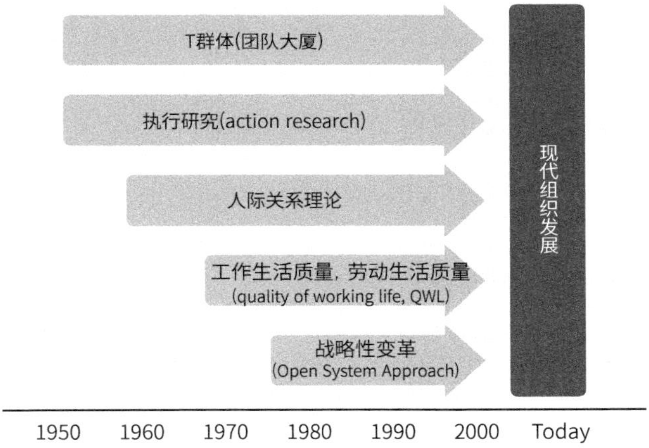

图 2-5 **现代组织发展的诞生**(Cummings & Worley, 2008)

8) 战略性变革是指将组织视为不断与外部环境互动，提高自身适应能力的开放系统(open system)，试图提高组织有效性。

值得一提的是，经过后期的产业社会，J.Pheffer的“人力资源是竞争优势的源泉”的认识不断扩散，企业中人力资源开发的成长和演化令人刮目相看。人力资源开发是一门应用性学科，也是一门跨学科的方法，不仅接受心理学、经济学、系统理论，最近还接受了人类学、社会学等多个学科领域，人力资源开发的理论基础也越来越扎实。

3 | 人力资源开发的范式

根据Kuhn（1962）的说法，Paradigm是指“统治一个时代整个社会的理论、认识体系等的一贯传统”。范式一词借用了语言学术语，该术语原本是指产生多个衍生词的标准，即“第一”，是一个局限于一个时代的限时接受的概念，即拒绝绝对真理，经过持续的否定而发展的含义。通过对照、比较曾经根据时代要求出现的人力资源开发范式，可以理解当代的价值观和实践活动。

1）人力资源开发的世代

Rothwell（2006）根据不同时代强调的成功指标、能力和作用，将HRD的世代划分为图2-6。第一代侧重于个人层面的培训和开发。第二代是将Chapter 1中涉及的人力资源开发领域，即培训与开发、组织发展、职业发展等进行整合的概念出现的时期。第三代致力于提高员工的绩效，通过分析和干预员工的执行问题来实现。在工作场所的经济背景下过分强调学习，导致第四代人考虑有助于组织绩效的学习，同时寻求协调工作场所的学习和绩效。第五代人从“受教育”的被动人际观转变为“学习”的人际观。这是一种观念的改变，即能够自我直接探索、吸收、分析、利用和评估所学内容的员工最终是潜在的高绩效者。第六代是出现以绩效为中心的人力资源开发或战略性人力资源开发的时期。超越了传统的学习与成长平衡，人力资源开发开始被要求承担为实现企业战略目标的战略性角色。以韩国为例，从第二代到第五代展现出了明显的混合推进趋势。

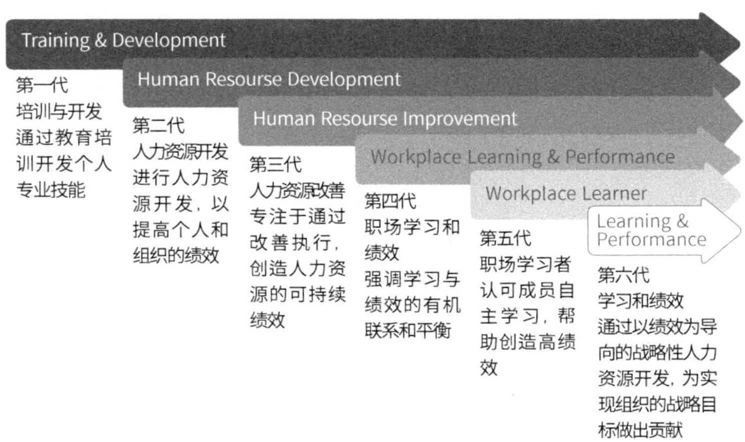

图 2-6 HRD的世代划分

在 表 2-1 中，Gilley和Gilley（2003）也展现了类似人力资源开发范式的变化。他们大致分为HRD部门或HRD负责人的活动内容、集中于范围的时期和组织水平的人力资源开发活动。

表 2-1 HRD范式的发展阶段

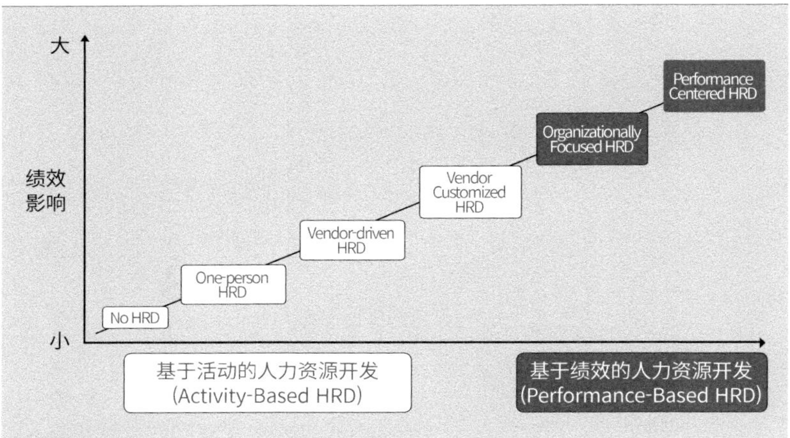

HRD焦点	• 零星的教育培训 • 教育培训没有意义	• 单人操作系统 • 教育的重要性低	• 外部教育教课导入阶段 • 以提高知识和技能为中心	• 自主教课开发阶段 • 开始聚焦组织	• 向绩效导向转变阶段 • 聚焦组织和绩效提升	• 以绩效为中心的HRD阶段 • 培训与组织绩效的完美结合
HRD部门	• HRD价值意识不强，没有执行历史	• 组织之外的非常小的部门	• 人事(HR)的独立非常微弱	• 位于组织总部	• 以更小的功能单位分布在整个组织中	• 组织内战略整合的HRD
HRD目的	• 无	• 以HRD负责人经验为基础的职务无形式教育	• 提供以提高成员知识、技能为目的的形式教育培训	• 从教育培训供应调整到培训效果 • 注重提高管理绩效，解决组织变革问题	• 目的不是提高知识、技能，而是最大限度地提高绩效、改善组织有效性。	• 目的是改善组织效果 • 提高经营和竞争力 • 制定战略方向 • 领导力开发教育

HRD负责人角色	• 无	• 作为非专业人士的一人全能教育提供者	• 项目中介人	• 教授设计者	• 为最大程度地提高组织性的执行顾问	• 全面了解组织、组织政策、文化、管理、行业等方面，并成为组织开发专家和执行顾问
战略性HRD	• 无	• 不仅缺乏战略性，也缺乏与绩效的伙伴关系	• 不被管理层认可为合伙人 • 对达成战略经营目标不感兴趣	• 没有经营理解能力	• 要求建立战略合作伙伴关系，而不是教育工作者，而是形式关系	• 战略合作伙伴关系非常重要 • 需要跨部门、与他人交流信息、建立合作网络

2) HRD范式的冲突性

与人力资源开发相关的长期冲突范式的对比是绩效和学习。绩效范式侧重于提高组织的效率和效果性。另一方面，学习范式优先考虑个人和组织学习能力本身的提高。如 表1-2 所示，以绩效为导向的学习范式、包容学习的绩效范式是实际存在的。需要注意的差异是，绩效范式将学习视为实现绩效的一种工具或方法，因此考虑到学习以外的干预。另外，根据个人、团体、组织的多数标准，特性也会有所不同。

人力资源开发的学习范式多基于成人教育。传统教育的对象是儿童和青少年，但人力资源开发大多是成人。因此，需要差异化的成人学习理论，Knowles对成人教育学的概念产生了很大影响。成人教育学一词的英译是Andragogy,起源于希腊语中Andros(成人)和Agein(指导)这两个词。与此相对应的概念是教育学(Pedagogy),是Paid(儿童)代替成人的用语。除对象不同于儿童和成人外，对学习的基本价值、教员的作用等差异见表2-2。成人教育学重视已经很有经验的成人学习者之间的相互教育。因此，教员作为促进者，支持相互掌握实际问题的解决方案。

表 2-2 Pedagogy和Andragogy的比较

区分	Pedagogy	Andragogy
主要特征	• 以教师为中心的“教学教育”	• 以学习者为中心的"共同教育"
教育设计	• 教师决定要学习的内容、方法和时间	• 学习者参与学习内容及方法等的决定，与教师进行相互合作
教育氛围	• 权威的、形式的、竞争的氛围	• 相互尊重，非正式和协作的氛围
教授者作用	• 知识传授者	• 学习的促进者
学习方向	• 以教材或教课为中心	• 以任务或问题为中心，以生活为中心
代表学者	• Alexander Kapp • Malcolm S. Knowles	• Herbart

自我充电站

是引导水流，还是开辟水流？

最近，有一家公司因为在晚上关闭办公室的灯光来承诺消除加班而成为了热门话题。这表明了他们强烈的意愿，有积极的一面。然而，不能简单地熄灭灯光来解决加班问题，因为这忽视了对加班的遏制力，比如认可加班的文化、合理的任务分配和工作量等。换句话说，虽然驱动力很重要，但我们也必须意识到遏制力，并采取措施来削弱它。然而，针对遏制力的措施并不需要太过夸张。

有一个有趣的实验，对耶鲁大学四年级学生进行了关于破伤风和预防接种的必要性的教育，教育结束后，大多数学生都理解了讲座内容，并表示愿意在校内保健所接种预防针。然而，只有3%的学生实际接种了预防针。相比之下，对另一组学生进行了额外的措施，提供了保健所位置的地图和预约时间表，并进行了确认。结果显示，28%的学生接种了预防针。

在这个“预防接种实验”中，通过简单地展示带有保健所位置的地图来降低了遏制力。而且，更重要的是，这些四年级学生对学校地理非常熟悉，他们其实已经知道了保健所的位置。Lewin将这种微小但影响行为变化的因素称为“水流因素”(channel factor)。这个术语来源于田野上的溪流，即使有小石子、微风或轻微的坡度，也会改变路径。

要成功推动大规模组织变革，需要敏锐、主动、细致的能力，能够在强力推动之前发现和管理微小但能够降低遏制

自我充电站

力的水流因素。

我们倾向于在不知不觉中沉浸于正当性和合法性，并推动人力资源开发活动。当这种倾向加剧时，我们可能会强制、命令或者对看起来不合理的“现状”进行禁止和惩罚。“为什么不做这么好的事情呢？”这种感受可能会让人感到沮丧。然而，即使提供了正确而可靠的信息，甚至得到了人们的认同，也需要提醒人们，知识与行动之间存在着很大的差距。世上最遥远的距离就是“从头脑到行动”。这句话很好地说明了知识与实践之间的鸿沟。被动的组织成员不一定是因为不了解变革的合理性而犹豫不决。

自我充电站

1 请提出以水流因素成功的变革案例的事例。

2 提供将以教授为中心的教育转变为以学习者为中心的教育的方法，并用水流因素的例子加以说明。

3 思考正确变革与有趣变革的区别，并提供其优缺点。

4 思考正确变革与容易变革的区别，并提供其优缺点。

Chapter 3

战略性人力资源开发(SHRD)

1 | 战略性人力资源开发的概念

人力资源开发的范式已经发展到了“培训与教育”、“学习”和“成长”的阶段。最近人力资源开发领域最具推动力的事件是对人力资源开发战略价值的认识。这一趋势有两个意义解读。

首先，在外部匹配性(external fit)维度上，加强人力资源开发功能以适应环境变化。人力资源开发通过将具有能力的人才合理配置到适当的位置，支持组织的战略执行。然而，随着全球化、新技术的开发、并购、产品和服务质量的提高等动态环境的出现，组织成员的知识和技能逐渐成为持续竞争优势的重要来源。他们不仅仅是支持战略的功能，而且逐渐转变为参与战略制定并主导执行的主体。

接下来是内部匹配性(internal fit)维度，反思过去人力资源开发活动中与战略不匹配的缺陷。特别是在人力资源开发的行政运作方面，存在许多未能反映组织战略方向，而是出于方便而坚持传统方式的情况。因此，人力资源开发经常受到批评，认为它仅仅是消耗成本，或者通过不必要的培训剥夺了现场工作时间。

1) 什么是战略性人力资源开发?

追求组织内·外的匹配性的人力资源开发概念被称为战略性人力资源开发(Strategic Human Resource Development, SHRD)。对战略性人力资源开发的研究始于Garavan(1991)提出了九个特征。首先,是整合与组织使命和目标一致的HRD活动;其次是环境探索;第三是为HRD提供管理支持;第四是HRD政策和计划的制定和执行;第五是在HRD活动设计中,现场管理人员的投入和参与;第六是加强人力资源管理活动与SHRD的一致性;第七是拓展培训或HRD专家的角色;第八是组织对SHRD的重新认识;第九是评估SHRD对个人和组织有效性的贡献。总结学者们在 表 3-1 中的各种观点和概念,战略性人力资源开发被整理为一种持续学习活动,旨在开发个人、团队甚至组织的胜任力,以实现组织的使命和战略目标。

表 3-1 战略性人力资源开发的定义(Lee et al., 2012: 158 等作者们的修改、补充)

学者	定义
Routhwell & Kanzanas(1989)	通过计划的学习活动改变组织、组织内的集体、成员和组织外的利益相关者,以获得未来所需的知识和技能
Beer & Spector(1989)	一系列与组织战略规划或文化创新相关的、更积极的、跨系统的干预活动
Garavan(1991)	在充分利用组织成员个人知识和技能的同时,为实现组织目标培训开发,对介入职务培训进行战略管理
Garavan, Costine & Heraty (1995)	有计划地学习和开发人力资源,以创造经营绩效和成员利益
Walton(1999)	人力资源的开发和支持学习的过程与组织的战略特征相联系,实现差异化胜任力的过程

学者	定义
Gilley & Maycunich(2000)	通过旨在增强和更新组织执行能力、能力、竞争力的计划处方或新的尝试和管理活动，促进组织学习、执行、绩效和变革的过程
McCracken& Wallace(2000a)	与组织战略相适应的教育培训开发和学习战略，同时通过具体化战略和影响战略实施，营造组织变革、发展和成长的学习文化的创造性活动。
Garavan(2007)	一系列有助于实现组织战略目标的纵向和横向整合的学习和开发活动

战略性人力资源开发的核心概念是将人力资源开发活动排列(alignment)到组织的战略方向,进行战略性干预(strategic intervention)。人力资源开发的政策、实施、评估等一系列过程中,要反映考虑组织战略和环境的观点。

例如,在人力资源开发中,现有的需求分析(needs analysis)偏重于职务及胜任力,但战略性人力资源开发的需求分析应通过内·外部环境分析,掌握组织的强·弱点或组织面临的机会和威胁。在战略性人力资源开发实践中，不仅是一个方向的对齐，反而出现了重新评估、补充、修改当前战略的情况。人力资源开发与战略经营形成伙伴关系,参与组织的战略制定或战略实施过程。

要理解战略性人力资源开发中的“战略(strategic)”一词，需要检查战略管理的含义、背景和目的。最初，“战略”是一个军事术语，指的是在战争中取得胜利所需的兵法或策略。英语中的strategy一词源自拉丁语strategos，意为将军(general)。管理战略的理论起点可以追溯到1965年Igor Ansoff的著作《公司战略》(Corporate Strategy)，而在管理领域，上世纪70年代两次石油危机(oil shock)使人们意识到了战略的重要性。

第一次和第二次世界大战结束后，恢复了和平的氛围，大规模生产和大规模消费的工业社会趋于成熟。由于整体消费超过了供应水平，因此当时的竞争力可以通过提高内部效率和生产率来确保。然而，石油危机表明，即使拥有内部效率和生产率，如果不能适应环境变化，也无法生存。此后，全球经济供应超过消费水平，日本的经济实力超过了美国，形成了动态的竞争环境。因此，随着对竞争环境的有效应对成为组织谋求竞争优势的新功能，战略管理得到了发展。

2) 可持续的竞争优势

战略是组织层面的主题。从组织行为学(Organizational Behavior, OB)的角度来看，人力资源开发起源于个人层面的教育和学习，是微观组织行为学(micro OB)。而战略则涉及到组织层面的环境适应和竞争优势，是宏观组织行为学(macro OB)。换句话说，战略性人力资源开发不仅关注个人学习，还应关注整个组织应该朝着何种方向进行何种变化。这种战略性的方向和策略被体现在一般性战略结构中，如 图3-1 所示。在这种结构中，不应忽视对使命、愿景等战略意义的考虑，将其纳入人力资源开发的范畴，这就是与战略的对齐。

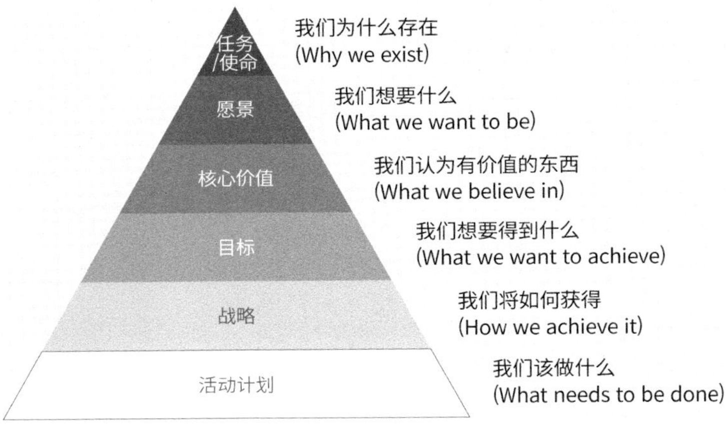

图 3-1 战略的结构

传统战略的目标是确保可持续竞争优势(sustainable competitive advantage)。在竞争对手聚集的行业中，持续产生高于平均水平的绩效，从而实现增长和生存。实现这一目标的方法因学者而异，但在这里介绍资源基础理论(resource-based view)。资源基础观将组织视为经营资源的集合体，将竞争优势的根源视为经营资源。根据Jay B. Barney的说法，能够带来持续竞争优势的经营资源必须具备四个条件，即价值性(value)、稀缺性(rarity)、难以模仿性(inimitability)和组织化(organization)。如表3-2所示，这被称为VRIO条件。

表 3-2 核心胜任力的四大条件(VRIO)

结果	价值(V)	稀缺性(R)	难以模仿性(I)	组织化(O)
竞争劣势	×			
竞争等位	○	×		
暂时的竞争优势	○	○	×	
未实现的竞争优势	○	○	○	×
持续的竞争优势	○	○	○	○

首先，价值性意味着市场和客户认可的资源才能成为核心胜任力。其次，除了价值性，还必须确保稀缺性。即使资源具有价值，如果是普遍存在的东西，那么就无法成为竞争优势的源泉，只能保持竞争地位。第三，资源必须具有难以模仿的特性。如果竞争对手通过自己的努力或投资开发出相同的产品或设计出替代品，那么其稀缺性和价值就会立即消失。最后一个条件是可实现的组织化。即使拥有有价值、独特且难以模仿的资源，如果不能有效地应用于业务并为实现企业目标做出贡献，则没有用处。即使资源再出色，也必须与组织的结构、决策机制、控制和运营方式、奖励政策等相结合，才能实现。

资源基础视角的VRIO条件提供的启示是，通过确保组织拥有的人力资源符合这四个条件，将其开发为核心胜任力，从而为组织赋予可持续的竞争优势。这种人力资源开发的战略干预实际上是所有最近备受关注的战略管理主题，如学习型组织、知识管理、经营创新等的前提。通过与组织的战略相一致并积极推动组织战略的实施，人力资源开发将掌握自身活动的运作原则。

2 | 战略性人力资源开发的模型

全面体现战略性人力资源开发概念的具体活动可以超越传统的人力资源开发部门，在整个组织中呈现多种形式。一些学者指出，在实践战略性人力资源开发的过程中，出现了一些具体因素，可以在 表 3-3 中找到。

表 3-3 战略性人力资源开发(SHRD) 的共同特征(Shin, 2007 等作者们进行修改、补充)

<table>
<tr><th>学者</th><th>Lawrie(1986)</th><th>Garavan(1991)</th><th>McCracken & Wallace(2000a)</th><th>Grieves(2003)</th></tr>
<tr><td>1</td><td>将HRD纳入组织的长期规划</td><td>与组织使命和目标的整合</td><td>助力实现组织使命和目标</td><td>与组织的战略计划相关</td></tr>
<tr><td rowspan="3">2</td><td>最高管理层的支持</td><td>最高管理层的支持</td><td>最高管理层的支持</td><td>-</td></tr>
<tr><td>HRD的政策</td><td rowspan="2">HRD计划和政策</td><td rowspan="2">HRD战略、政策、计划</td><td>以学习代替培训</td></tr>
<tr><td>HRD哲学的书面化</td><td>-</td></tr>
<tr><td>3</td><td>实施广泛的分析活动</td><td>企业内 外部环境分析</td><td>从HRD的角度分析高层管理人员的环境</td><td>将HRD职责分配给现场经理</td></tr>
<tr><td rowspan="3">4</td><td>加强合作</td><td>现场管理者的投入和参与</td><td>与现场管理者的战略伙伴关系</td><td rowspan="3">-</td></tr>
<tr><td rowspan="2">制定HRD参与标准</td><td>HRM 活动的互补位相</td><td rowspan="2">与HRM的战略合作伙伴关系</td></tr>
<tr><td>扩大HRD负责人的作用</td></tr>
<tr><td rowspan="2">5</td><td rowspan="2">-</td><td rowspan="2">对组织文化的认知</td><td>为营造企业文化做出贡献</td><td rowspan="2">基于工作场所的组织学习</td></tr>
<tr><td>HRD负责人作为组织变革顾问的角色</td></tr>
<tr><td>6</td><td>以结果为导向，进行内部检查</td><td>强调评价</td><td>强调成本效益性评价</td><td></td></tr>
</table>

在培训与教育、学习范式中，很难找到的，但在战略性人力资源开发中共同的特征包括对齐、伙伴关系、环境分析、变革、文化等。需要注意的是这些特征性词汇。从这些共同要素中提取出的核心要素包括：

第一	与组织使命和战略的联系、整合和排序
第二	认识人力资源开发的重要性
第三	加强内外部环境分析
第四	形成伙伴关系(一线管理者、人力资源管理)
第五	强调组织变革和文化
第六	强调绩效评价

1) 基于系统理论的SHRD模型的开始

从系统理论的角度出发，提出了具有上述特征的战略性人力资源开发模型。McCracken和Wallace(2000)认为，战略性人力资源开发的九个属性不是独立的，而是有机联系的开发系统。Grieves(2003)用同心圆表达了战略性人力资源开发的四个核心属性，如 图3-2 所示，并将从战略制定到执行的干预内容表述为战略规划、应急战略、内部企业家精神和战略意图。

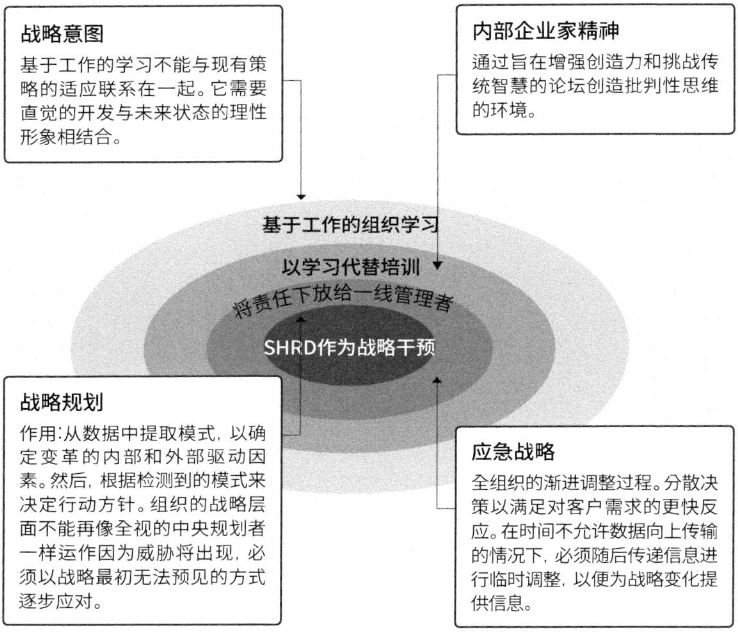

图 3-2 战略性人力资源开发的四个属性(Grieves, 2003: 116)

2) 组织学习视角下应对外部环境的SHRD模型

Garavan(2007)提出的模型描述了他2001年提出的人力资源开发的九个属性的实现方式。该模型将全球环境、组织(战略、结构、文化、领导力)、工作(价值、稀缺性)、个人(期望、雇佣可能性、能力)设置为四个层次。它应用了开放系统理论，不仅将结构连接到投入-过程-产出，而且将环境、组织和利益相关者相互作用起来。

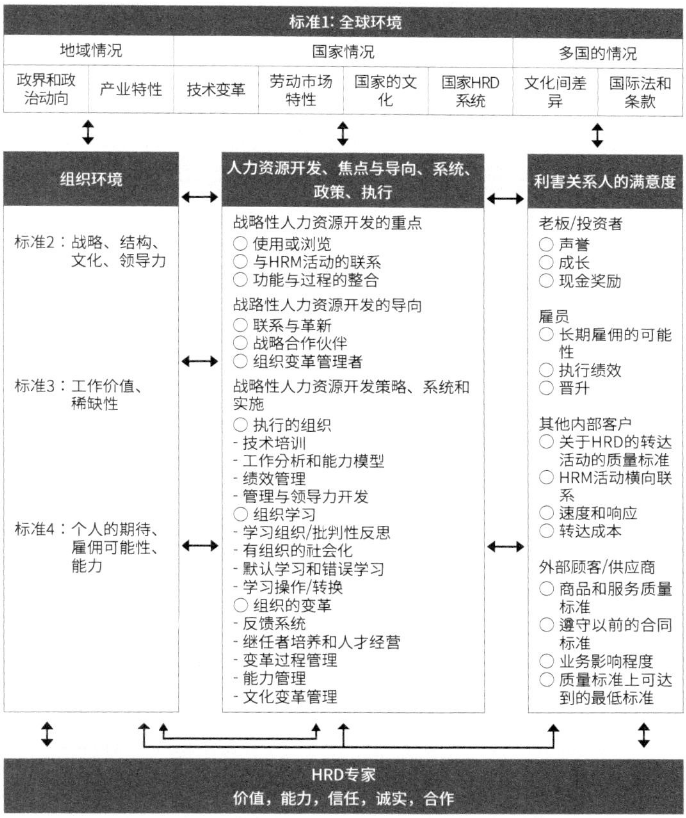

图 3-3 战略性人力资源开发的概念和动态框架(Garavan, 2007)

Peterson(2008)的模型同样应用了系统理论。他将典型的内·外部环境分析的内容和结果置于社会背景中，并将组织背景定位在其中。假设人力资源开发作为战略伙伴的结果，并且认为投入是通过组织和人力资源开发能力之间的相互作用来实现的。在转换过程中，提出了四个战略性人力资源开发的目的和目标。

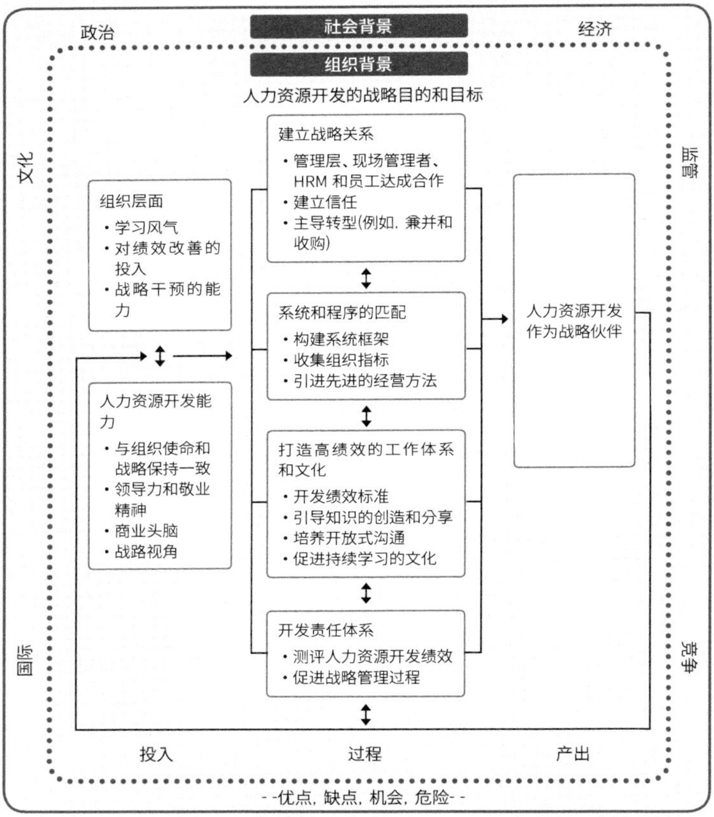

图 3-4 战略性人力资源开发的体制模型(Peterson, 2008)

Garavan(2007)和Peterson(2008)的模型在理解人力资源开发方面取得了重大进展，不仅局限于培训和教育的形式，而是集中于组织内的整体学习，这一点非常突出。

3 | 战略性人力资源开发的成熟度

在战略性人力资源开发研究中，人们正在尝试衡量实际方面，而不是停留在理论层面。Burgoyne(1988)通过按级别提出战略性人力资源开发的类型，提供了衡量成熟度的机会。他提出了从未建立战略性人力资源开发体系的第一级到人力资源开发有助于建立组织政策和目标的第六级的分类。

表 3-4 战略性人力资源开发类型化(Burgoyne, 1988: 41)

标准	内容
标准1	不存在系统的人力资源开发(SHRD)。HRD过程是自由放任的
标准2	利用与组织内HR部门无关的随机应变式人力资源开发或作为组织内零星问题的解决方案
标准3	多个人力资源开发活动之间存在相互联系，HRD影响个人职业开发或学习动机
标准4	HRD考虑组织目标而运作
标准5	在形成组织目标时考虑到人力资源开发。
标准6	HRD对组织的政策和目标制定产生影响并实质性贡献的情况

Lee(1996)提出了一个以培训和学习的操作标准以及与战略整合水平为中心的六级量表。

表 3-5 培训和学习与战略之间的整合标准(Lee，1996a)

标准	内容
标准6	缺乏系统培训
标准5	(战略和)孤立战术水平的培训
标准4	培训与运营管理融合的情况
标准3	培训是实现企业实行战略变化的手段
标准2	帮助培训和学习形成战略
标准1	培训和学习本身就是制定策略的过程

1) 人力资源开发的战略成熟度

McCracken和Wallace(2000)在他们的模型中，提出了培训文化的成熟度可以分为培训、人力资源开发和战略性人力资源开发三个阶段。培训阶段是制定针对策略的临时措施的水平。人力资源开发阶段是支持系统化学习的角色，开始在组织中形成学习文化的水平。战略性人力资源开发阶段是参与执行和制定战略活动的水平。此外，他们通过整合Garavan(1991)和Lee(1998)的研究，将他们自己的三阶段模型与现有的研究相结合，开发了“人力资源开发战略成熟度模型”。该模型通过改善了Lee(1998)专注于教育和学习的量表，综合反映了“战略”特征。

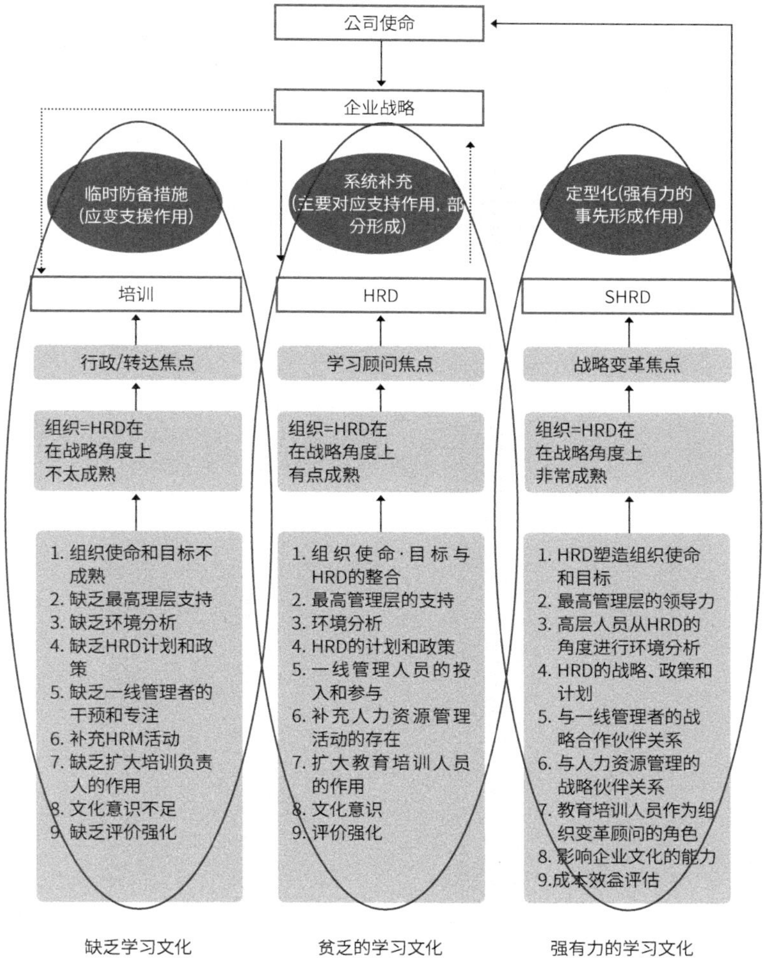

图 3-5 战略性人力资源开发模型(McCracken& Wallace, 2000a: 434)

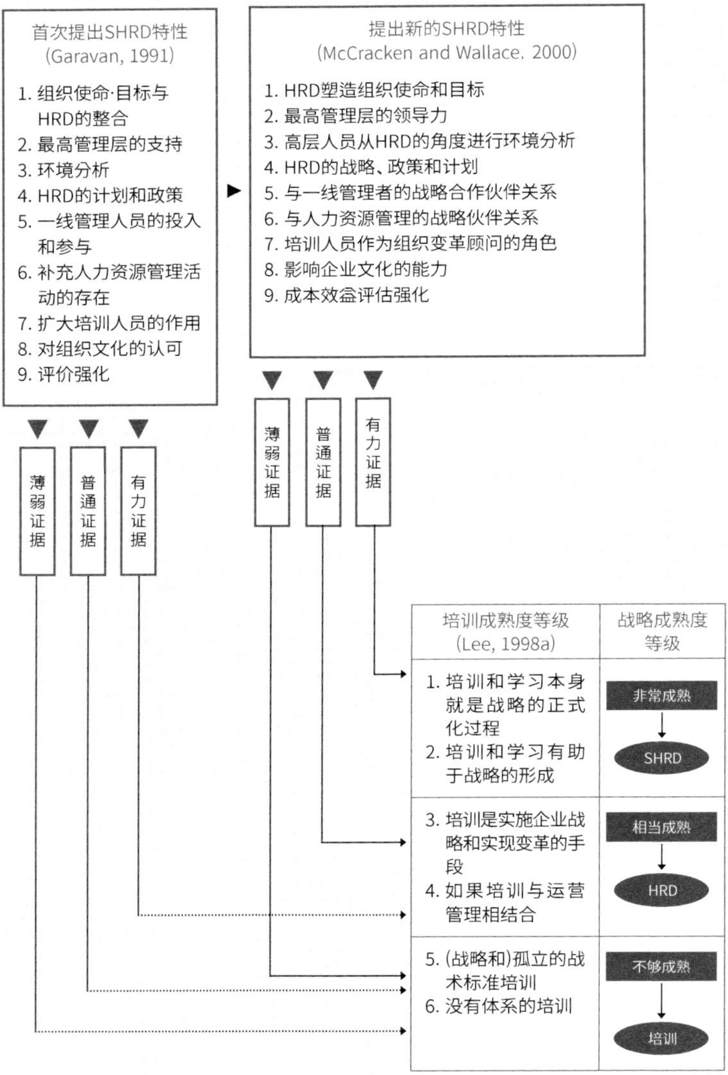

图 3-6 人力资源开发的战略成熟度模型(McCracken & Wallace, 2000b: 436)

Gilley和Maycunich(2000)提出了组织学习、绩效和变革的三维发展模型。在学习、绩效和变革的维度中，最成熟的阶段是战略性人力资源开发。供应商驱动型人力资源开发(Vendor-driven HRD)仅强调学习维度，通过招募教育项目供应商购买适当的教育项目并向组织成员传递。高度有效的人力资源开发(Highly effective HRD)则侧重于个人和组织绩效改进的学习。学习型组织在战略性人力资源开发中被评价为在绩效维度上略显不足，强调积极应对变革的学习。

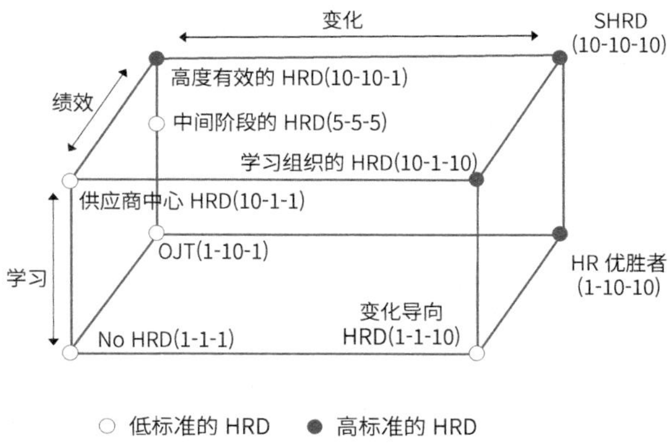

图 3-7 组织学习-绩效-变革的三维发展模型(Gilley & Maycunich, 2000: 25)

Garavan(2007)认为各种人力资源开发活动都可以包含在战略性人力资源开发模型中。他将战略性人力资源开发的潜在活动分为交易性、传统性和变革性领域，并将它们放置在单一线上，如图 3-8 所示。交易性活动是没有战略价值的简单活动。Gilley和

Maycunich(2000)的绩效维度属于传统活动，而其余的变化和学习维度则属于变革性活动。

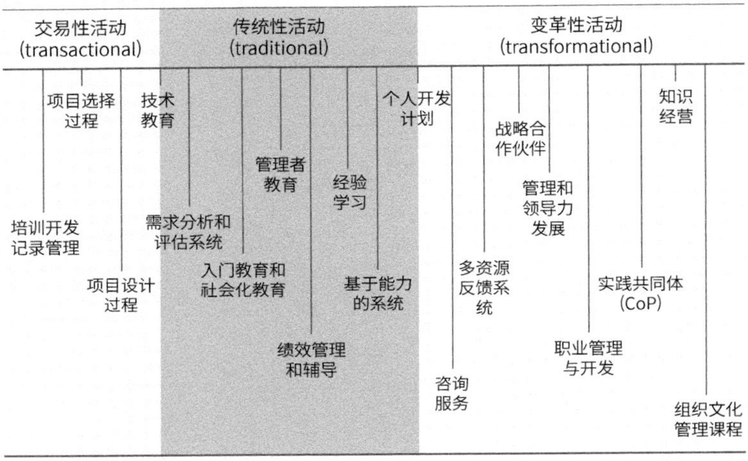

图 3-8 变革性活动的战略性人力资源开发(Garavan, 2007)

值得注意的是，重点在于Garavan(2007)的战略性人力资源开发模型中重要包含的“利益相关者的满意度”现代的战略经营超越竞争，在强调合作和相互共存的可持续性(sustainability)中寻找成功的钥匙。在经济学中，这种变化也被称为“资本主义4.0”。与过去只注重组织的财务利益或股东价值不同，可持续性的目标是包括顾客、供应商、组织成员、地区社会环境等在内的利害关系者的安宁和繁荣。因此，未来的战略性人力资源开发活动必须符合可持续性，并需要培养能够牵引可持续性的人才。这种趋势也应该反映在战略性人力资源开发成熟度的测定上。

自我充电站

核心胜任力的条件

在高尔夫球界流传着一个有趣的现象。打球前大家会猜测谁将成为当天赢家。有人认为是擅长推杆的人，有人认为是开球距离长的人，也有人认为是擅长挥杆的人，还有人认为是专注力和自信心强的人，以及那些能够连续击球不出界(out of bounds)的人等等。不过答案是那天表现得异常出色的人。即使在高尔夫方面具有丰富的知识和技术，也无法找到明确的原因，但是无法击败表现异常好的人。即使在学生时期，有的学生天天玩儿，但成绩却却出人意料的好。然而，简单地将“异常或出人意料”归功于运气是不够的，因为这意味着在表面看不到但却内在存在着某种东西。

可以将同样的问题应用于企业的成功。像苹果、谷歌、GE等公司在开始新业务时成功率都异常的高。忽略那些从一开始就有利益关系的辩护者的说法，仅考虑知名学术期刊或书籍，这些先进公司的成功因素被提及了数十种。创造力、速度、优秀人才、成本和财务管理、客户和市场的打动、品牌策略、物流系统等等，根据不同的观点，可以列举出无数个因素。将所有听起来不错的术语结合起来看，这些公司最终是奇怪地成功的企业。

从经营战略观点来看，衡量企业成功的指标是竞争优势(competitive advantage)。需要注意的是,这不是绝对优势,而是与竞争者相比的相对优势。如果站在经营者的立场上更贪心的话，希望不是停留在短期的竞争优势，而是能够长久地持

自我充电站

续下去。因此，我们在经济报道中经常看到“可持续竞争优势(sustainable competitive advantage)”一词。确保可持续的竞争优势是每个经营者的需求，也是经营战略的基本目标。

据Jay B. Barney介绍,带来可持续竞争优势的资源及力量必须具备四个条件。具备这个条件才算得上是骨干力量。被称为VRIO条件,是指价值性(value)、稀缺性(rarity)、难以模仿性(inimitability)、组织化(organization)。换句话说,市场和顾客认可,具有别人没有的独特性,很难轻易抄袭的差别化竞争力,有效地运用到业务上,为企业目标的实现做出贡献。

核心胜任力条件对于个人来说也是一样的。“如果我像那个人一样擅长这一件事，我就会成功……”他羡慕地说。即使确定了核心胜任力，也很难模仿它，因为需要花费大量的时间和精力来确保该胜任力。即使它们变得相似，它们仍然不完美，需要创造一个可以实现胜任力的情境。

自我充电站

1 请提出我们组织(学校、企业)的核心胜任力，并说明理由。

2 请分析提出本人，个人的核心胜任力。或者分析并提出我们组织成员所拥有的核心胜任力。

3 评估组织和个人各级整理的1、2号核心胜任力是否匹配。

4 讨论人力资源核心胜任力是否可培养、可发展或不可发展。

人力资源开发论

PART II

人力资源开发的领域

Chapter 4

胜任力与胜任力建模

1 | 胜任力的出现和概念

现代企业和学校中最常用的一个词之一可能是“胜任力”。然而，将英语中的competence和competency翻译成同样的韩语时，有时会导致意思不清晰或混淆。虽然在学术用法中没有严格的区分，但有必要检查在一般情况下的使用领域和含义。

两个词来源于同一个词源，语言意义差异不大。“competence”是对“能做什么”的回答,意味着“成功的状态或水平”以标准识别的技术或知识水平来表现。与此相比,“competency”以“怎么做”为重点,包含“成功的行动或方法”要想具体表明这一点,必须要有知识、技术、态度的说明。结果,competency在competence中增加了性格、气质、投入等心理机制。由于两个英语单词的语言含义微妙,在经营学中,competency主要用于个人水平,competence用于组织水平。

表 4-1 Competency和 Competence的差异

区分	胜任力(Competency)	资质荣誉(Competence)
重点领域	• 怎么办? • 成功的方式 • 成就的过程	• 能做什么 • 职务与问题本身 • 成就的技术水平、执行标准
构成因子	• 以行动(知识、技术、态度的总和)为中心	• 以知识、技术为中心
对象及领域	• 个人、人力资源开发	• 组织、经营战略
代表学者	• Boyatzis(1982) • Spencer & Spencer(1993) • Lucia & Lepsinger(1999)	• Prahalad & Hamel(1990) • Markides & Williamson(1994)

1) 组织胜任力和个人胜任力

组织胜任力(competence)是Prahalad和Hamel(1990)发表名为《The core competence of the corporation》的论文，被广泛称为"核心胜任力"(core competence)的战略经营概念。他们认为核心胜任力是"作为企业的内部胜任力，有别于其他竞争对手，作为商业成功核心的竞争优势来源，基于各种有形或无形的资源和组织胜任力，不会因使用而耗尽，通过持续的学习和分享得到进一步提升。"综合之前提及的资源合规的观点，也可以理解为具备VRIO条件，并为可持续竞争优势提供驱动力。组织的核心胜任力是产品或服务背后引领成功的根本性胜任力。Apple的核心胜任力是"将人文和设计与技术相结合"，而不是iPhone。

个人胜任力(competency)的出现比胜任力(competence)更早。心理学家McClelland(1973，1976)认为，通过智力和素质测试无法充分预测工作或生活中的成功，因此他努力挖掘能够推动成功业绩的个人内在特质。他将胜任力定义为区分一般执行者和优秀执行者的特定行为。虽然很多学者没有区分核心胜任力（core competency和 core competence）的两种概念，但考虑到核心胜任力（core competency）是个人水平的，将其定义为“为了实践组织的使命、愿景和价值观，所有组织成员都应共同拥有并开发的胜任力”更为合适。

然而，从学习组织、组织发展、战略人力资源开发等概念出发，在现代人力资源开发领域，组织胜任力和个人胜任力密切相关。个人胜任力受到基于组织核心胜任力的文化、制度的影响，如果组织成员没有共享的个人胜任力来支持组织的战略实践、竞争力和盈利提升，那么实现组织的核心胜任力就是不可能的。因此，Senge（1990）的观点：“组织胜任力是社会学习过程的结果，体现在经营战略、创新过程和个人胜任力中”，是非常合理的。

1971年，美国国务院委托McClelland进行的研究奠定了胜任力概念的基础。国务院面临着一些外交事务官员（foreign service officers）的工作绩效与选拔成绩不成比例的问题。考试主要涵盖了历史、政治、经济等人文科目，但实际上这些分数与绩效之间呈现出显著的负相关（r=-0.22）。由于当时是他国反美情绪敏感的时期，因此对美国营造友好感情的外交事务官员的作用和绩效备受关注。他将外交事务官员分为绩效排名前10%和平均或以下的两组，然后进行了面谈。

两个群体的差异，即仅在优秀执行者中显示出的行为，其中包括对其他文化的敏感性、对他人的积极期望、对其他文化的尊重、以及了解政治关系等能力。比起优秀的考试成绩，影响工作绩效的行为被称为“胜任力”。之后，Boyatzis(1982)将其描述为个人基础特征，包括动机、功能、特质，以及个人在社会角色中的作用，不仅如此，还包括个人运用的知识的总合。Spencer和Spencer(1993)将在特定情境或工作执行中，结合具体依据和标准，将评估时所表现出的有效和优秀绩效的原因，结构化为动机、特质、自我概念、知识、技能这五种类型。

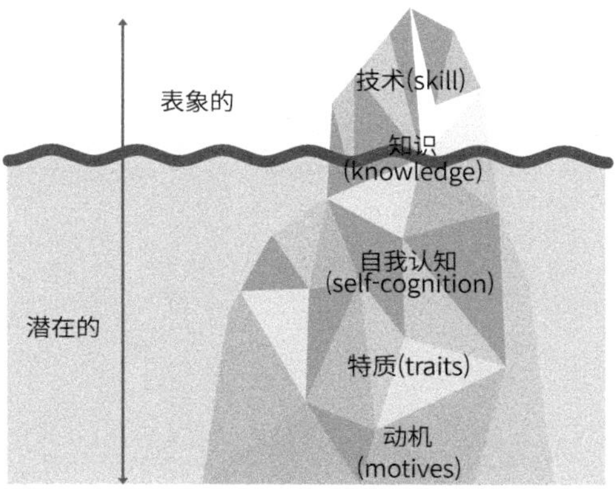

图 4-1 胜任力的构成(Spencer & Spencer, 1993)

2) 职务分析和胜任力建模

由于对胜任力的早期研究主要是以职务为对象进行的，因此有时会混淆职务分析(job analysis)和胜任力建模(competency modeling)，这些分析被用作顺利履行职务的基础工具。职务分析，

如 表 4-2 所示，将职务分为以下任务或程序，以了解工作内容(descriptions)和必要条件(specifications or requirements)。

表 4-2 职务分析示例

职务名	教育职(技术教育)	同一业务执行人员	3名
职务概要	根据管理层和员工的培训要求，制定/实施培训课程开发和培训计划，支持员工的岗位胜任力开发，通过管理系统的培训履历，完成顺利的人力资源管理的支持工作。		

任务	单位活动	详细的业务流程	时间比重(%)	重要性(%)	投入物	接触机构	交付项	先行经验	所需经验年数	未来可执行的其他业务
内部技术培训服务稳定运行	1. 建立和实施内部技术培训课程 2. 扩大参与外部企业培训	1-1. 内部培训讲师任命和人事命令(委任) 1-2. 建立教育课程及日程 1-3. 编写教育教材(公司内部讲师:写稿) 1-4. 年度教育申请者报名 1-5. 针对申请人员的培训课程及日程安排 1-6. 教育课程/日程/对象公告 1-7. 教育实施 1-8. 教育结业/问卷调查 2-1. 向客户发送参与培训的公文 2-2. 通过在公司网站上发布年度培训课程/时间表和通知来申请定期培训	40	40	• 教育课程/日程表 • 教育教材 • 问卷 • 对外公文 • 结业证 • 评估表	• 人事组/现职部门 • 外部企业 • 会计组 • 工程设计组 • 电力电子设计组 • 特殊设计组 • 教材制作企业	• 调查问卷(结果)评价结果 • 教育申请书 • 会计发票(讲课费,稿费教育进行经费等)	人事(教育工作)/项目执行/维修	1年	教育相关领域

任务	单位活动	详细的业务流程	时间比重(%)	重要性(%)	投入物	接触机构	交付项	先行经验	所需经验年数	未来可执行的其他业务
教育业务推进计划和实施管理	1. 制定年度运行计划 2. 教育绩效管理 3. 教育业绩报告 4. 活动性教育策划	1-1. 确定技术培训需求 1-2. 申请和接收团队年度技术培训计划 1-3. 制定技术培训计划并确定年度培训预算 2-1. 内部和外部教育业绩的管理及每周、每月、季度、年度业绩公告 3-1. 月度(组长)、季度(部门经理)、年度(总裁) 培训绩效报告(稟議) 4-1. 根据员工培训要求进行技术研讨会、海外研修企划及稟議后实施	30	40	· 问卷调查 · 教育计划书 · 各教育机构资料	· 管理层 · 企划组 · 现职部门 · 集团公司 · 海外教育机构	· 教育实绩管理台账 · 教育结果报告 · 教育资料 · 申请表 · 年度实行运营计划书	人事(教育工作)	1年	技术管理/培训/HRD规划工作
维护教育环境和补充器材	1. 改善教育环境 2. 教育设备的补充	1-1. 现教室环境整理(布局和电缆整理) 2-1. 整理教育设备清单 2-2. 针对教育人员进行现状模拟分析 2-3. 编写关于补充教育器材的报告 2-4. 教育器材扩充申请 2-5. 相关产品的订单转移	5	5	· 招标	· 管理层 · 会计组 · 工程设计组 · 电力电子设计组 · 制造商	· 报告书 · 申请表 · 教育器材目录	项目执行/维护	1年	

相比之下，胜任力建模[1)]将工作视为背景，并得出以人为中心的优秀行为。由于胜任力是抽象的，所以它是用具体的行为指标来定义的，或者是与相关的知识和技能一起指定的。然后，将特定工作或角色所需的胜任力集合建立为胜任力建模。

表 4-3 胜任力建模示例(Kim et al., 2010: 154-155)

<table>
<tr><td>为了实现组织的愿景，高绩效工作者的决定性行为特性
▼</td><td>阐明胜任力的意义，说明胜任力所代表的代表性行为面貌
▼</td><td colspan="2">行为中体现出胜任力的依据，判断或评价其行为是否属于该胜任力的标准(尺度)
▼</td><td>以行动指标为基础，只筛选出行动的主要要素
▼</td><td>定义可能出现一系列行动指标的脉络，分类行动指标的概念
▼</td><td>需要学习的内容，以理论依据为基础的系统化内容
▼</td><td>使用工具的方法或方法论
▼</td><td>对某个对象所具有的感情或思想体系、心态、价值观
▼</td><td>为了转换成教育课程，构建一个系统化的整体(一系列学习内容合集)
▼</td></tr>
<tr><th>胜任力名称</th><th>胜任力定义</th><th colspan="2">行为指标
(behavioral Indicator)</th><th>摘要</th><th>类别</th><th>知识</th><th>技术</th><th>态度</th><th>模块/辅导</th></tr>
<tr><td rowspan="10">分析性思维</td><td rowspan="10">是指通过将问题或情况分为构成要素,系统地分析,得出有意义和合理结论的能力</td><td>1</td><td>将要解决的任务划分为可管理的单元并设定优先级</td><td>设置任务分类/优先级</td><td rowspan="2">确定分析的最终目的</td><td>任务分类标准</td><td>任务分类和优先级设定方法</td><td>客观的思考</td><td rowspan="10">[1] 为什么要进行分析?
1. 为了解决问题及决策的分析

[2] 分析过程
1. 信息采集
2. 提取必要信息
3. 信息缩略与解析
4. 核心原因查明
5. 寻求解决问题的办法

[3] 分析技术升级
1. 原因推导
2. 结构化/系统化
3. 把握关系性
- 发现共同点和不同点
- 类型化(patterning)
- 概念化(conceptualizing)
4. 基准测试技术

[4] 制定和实施替代方案
1. 衍生替代方案
2. 考虑替代方案
3. 预测障碍因素
4. 收益分析
5. 制定实施计划</td></tr>
<tr><td>2</td><td>系统地预测可能的原因或可能的结果,得出核心事项</td><td>找出核心事项(因果分析)</td><td>分析过程</td><td>找出原因</td><td>系统性分析</td></tr>
<tr><td>3</td><td>寻找组织内外可能接触的对象，收集必要的信息</td><td>设置接触对象</td><td rowspan="3">信息收集、调整、缩略</td><td>组织认知(掌握部门, 职能, 责任人)</td><td>信息检索方法在组织内建立网络</td><td>信息思维</td></tr>
<tr><td>4</td><td>从复杂的信息中提取出对解决问题有用的信息</td><td>提取所需信息</td><td></td><td>Gap 分析</td><td>符合标准</td></tr>
<tr><td>5</td><td>简化庞大的信息</td><td>信息缩略</td><td></td><td>总结技巧</td><td></td></tr>
<tr><td>6</td><td>得出可能发生的各种原因</td><td>原因推导</td><td rowspan="5">分析技巧
1. 原因推导
2. 结构化/系统化
3. 关系性</td><td></td><td></td><td></td></tr>
<tr><td>7</td><td>通过设置有序、系统的方法或分析技术，将复杂的情况和业务流程结构化</td><td>系统方法(方法/技巧/过程)</td><td></td><td>用于信息结构化的各种工具(表)</td><td>系统化、程序化思维</td></tr>
<tr><td>8</td><td>通过适当应用特定的概念和原则来快速理解情况或问题</td><td>应用默认规则</td><td></td><td>找出共性和相似之处</td><td></td></tr>
<tr><td>9</td><td>在关联性不明确的情况下，寻找一定的规律(连接点)</td><td>规律/识别连接点</td><td></td><td>范式识别</td><td></td></tr>
<tr><td>10</td><td>应用其他领域的信息来揭示当前复杂信息之间的关系，或者结合看似不相关的元素来开发解决方案</td><td>提取新概念</td><td></td><td></td><td></td></tr>
</table>

1) 胜任力分析的过程就是胜任力建模，通过系统的胜任力建模发现的特征的集合称为胜任力模型(Eom & Kwon, 2017).

胜任力名称	胜任力定义	行为指标 (behavioral Indicator)		摘要	类别	知识	技术	态度	模块/辅导
		11	确定当前情况下可能的替代方案	衍生替代方案	制定和实施替代方案		思维工具	创意的构思	
		12	预测替代方案的影响或可能的障碍并做出最终决定	预测决策中的影响/障碍			识别障碍并分析决策的影响	总体的观点	
		13	分析各种替代方案的成本和收益(利润分析)并确定优先级	收益分析			盈利分析技术	客观的思考	
		14	充分考虑相关数据来制定实施计划	确保可行性					

3) 鉴别性胜任力和基准性胜任力

职务分析也规定了以人为中心的条件,但这是一般执行该工作所需的最基本的资质。Spencer和Spencer (1993) 以胜任力的类型说明了这种差异。符合职务分析的条件,即职务执行者至少要具备的必要胜任力定义为基准性胜任力(threshold competency),与平凡的执行者相比,只有优秀的执行者才能拥有的胜任力定义为鉴别性胜任力(differentiating competency)。Dubois和Rothwell (2004) 区分的模范执行(exemplary performance)和成功执行(successful performance)也是类似的概念。

另一方面, 在实际工作中, 胜任力被划分为更加多样化的类型。不仅是职务胜任力,组织水平的核心胜任力, 事业部水平的功能胜任力, 根据作用的作用胜任力也在运营。代表性的作用胜任力是领导胜任力。

表 4-4 胜任力和绩效

区分 学者(年度)	鉴别性胜任力 (differentiating competency)	基准性胜任力 (threshold competency)
Spencer & Spencer(1993)	· 卓越的执行 (superior performance)	· 有效地执行 (effective performance)
Dubois & Rothwell(2004)	· 模范的执行 (exemplary performance)	· 成功的执行 (fully successful performance)
概念和级别	· 决定是否对组织内绩效做出贡献的胜任力 · 高于平均值+1标准差以上的执行绩效 · 比平均水平高出20倍的绩效 · 前10%的卓越绩效者	· 不引起执行上的问题，取得平均绩效的最低要求(minimally acceptable)水平 · 与其他组织不同的内部胜任力

在动态环境中，职务本身也经常发生变化或消失。因此，需要将管理的焦点放在拥有胜任力的组织成员上，而不是工作本身。从这个角度来看，胜任力开发与学习和绩效改善这一人力资源开发战略紧密相连。

2 | 胜任力建模

胜任力建模(competency modeling)是一种系统化的过程，用于推导出个人胜任力。通过力量模型找到的特性集合体称为胜任力模型。图 4-2 是小学、初中、高中的教师们为学生的职业规划所必须具备的胜任力模型,从对学生特性的观察力到对升学结果的DB构建及适用等15种胜任力组合为7个胜任力群的事例。

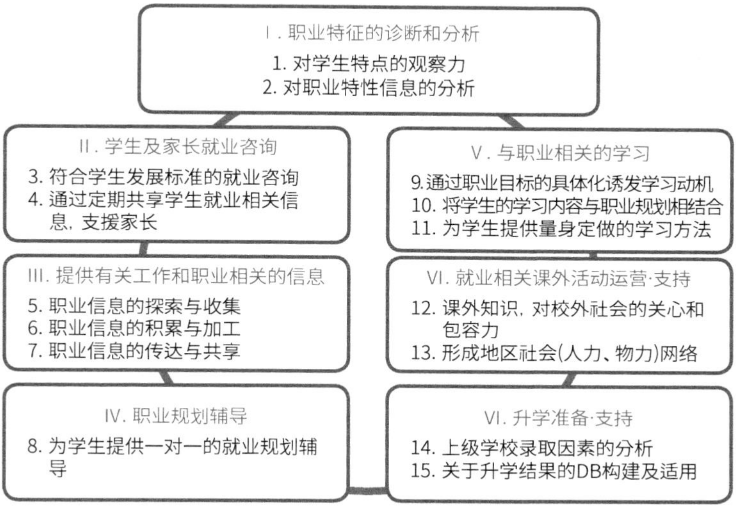

图 4-2 普通教员的职业指导及商谈胜任力模型(Eom & Kwon, 2017: 151) 示例

1) 胜任力建模的阶段

胜任力建模根据胜任力建模的使用目的或建模对象的不同而展开。**图 4-3** 给出了胜任力建模的一般流程。胜任力是以高绩效者的差别行为为基础进行分析的，因此设定执行有效性的标准，并向优秀者收集胜任力建模的基础资料。

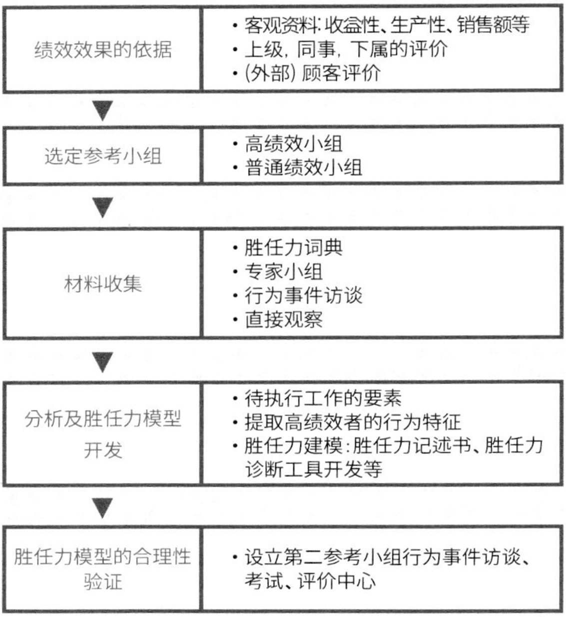

图 4-3 **能力建模的流程**(Spencer & Spencer, 1993: 95 等作者们修改, 完善)

胜任力建模的资料收集方法包括胜任力词典、专家小组、行为事件面试、直接观察。首先,利用胜任力词典(competency dictionary)[2] 的方法。根据先前的研究结果,从卡片或列表等一般胜任力集合中选择并达成一致,然后修改和补充,建立最终的胜任力建模。这种方法受到胜任力词典的工作匹配性、行为指标的质量、选定的胜任力数量、研究样本数量等因素的影响,也受到可能会遗漏重要胜任力的限制。

2) 胜任力词典可以看作是胜任力技能表的汇编,但通常胜任力词典中包含的是胜任力技能表的缩略信息。

第二，专家小组（SME[3] panels）由相关领域的高绩效个体或专家组成。组织假设了期望的业绩，然后通过协商来提取和达成实现这些业绩所需的胜任力。虽然可以在短时间内收集大量数据，但专家个人的扭曲价值观可能介入，或者主要以研讨会形式进行，可能会受到群体思维的负面影响。

这是第三种，是由McClelland和Daily于1972年开发的行为事件访谈法（behavioral event interview，BEI）。它结合了Flanagan的关键事件方法（critical incident method，CIM）和心理学中使用的主题统觉测验（thematic apperception test，TAT）[4]。参与者通过深入访谈重要的成功或失败事件来分析胜任力。这种方法需要分析者或面试者的专业知识，而且需要大量的时间和成本，这是其缺点。

最后，它是一种直接观察正在执行的工作的方法，对于直接确认通过上述方法得出的假设胜任力很有用。尽管连接和量化特定行为和胜任力很重要，但能够理解表达胜任力的上下文是有优势的。

胜任力建模不应仅使用一种方法，而应考虑胜任力的使用目的，混合几种方法或设定新的建模方式进行实施。为了有效地将胜任力建模应用于人力资源开发，需要充分收集行为指标和案例，因此包含行为事件访谈方法是可取的。通过行为事件面试提取的各种案例和案例中显露的行为特征，使得能够提供理论体系无法提供的实质性执行改善支持。然而，仅将整个胜任力建模过程仅限于

3) SME的英文全称是Subject Matter Expert，意思是特定主题或领域的专家。

4) 这是一种性格测试，通过展示模糊不清的场景，让被测试者进行解释，以此来揭示潜藏在个人潜意识中的特质。

行为事件访谈可能效率不高，因此需要设定并结构化最佳流程。

2) 胜任力记述书的构成要素

胜任力记述书主要由胜任力名称、胜任力定义和行为指标组成，如 表 4-5 所示。胜任力群[5]是一种根据相似性对胜任力进行分组的方法。行为指标包括行为锚定等级评价法（behaviorally anchored rating scales, BARS）和行为观察评价法（behavioral observation scales, BOS），行为锚定等级评价法将胜任力分为三级或四级来描述胜任力的成熟度，行为观察评价法则综合描述胜任力的代表性行为、实例、方法。下表中的例子采用BARS方法呈现行为指标，并结合教师的发展阶段和胜任力成熟度，将其分为上、中、下三个层次来描述代表性的行为案例。

BARS方法通过描述各层次的行为指标，可以排除主观判断，如 表 4-6 所示。缺点是需要时间和金钱来精心开发每个级别的专属且等距的行为指标。然而，它对于设计和开发每个级别的基于胜任力的学习模块或课程非常有用。另一方面，由于BOS方法充当胜任力清单如 表 4-7 所示，因此很容易提取有关更频繁和有效使用的必要知识、技能和态度（KSA）的具体信息工作中。

5) 有时候不是将胜任力分类呈现为胜任力群，而是将一个胜任力分成多个子胜任力进行呈现。

表 4-5 胜任力记述书

<table>
<tr><th>项目</th><th>项目开发标准</th><th colspan="2">示例</th></tr>
<tr><td>胜任力群</td><td>• 如果一个主要职责领域中包含两个或更多的胜任力，则将其结构化为胜任力群，层次结构不变</td><td colspan="2">• 学生及家长就业咨询</td></tr>
<tr><td>胜任力名称</td><td>• 摒弃一般、通用的胜任力名称</td><td colspan="2">• 针对学生发展水平的就业咨询</td></tr>
<tr><td>胜任力定义</td><td>• 明确界定歧视性工作行为，包括背景、目标、水平或程度、程序或方法等方面。</td><td colspan="2">• 师进行的就业咨询是根据学生的发展水平，直接分析学生的就业特点，以便学生能够轻松理解，并形成对就业规划的动机。同时，该咨询还会解答学生的疑问。</td></tr>
<tr><td>相关胜任力</td><td>• 提出胜任力群中的子胜任力或对发现和开发的相互影响的胜任力</td><td colspan="2">• 职业规划诊断工具的选择和结果的解释
• 职业规划障碍(无法抉择)调整
• 根据信息/经验为孩子的职业决策提供方向建议</td></tr>
<tr><td rowspan="3">行为指标</td><td rowspan="3">• 展示优秀行为事例
• 根据胜任力成熟度呈现典型行为案例</td><td>低水平
(作为教师的入职和早期成长阶段)</td><td>学生的自我认知与积极的自我概念形成相连接，提供对学生的优点和劣势的赞美和鼓励</td></tr>
<tr><td>中等水平
(从成长阶段到发展阶段的过渡)</td><td>通过考虑学生的水平，传达就业特性，并通过提问确认学生的理解水平，通过咨询过程支持职业探索和规划</td></tr>
<tr><td>高水平
(从发展阶段到深化阶段的过渡)</td><td>教师们根据个别学生的各种信息，合作分析和综合就业特性，开发学生定制的职业规划咨询方法</td></tr>
</table>

表 4-6 基于BARS的胜任力诊断工具示例(Kwon et al., 2016)

<table>
<tr><th rowspan="2">胜任力名称</th><th colspan="5">行为指标</th></tr>
<tr><th>等级1</th><th colspan="2">等级2</th><th colspan="2">等级3</th></tr>
<tr><td rowspan="2">为学生提供一对一的职业规划设计建议</td><td>• 定期了解学生的内外部条件，并在职业规划时提供考虑这些条件的建议
• 检查学生的职业决策方式，并提供有助于初步设定职业目标和职业路径规划的信息</td><td colspan="2">• 帮助学生识别职业规划过程中的障碍因素，并找到解决方法(包括协调和妥协方案)。
• 不仅提供有关各种成功职业规划的信息，还与学生共同设计创意性的职业蓝图。
• 鼓励学生根据其就业市场情况的变化重新审视和完善职业规划。</td><td colspan="2">• 设计收集和管理关于创新、替代和融合职业规划的信息，并将其与学生的职业探索机会相结合的方案。
• 提出针对我们学校的有效学生职业规划支持方案(包括信息基础设施、家长辅导利用、职业社团推广等)。与教师合作设计支持方案，并确保其在学生指导中得到实质性运用。</td></tr>
<tr><td>①</td><td>②</td><td>③</td><td>④</td><td>⑤</td></tr>
</table>

表 4-7 基于BOS的胜任力诊断工具示例(Kwon et al., 2016)

<table>
<tr><th rowspan="2">胜任力名称</th><th rowspan="2">胜任力定义与内容</th><th colspan="4">执行力(当前级别)</th><th colspan="4">重要性(要求级别)</th></tr>
<tr><th>①</th><th>②</th><th>③</th><th>④</th><th>①</th><th>②</th><th>③</th><th>④</th></tr>
<tr><td>为学生提供一对一的职业规划设计建议</td><td>我们通过充分分析学生的内外部条件，建议适合学生的多种职业路径，支持学生设计自己的最佳职业目标和路径。</td><td></td><td></td><td></td><td></td><td></td><td></td><td></td><td></td></tr>
</table>

执行力(当前级别)	① 很低:对相应的胜任力很不成熟。毫无行动。 ② 低:对相应胜任力稍有不熟练。几乎没有行动。 ③ 高:对相应胜任力充分熟练。行动频繁。 ④ 非常高:对相应的胜任力非常熟练。总是付诸行动。

重要性（要求级别）	① 极低：完全不重要。 ② 低：有点重要。需要最起码的知识、技术或态度。 ③ 高：相当重要。需要大量的知识、技术和态度。 ④ 非常高：非常重要。需要广泛的知识、技术和态度。

3 | 基于胜任力的人力资源开发

如果说，产业社会的人力资源开发集中于“由人执行的工作”的效率性，那么引进力量的人力资源开发则关注“执行工作的人”胜任力将过去忽视的价值观、思考方式、工作风格、习惯等作为重要变数进行考虑。在经营管理中引入的力量在提高人-岗位匹配（person-job fit）方面向前迈进了一步。这里包含着“开发可能性”这一重要的争论。

1) 通过胜任力确认工作和组织的适合性

在安排或选拔特定职务时，通常以显性知识或技能作为标准。这些包括学历、学分、英语成绩、资格证书等。然而，这些因素相对容易开发，与内在特质和思维方式相比。相反，内在特质的开发或变化通常较为困难。因此，选择以难以通过教育或培训开发的内在特质作为选拔标准，然后通过实际需要的教育或培训来掌握知识和技能，是更有效的。虽然你可以教会鸡爬树，但爬树更适合松鼠。如果在连接职务和人员时仍过度依赖知识和技能，就需要重新考虑内在特质的重要性，不要忽视它，也不要假设人员已经具备，或者在后续阶段培养。

尽管组织成员的知识和技能可能被视为丰富多样，但组织成员可能面临超越其职务所需水平的资质过剩(over-qualification)问题。由于全球经济的不确定性导致就业质量下降，资质过剩(over-qualification)问题作为一种不完全就业形式受到了发达国家的关注。根据美国、加拿大和英国的研究，据报告，每3名在职者中就有1名被认为存在过度资格问题(Choros, 2016；Quintini, 2011)。尽管韩国尚未收集到关于过度资格的准确统计数据，但考虑到高度的教育热情以及将“积累资历”或“延长学历”的趋势视为就业突破口，组织成员可能越来越感到自己在进行简单和低级的工作时超出了自己的胜任力。

资历过高会对组织和个人产生苦衷和不满感等心理费用,对职务满足、组织投入、离职意向等工作态度产生负面影响(Maynard & Feldman, 2011)。因为从自我实现的观点来看,组织成员在执行挑战性业务的同时,对谋求个人发展、为组织做出贡献的自豪感赋予了价值(Erdogan et al., 2011)。

进一步，个人的核心胜任力直接关联到组织的战略和目标，因此可以为确保个人-组织匹配(person-organization fit)做出贡献。如图4-4所示，重视引导成功工作执行的实际动因和背景的胜任力特征，正在人力资源管理的各个方面广泛应用。这意味着人力资源管理在整合组织层面的方向性和个人微观执行方面发挥着新的作用。在这种战略性作用中，人力资源开发是最合适的领域。通过教育和培训首先可以克服胜任力当前持有水平与期望水平之间的差距，从而为开发做出贡献。根据胜任力的类型和内容，提了各种开发方法，包括传统的讲座、模拟、案例研究、行动学习[6]、问题中心学习(problem-based learning, PBL)、翻转学习(flipped learning)[7]、角色扮演(role play)、辅导和导师指导等。

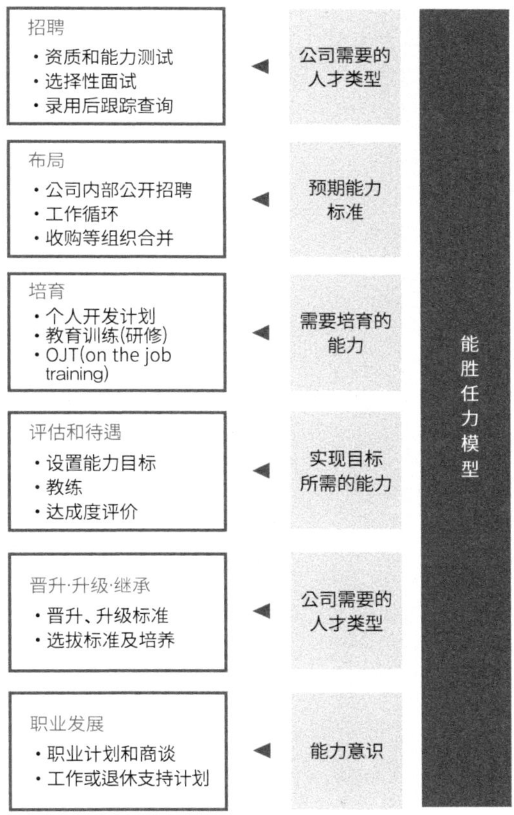

图 4-4 胜任力模型的使用(Hay Consulting Group, 2002 等作者们修改、补充)

6) 这是组织成员组成小组，在同事和促进者(facilitator)的帮助下解决实际业务问题的学习方法。

7) 与在教室学习、课后复习的现有方式相反，上课前进行在线学习，上课时间通过讨论和评价等确认及完善，被称为混合型学习(blended learning)。

2) 胜任力与绩效之间的因果关系

胜任力通过建立"以行为为中心的因果关系"来预测绩效，如 图 4-5 所示。人的行动总是从意志(intent)出发,特别是通过行动才能取得绩效。例如，假设某企业的企划组聘用了经营学博士。他在海外大学充分具备了相关业务所需的知识和经验,但绩效并不理想。不管原因如何，这都是没有将自己的知识和技术在工作中发挥出来的结果。这可能是因为诚实工作的动机较弱,也可能是因为被动活动的性格。如果只利用可视资格证、学历等标准,就会出现多么荒唐的结果。

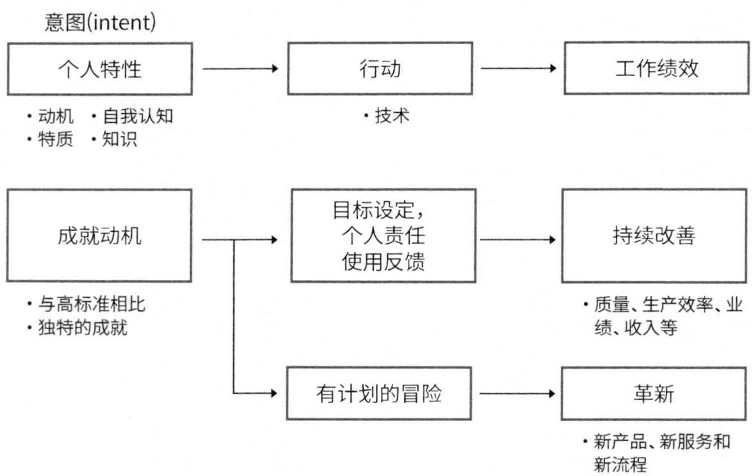

图 4-5 胜任力的因果关系模型(Spencer & Spencer, 1998: 13)

胜任力记述书通常具有阐明人力资源开发目标的优点，因为它们包括具体的行为指标。胜任力建模被描述为有效且出色地履行特定角色的行为，并处理该角色之前的固有特征和之后的绩效。在基于胜任力模型的人力资源开发中，隐含着要在各个方向上对这个因果链做出适当的反应。图 4-6 中，国内P公司的人力资源开发系统地包括招聘、培训、晋升、薪酬等综合干预措施。作为参考，应用于动机的逻辑是Vroom的期望理论（expectancy theory）。期望理论认为，个人评价的设计和操作应使人们“能做到”和“想做”，最终目标是提高绩效。这是因为对一个人行动结果的期望水平决定了努力的程度。

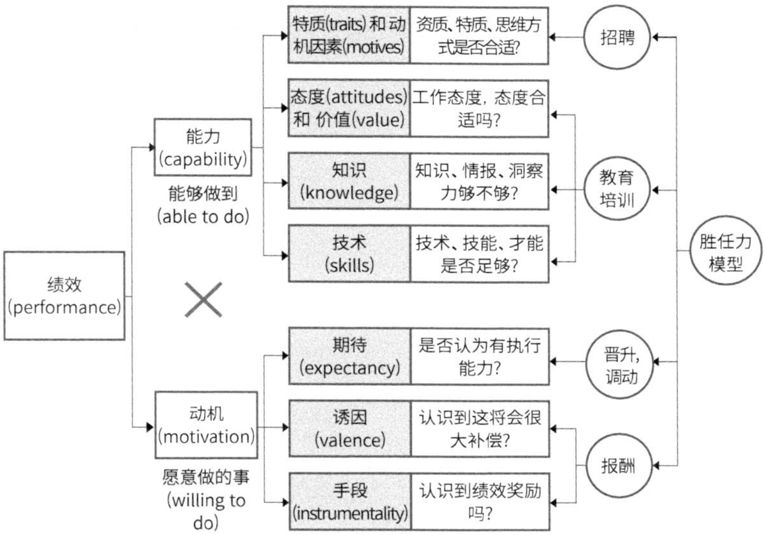

图 4-6 P公司个人绩效创造模型

自我充电站

热情胜任力

学习未知的东西，做好工作，勤奋和认真是最重要的口号。要将新知识和技能灌输到头脑和身体中，需要一段时间的反复学习。然而，单独学习和工作所能产生的绩效显然有限，因此我们通过组织和网络来放大价值。

Gary Hamel是伦敦商学院教授，也是被誉为创新引导者的管理大师之一。他将对组织做出贡献的人分为六个级别。

※ 知识、勤奋、服从在现代管理中是唾手可得的。最具代表性的是在劳动力廉价的欠发达国家制造尖端产品。

出处: http://image.chosun.com/sitedata/image/201206/15/2012061501240_2.jpg
(资料: Gary Hamel)

在最高层次上表现出的是热情。热情的人相信他们可以通过自己的工作改变世界和他人的生活。在快速变化的世界中，他们不是回避挑战，而是挑战并克服困难，使组织的所有成员朝着一个方向实现目标。传统上被认为是成功明确因素的顺从、勤奋、知识等胜任力已经在全球范围内变得容

自我充电站

易获取。

然而，在创意经济中，最重要的人类胜任力是推动力、创造力和热情，但由于它们不容易获得的特点，很难获得。需要注意的是，再次重点关注热情。热情比积极的推动力更高，它意味着不等待别人的指示，而是立即行动，发现问题或机会，并挑战传统观念，寻找新的解决方案和可能性。尝试以前未曾尝试过的方法绝不是一场成功的必胜之战。相反，失败的可能性更大。渴望成功，无论失败与否都要努力实现，这需要组织层面的努力和个人自发的动力激励。

自我充电站

1 观察周围的同事或朋友后，思考服从与热情之间的关系(服从是否影响热情，服从是否需要热情等)。

2 在“没有创造力的热情”和“没有热情的创造力”之间，选择我们的组织更需要什么并解释原因。

Chapter 5

工作重塑

1 | 工作再设计

组织是复杂、开放的社会技术系统(sociotechnical system)(Trist & Bamforth, 1951)。组织的组成部分是相互依存的，某一部分的变化会影响其他部分。20世纪50年代初，Tavistock Institute的研究所指出，尽管采用相同的采矿技术，但不同的矿山表现不同。得出的结论是，为了取得成功，必须改善软件的社会和人文因素，以适应硬件技术的开发(Cummings & Worley, 1993)。人们普遍认为，只有技术和社会方面同时优化时，它才有效。然而，当我们改善机器、设施、计算机系统和组织结构时，我们很容易忽视这些变化对人类和社会可能产生的影响，而这可能很快成为失败的关键原因。

1) 工作扩大化和工作丰富化

定期或不定期发生的组织改组需要员工的适应，会给其造成心理负担。如果不能解决这一问题，即使是充分考虑环境和战略因素设计的组织结构也无法有效运作。组织的基层结构，是员工直接分配执行的工作。工业化初期，岗位设计强调分工、专业化，致力于提高效率、降低成本。但在碎片化、单调的岗位上，人们没有机会发挥自己的潜力，诉说着被冷落、疲劳和不满。为此，尝试了在不改变工作结构的情况下，将员工移动到多个职务的工作轮换（job rotation），但这不是根本的解决方案。

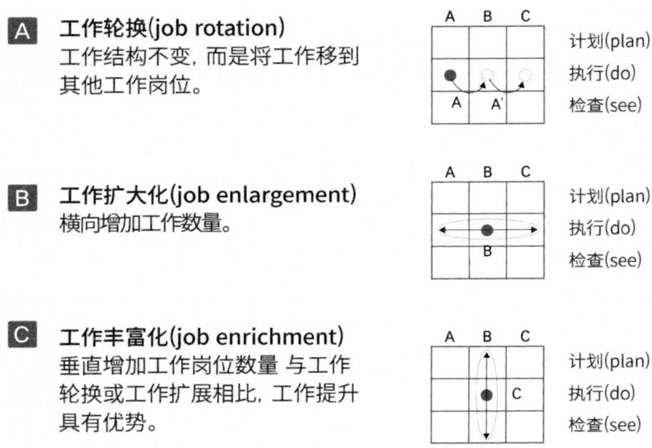

图 5-1 工作循环，工作扩大化，工作丰富化

为了解决这个问题，“工作再设计”被提出。工作再设计表现为工作扩大化和工作充实化。工作扩大化（job enlargement）是指考虑到工作流程，增加个人负责的工作数量的方法。将几项高度相关的任务分组并重新组织为一项工作。相比之下，工作丰富化（job enrichment）寻求的是提高质量而不是数量。通过授予工作计划或控制权来扩大责任和权限的范围，并设计工作，以便学习和应用更专业的知识或技能。因此，也被称为“垂直工作扩大”。

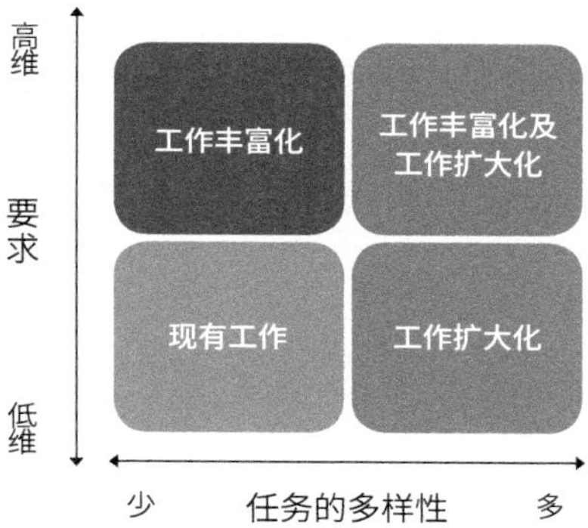

图 5-2 工作的横向和纵向扩大

2) 工作特性模型

然而，工作扩大化和工作丰富化的局限性在于简单地通过工作单位的机械组合来重组工作。为了克服这个问题，出现了一个工作特征模型(job characteristic model)，该模型探索了工作特征中的动机驱动因素。Hackman和Oldham提出的模型表明，五个工作特征会影响一个人的心理状态，心理状态的进步表现在个人满意度和绩效上(见图5-3)。首先，工作中使用的知识和技能多样性(skill variety)，即技能的多样性。其次，任务同一性(task identity)是指任务从开始到结束的任务范围。第三，任务重要性(task significance)是指任务的重要性或地位对组织和社会的影响。以上三个工作特征影响员工把握或赋予其职责意义的能力。第四，自主性(autonomy)是指负责人在执行工作时具有独立的自由裁量权，可以说，在按照规则、程序、指示等进行工作时，自主性较低。自主性让你对自己的工作表现负责。最后，反馈(feedback)是提供准确信息以感知工作进度、状态和结果的程度。反馈会影响对工作结果和影响的看法。另一方面，工作特征积极地促进心理状态并导致绩效的过程受到个人成长欲望强度的控制。

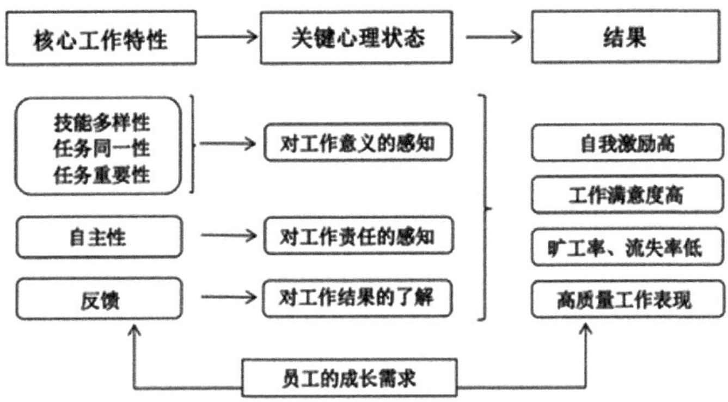

图 5-3 工作特征模型(Hackman & Oldham, 1980)

工作特征模型专门建立了工作特征、心理状态和绩效之间的影响关系，至今仍被广泛用作工作设计的标准，开发测量工作特征的诊断工具并提出具体的干预和应用方法。基于该模型开发的工作诊断调查(job diagnostic survey, JDS)的激励潜在分数(motivating potential score, MPS)计算公式如下。

$$\text{激励潜在分数 (motivating potential score, MPS)} = \left\{ \frac{(\text{技术多样性}+\text{任务整体性}+\text{任务重要性})}{3} \right\} \times \text{自律性} \times \text{反馈}$$

图 5-4 激励潜在分数的计算式

3) 工作重塑(job crafting[1])

工作重塑是一项通过改变工作环境来创造工作意义的活动。通过工作重塑，个人改变了他们的绩效和与工作相关的结果，甚至改变了他们的身份。首先，执行工作的人看待工作的视角很重要，大致可以分为三类。让我们通过一个例子来看一下。

首先是研究员金实，他说为了生活而做实验。研究员这个职业对他来说是维持生计的手段。如果提起研究对金实的影响力或作为研究者的成就感,他就会断然拒绝说:“自以为是。”他经常了解研究所之间的包括年薪在内的研究员待遇如何,并在工作场所寻找乐趣。

相反，研究员李彩贤厌倦了反复的实验，虽然研究很辛苦，但为了取得最好的研究绩效而努力。要想找到开发新成分或增进功能的因素，现在的辛苦对他来说是必要的过程。他作为研究员很自豪，对别人的评价也很敏感。虽然对小小的成功感到高兴，更加致力于研究，但如果发生了无法产生激励的事情，甚至会动摇到干脆放手的程度。因为过于追求目标，周围的同事们也很吃力。

1) Job Crafting除了翻译成工作重塑之外，还被各种翻译成各种意思使用，例如创造工作义务、手工工作绩效、主动工作绩效、工作改进、自我导向工作设计、工作创造。

与上述两位研究员不同，朴延高研究员认为他的工作就是他的使命和生活的理由。无论我进行什么研究或实验，我都认为它具有特殊的意义，并相信其结果将使世界变得更美好。他做研究的时候总是很快乐，我想他是研究所里唯一一个实现自我的人。

像这样，如何看待工作会影响工作表现和绩效。工作重塑不是组织，而是成员主导的变更工作方式或界限的自底向上(bottom-up)工作行动,而工作重塑是自顶向下(top-down)，组织考虑到情况,在工作设计后赋予成员。换句话说，与现有的工作再设计不同，工作重塑的特点是工作执行者的自愿行动(Tausky, 1995；Ashforth & Kriener, 1999)。成员不仅执行特定的工作角色，还可以自愿对其工作或关系进行身体和认知上的改变(Wrzesniewski & Dutton, 2010)。

2 | 工作再设计和激励

工作是个人与组织之间的联系点。它是个人的生计来源，也是职业发展的过程。工作设计不仅朝着员工有效提供劳动力的方向发展，而且以使他们通过工作感到回报和自我开发的方式发展。因此，工作设计的发展与激励理论的发展是相辅相成的。

动机(motive)是“实现目标的持续欲望和努力”，有效地调动目标的行为就是激励(motivation)。在人力资源开发中，提高员工的知识和技能固然重要，但在工作中不降低动机，激发欲望的方案一直在研究中。对动机和欲望的研究多依赖心理学。如果说心理学集中在“为什么要做那样的行为”上，那么经营学的方法只有处方性的差异，更集中在“如何才能引导人们做出想要的行为”上。

1) 关于动机的两种方法

传统的激励方法将人类视为“经济人(economic man)”。这种观点认为，人类是受经济利益(包括金钱)驱动的。这种观点可以从泰勒的科学管理论证中看出。他们的观点是，工资和福利可以提高，所以即使工作再辛苦、单调，也要忍受。

与此相反，基于Hawthorne研究结果的人际关系论的方法，将人类视为“社会人(social man)”。强调员工不单纯为了钱而工作，而是为了得到他人的认可和与他人相处的心理和社会需求。至此，人类的士气(morale)或成就动机等概念首次被引入到生产效率中。

虽然两种方法为学术发展做出了贡献，但也有人批评说，由于过于简单化人类的局限性，实效性较低。也就是说，员工在工作中的愿望，即需求实际上因个人而异，而且要复杂得多。因此，现在在接受两种方法的同时谋求和谐，将人类视为“全人(whole man)”。从全人的特征来看，人类有为组织做出贡献的基本欲望，并具有自我控制的能力。

2) 动机的内容理论

随着人类观的变迁，解释动机的理论也发生了变化。到目前为止，动机理论可以分为两种。被归类为揭示影响动机因素的“内容理论”和揭示动机是通过什么过程引发的“过程理论”。在设计任务和工作职能时，人力资源开发专家需要综合考虑这些理论，以最大限度地吸引工作投入和满足感。

代表性的内容理论有需求层次理论、ERG理论、双因素理论。Maslow的需求层次理论（need hierarchy theory）是最广为人知的理论。人的需求形成层次性阶段，需求的满足有阶段性顺序。提出了生理需求、安全需求、归属感和爱情需求、尊敬需求、自我实现需求五个阶段。例如，只有生理需求得到满足，安全需求才能成为激励因素。需求层次理论有助于系统地理解人类的需求。

ERG理论是Alderfer补充需求层次理论提出的理论。将人的需求重新定义为存在（existence）需求、关系（relatedness）需求和成长（growth）需求三个范畴。之所以使用范畴一词而不是阶段，是因为ERG理论排除了顺序满足需求的概念。如果关系需求得不到满足，低层次的存在需求可能会增大，在关系需求的激发中，存在需求并不总是需要满足的，一种以上的需求可能会同时发挥作用。表 5-1 用一个表给出了需求层次理论和ERG理论的欲望范畴之间的相似性。

表 5-1 需求层次理论和ERG理论的比较

需求五阶段理论	· 生理需求 · 物理安全需求	· 社会安全需求 · 归属感和爱情需求 · 尊敬需求	· 自我实现需求
ERG理论	存在(E)	关系(R)	成长(G)

Herzberg的双因素理论也被称为激励–保健理论（motivation-hygiene theory）。他将工作因素中分为引起满意的“激励因素”和引

起不满意的“保健因素”。如果说现有的理论认为激励因素的满足会产生满足，而未满足会产生不满足，那么满足和不满足分别存在相关的因素。

从 表 5-2 中可以看出，激励因素是提高员工满意度的动机，也被称为“满意因素”。激励因素即使不能满足也不会引起不满，但是满足的话就会引起满足和绩效的积极态度。与此相反，保健因素只要满足，不满情绪就会减少，但不会带来满足。因为保健因素在不满足时会引起不满足，所以在医学上从预防疾病的角度来说应该关注，因此被称为“不满意因素”。

表 5-2 激励因素和保健因素的事例

激励因素（满意因素）	成就感、责任感、认同感、挑战感、成长与发展等
保健因素（不满意因素）	监督、工作条件、地位、安全、工资、报酬、政策和管理、个人之间的关系

3) 关于动机的过程理论

代表性的过程理论有期待理论、目标设定理论、公平理论。期望理论（expectancy theory）认为，人类不是依靠本能行动的，而是合理预测行动的结果、价值和成功率。这些主张由 Lewin开始，并由 Vroom 系统化。根据他的说法，只有期待感、工具性、诱意性同时成为前提，才能成为实质性的动机。

假设生产率比当前水平提高30%，作为回报，我们得到了奖金承诺。期待感(expectancy)是一次努力的结果,可以提高生产效率30%的可能性和成功的效能感。工具性(instrumentality)是指,如果生产率提高30%,就可以获得奖金。提高生产效率的首要结果对获得奖金起到手段作用,因此被称为工具性。最后,对提高生产效率和奖金的关心或偏好,即通过努力和行动变化获得的结果的魅力程度是诱意性(valence)。特别是对于通过提高生产率衍生获得的奖金的积极意义更为重要。如果不想得到奖金或不满意金额,就不能起到激励作用。结果,期望理论中期望值、工具性和显着性的乘积是激励的强度。但是期待理论稍有不慎就会成为只注重主观诱意性的享乐主义,备受批判。

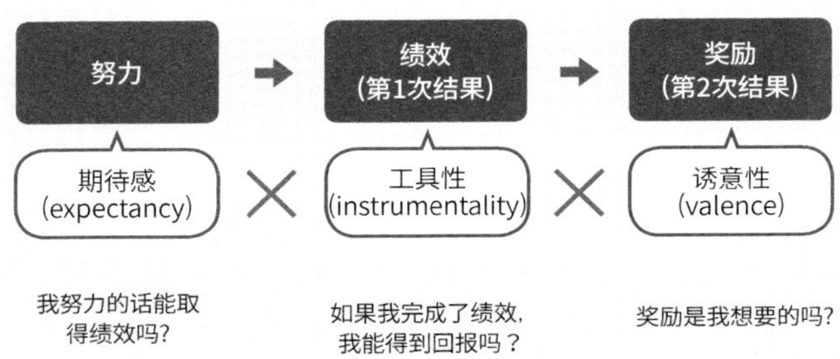

图 5-5 期待理论(expectancy theory)

目标设定理论(goal-setting theory)认为,执行职务的目标会导致行动和绩效,代表性学者是Locke。纵观目标树立的认知过程,目标从评估当前状态对不尽如人意之处的认识和不满开始。Locke的逻辑是,如果这种认识和不满合理充分,改善的意志必然会很高。

设定的目标作为一种自我调节(self-regulation)来运作，使实现的欲望提高并持续下去。激励和提高绩效的条件是，目标具体而富有挑战性，对努力给予反馈，员工参与目标设定并主动接受目标。目标设定理论随后成为Peter F. Drucker倡导的“目标管理(management by objectives, MBO)”的基础。

Adams的公平理论(equity theory)体现了人们对待他人公平程度的认识。公平是通过将投资于职务的产出比率与他人进行比较来评价的。如果这一比例不同，就会引发不满、负担、不安等心理紧张。员工为了解决这个问题，会采取维持公平的行动。

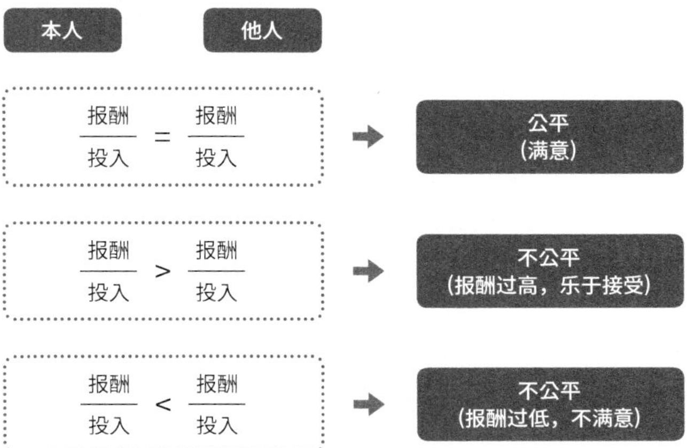

图 5-6 公平理论(equity theory)

公平理论以投入与计算的比例为中心,从“分配公平(distributive equity)”出发,但最近还关注分配的决策过程和体系是否合理(程序公平、procedural equity)、分配过程中是否充分得到了信息和尊重

(交互公平、interactional equity)。这表明,为了积极的激励,不仅需要公正的报酬,还需要正确的信息共享、伦理透明的程序等。

3 | 工作重塑的出现和概念

当企业环境稳定且工作变动不剧烈时，上述工作重新设计的效果是有效的。直到最近，员工被赋予了理解和遵守职位描述中指定的角色和工作范围的责任，并且组织率先设计了能够实现激励和绩效的工作。然而，在不确定性较高的企业环境中，主动调整自己的工作边界并协调与利益相关者的关系变得很重要(Berg, Wrzesniewski, & Dutton, 2010; Oldham & Hackman, 2010)。因此，与被动的态度不同，需要员工积极采取行动，尝试自己在工作中做出改变。

工作重塑(job crafting)是一个新的研究课题，随着产业环境的迅速变化，最近才受到关注，而且韩语术语尚未达成一致。英文表达是"job crafting"，被解释为"自主工作重组"、"工匠式工作表现"、"工作创造"、"工作意义创造"、"工作改进"、"自我主导工作设计"、"脱离工作"等多种称呼。

工作重塑被定义为"员工改变其工作或工作周围关系的身体和认知行为"(Wrzesniewski & Dutton, 2001)，与传统的工作再设计不同(Berg, Grant, & Johnson, 2010)。工作再设计主要由人力资源管理部门通过正式的程序和方法主导，但工作重塑也可以由组织个体成员在未经正式批准的情况下实现(Hornung et al., 2010; Tims et al., 2016)。

如 表5-3 所示，工作重塑的定义有多种，但最早提出的Wrzesniewski和Dutton(2001)表面上是基于工作再设计，但它并不是自上而下的方法，而是一种员工自我导向的工作方式，它被解释为一个概念，不仅改善了工作的特征，还包括改变观念以发现工作的意义。

表5-3 工作重塑(job crafting)的定义

学者(年度)	定义
Wrzesniewski & Dutton(2001)	员工的身体和认知行为改变了他们的工作或与工作相关的关系
Vogt et al.(2016)	概念化自己的职务，赋予其意义，并与相关人员建立关系的行为
Lyons(2008)	这种行为不仅可以扩展自己的工作范围，形成更深层次的关系，还可以减少可能对自己造成的负面影响
Tims & Bakker(2010)	在自己的工作需求(job demand)和工作资源(job resource)之间建立平衡的行为
Petrou et al.(2012)	员工主动寻找资源或有挑战性的工作，自发满足自己的工作需求

在对构成工作重塑的子因素的研究中，有两个观点占主导地位。首先，Wrzesniewski和Dutton(2001)将其细分为任务重塑、关系重塑和认知重塑。首先，任务重塑(task crafting)是通过改变任务数量或调整工作边界来改善任务程序、方法和形式的活动。其次，关系重塑(relational crafting)是一种调整互动水平的活动，例如与参与工作的人员接触的范围、频率和强度。第三，认知重塑

(cognitive crafting)是对工作进行重新解释、赋予意义、重新定义，以高度认识其价值的活动。例如，一个人一边打扫卫生一边勉强赚钱，而一个人则以让世界变得干净为荣，这两者在总体结果(包括绩效和满意度)上存在显着差异。

员工进行工作重塑的动机可以通过三种需求来解释(Wrzesniewski & Dutton, 2001)。第一，控制欲。避免导致工作孤立的消极情况并控制工作过程和结果的倾向。其次，渴望建立积极的自我形象。通过工作，人们试图重建他们工作的意义和身份，使他们的形象显得光荣和有价值。第三，有建立社会关系的愿望。我们努力完成分配的任务，以便与周围的人建立良好的关系，但我们也尝试改变我们的工作或尝试新的活动。

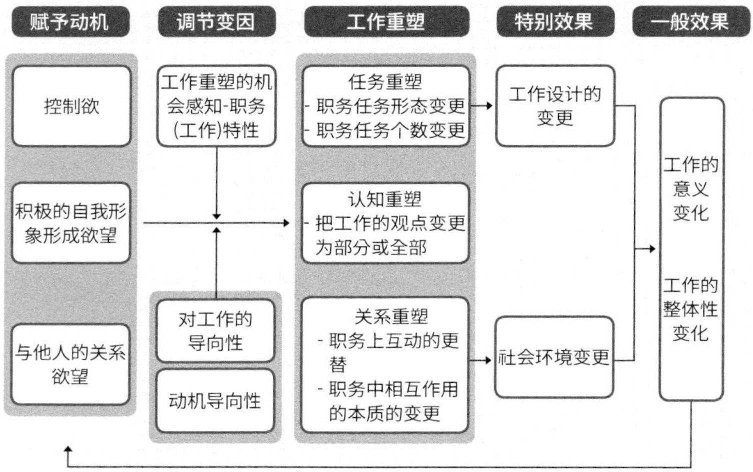

图 5-7 Wrzesniewski和 Dutton(2001)的工作重塑模型

相比之下，欧洲的研究基于“工作要求-资源模型（job demands-resources model）”（Demerouti et al., 2001），该模型将工作特征分为要求和资源。工作要求是指员工在工作中所需要的认知和情感努力。包括工作强度、工作复杂性、时间压力、角色模糊等造成工作困难或心理成本的因素。相比之下，工作资源是指员工可以用来执行其工作的各种文本和支持。这包括工作特征模型中的因素，例如反馈和自主权，以及来自上级和同事的社会支持。当工作需求和工作资源平衡时，员工可以顺利、平静地开展工作；当工作需求和工作资源不平衡时，员工则相反。

从工作要求-资源模型的角度来看，工作重塑被理解为解决工作要求与工作资源之间不平衡的行为。换句话说，工作重塑是一种主动行动，员工不仅寻求工作所需的资源或具有挑战性的任务，而且通过减少工作所需的体力努力和心理成本来实现平衡（Petrou et al., 2012; Tims et al., 2015）。

Tims等人（2012）特别提出了工作重塑的四个方向。减少阻碍性工作要求或增加具有挑战性的工作要求。它还增加了工作多样性、自主性和成长机会等结构性资源，或者增加了社会支持，即辅导和反馈等社会和组织支持。

如上所述，工作重塑是员工主动重新定义工作特征、重新认知工作意义，从而提高个人-工作适合性的活动。此外，工作重塑也因其对员工的心理灵活性、情感满意度甚至心理健康产生积极影响而受到关注（Bond et al., 2008）。

自我充电站

公正的条件

当天气开始变冷时，整个国家都陷入考试和选拔的困境。不仅有高考和招生流程，现在幼儿园的竞争也非常激烈。随着竞争越来越激烈，关于选拔方法的争论也越来越激烈。问题是公平性。目前尚不清楚这是否是最公平的方法，但"摇号抽签"是在所有人默示同意的情况下实施的。

仔细观察的话,看似单纯的所谓"摇号抽签"的方式也多种多样。用从箱子里提取的球的颜色或号码来决定当选与否,从幼儿园到高中,在学生选拔中广泛使用。但是,由于球的触感微妙不同,所以有可能作弊的争议发生后,抽签者戴上塑料手套抽取或引进了接力方式。接力方式是中奖者接连抽取下一位中奖者的方式。最近还尝试了网上抽签。

但摇号抽签无论多么精致，都只是抽签而已。改善选拔技法和工具，确保公平是有限的。公平是以"努力对比结果"的心理比率为基础的。在这个比率上,当他人和自己不同时,就会感到不公正。提出了三种相对比例相同的方案。

第一，公平分配报酬和资源等结果的"分配公平"。第二,"程序公平"关注决策的过程和体系是否合理。第三,"交

自我充电站

互公平”的核心是是否得到了充分的信息和尊重。这三种公平是相互独立的，无论哪一种不足，我们都认为是不公正的。

另一方面，再怎么努力也难以改变的性别、出身地区、外貌等作为选拔标准的话，就是差别对待。例如,在“盲选招聘”中,排除前面提到的应试者的个人信息,以实力为主进行评价,是为了遵守公平性比率的基本假设,即根据努力,结果可能会发生变化。从这个角度来看，不在乎努力与否、依赖取决于概率的抽签是不公平的。这不是通过改善透明的程序和忠实的相互作用来弥补的缺点。

抽签要先于结果的均质化,这样才能有效确保公平。即,首先集中于通过抽签分配的各学校教育服务质量平均化或提供同等机会的资源扩充上。在发达国家的门槛上，现在应该重新审视考试和选拔的最终目的和公平。

自我充电站

1 在差别选拔标准中,举例说明个人需求与组织需求相反的原因。

2 请仔细观察2015年在韩国尝试的"历史教科书国家审定工作过程",并从公平的角度进行批评。

3 讨论一下在韩国女性没有服兵役的义务是否公正。

Chapter 6

辅导和指导

1 | 辅导的出现和概念

“辅导(coaching)”这个词据说源自匈牙利的Kocs地区的一种马车，叫做Koczi，这是根据Stern(2004)的说法。在15世纪，Koczi是一种设计用来在崎岖不平的地形中安全舒适地将乘客送达目的地的马车。尽管从Koczi的这些特点推断出辅导的起源的观点并没有确凿的证据(Athanasopoulou & Dopson, 2015)，但辅导作为将客户或受教者(client或coachee)有效、安全、迅速地引导从当前状态(起点)到期望状态(终点)的核心概念已经被很好地传达(Wenson, 2010)。

1) 辅导的由来和定义

今天的辅导通常用于辅导运动员提高比赛表现的行为，但在18世纪的英国，它首先被用作指代帮助学生准备考试的家庭教师的俚语。在管理学中这个术语首次出现在Mace和Mahler(1958)的“On the Job Coaching”一书中。此后，在教育培训、组织开发、成人教育、咨询等领域进行了相当多的研究，并且它发展演变成了更为全面的概念。实际的工业现场中，各种各样的辅导形式泛滥成灾，以至于辅导和非辅导之间的界限变得模糊。由于观点、研究领域和目的的不同，辅导的定义也因此各不相同，因此有必要梳理辅导所根本追求的目标。

Whitmore的传统辅导理念被认为是第一个将体育领域的专业知识(辅导概念很早就成熟)结合到企业管理中，是一项通过唤醒客户潜力来帮助客户最大化绩效的活动，并注重学习而不是教学。最近，国际教练联合会(International Coach Federation, ICF)的主张也类似，将其定义为“通过创造性和深入的过程形成的关系，帮助客户最大限度地发挥他或她的个人或职业潜力(2013)”。从 表 6-1 可以看出，不同的学者对于辅导的看法不同。

表 6-1 辅导的定义

学者(年度)	定义
Clutterbuck(2013)	这是一个合作过程(partnering)，可以帮助受教者有效地获得和提高技能。
Grant(2006)	它是一个协作的、以绩效为导向、以解决方案为导向的系统化过程，可以促进绩效、生活体验、自主学习和成长。
Parsloe(1995)	这是一个促进学习、开发和绩效提高的过程。
van Nieuwerburgh (2012)	在支持和鼓励的氛围中，我们通过各种对话技巧(提问、积极倾听、适当的挑战练习和反馈等)促进客户的自我理解和自主学习，并鼓励客户认识到自己有责任促进学习和开发，帮助。

2) 辅导的特性

对于理解辅导来说，重要的共同特征可以总结为四点。首先，目标是提高受教者的绩效。绩效的脉络不仅包括个人的日常生活、人生,还包括工作场所。辅导不仅可以提高现有技能、能力和绩效，还可以促进个人成长、开发和效率性(Hamline et al., 2008)。

第二，强调合作关系(partnering)。受教者和辅导不是上下关系，而是一起寻找答案的横向关系。这不仅仅是强调相互尊重、信任和紧密联系的概念。辅导不会直接提出治疗方法、解决方法等。因为那样的话，我的受教者就会依赖他，无法维持横向关系。这也是辅导与心理咨询及治疗、指导的主要区别。

第三，通过对话来学习。不是直接传授知识和技能，而是通过对话唤醒客户的潜力来鼓励自主学习。辅导通过探究和提出适当的问题或挑战短期任务来促进这一点。这与教育学中的建构主义观点是一致的，即辅导被视为一个过程、关系和对话。因此，辅导需要精通如何倾听受教者的意见并提出问题，而不是给予片面的讲述(telling)或建议。因此，辅导引入了一种深入的(thought-provoking)方法并应用了咨询和临床心理学的理论。简而言之，辅导是为了学习而对话，而不是为了防守/进攻，如表 6-2 所示。

表 6-2 有目的的对话(Crane, 2012)

为了防御/攻击对话	为了学习的对话
• 为了辩论而倾听。 • 指出错误。 • 试图控制和改变他人。 • 证明你是对的。 • 保护并捍卫自己。	• 倾听以寻求理解。 • 通过提问来解决疑虑。 • 与他人建立伙伴关系，支持并尊重。 • 以学习为目标。 • 公开并分享自己。

第四，专注于变化和成长，而不是问题或障碍。在合作关系和自主学习的基础上，有对受访者的信任。相信受访者具有实现绩效所需的足够潜力。这与Malcolm Knowles提出的终身学习概念相关联。在终身学习中，个人被定义为不被动地接受教育的存在，而是主动承担自己学习责任的存在。与针对患有心理障碍的患者进行咨询和临床心理学形成对比，辅导更加专注于心理健康的受访者，着重于探索未来的成长和开发、可能性和机会。如果咨询和临床心理学的隐喻(metaphor，隐喻表达)是恢复(recovering)，那么辅导的隐喻就是发现(discovering)(Williams，2003)。

上述所述的辅导功能和特点与通过学习实现个人成长的人力资源开发目标完全契合。2004年由ASTD发布的“职场学习与绩效(Workplace Learning & Performance，职场学习与绩效)能力模型”中，辅导被视为人力资源开发专家必备的专业能力之一。在2013年修订的模型中，辅导仍然被列入其中的10个专业领域之一。

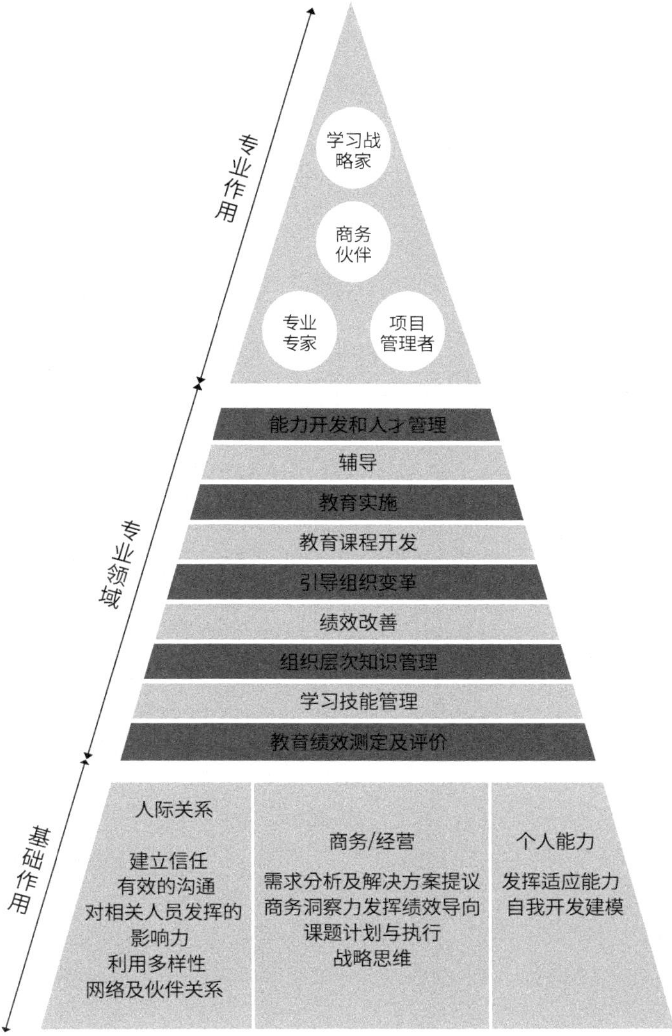

图 6-1 2004 ASTD WLP胜任力模型(Oh, 2009: 35)[1)]

1) 在9个专业领域中，有2个以上的专业性时，可以认为是专家，从全球、管理和尖端技术的角度出发，重点关注学习和绩效。

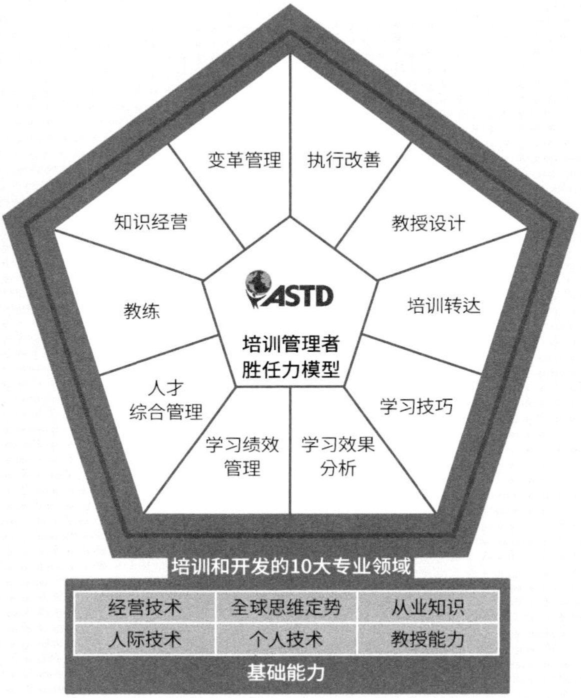

图 6-2 2013 ASTD WLP 胜任力模型

2 | 教练式领导力

辅导在人力资源开发领域中融合了多方面的方法。不仅涉及个人整体生活的生涯辅导(life coaching)，还包括职业和天赋的职业生涯辅导(career coaching：Chung & Gfroerer, 2003)，以及将辅导融入行动学习的行动学习辅导等(action learning coaching：O'Neil

& Marsick, 2014)。

根据2015年国际辅导联盟进行的现状调查，如 图 6-3 所示，辅导的内容正在多样化，并且适用于企业的人力资源开发和组织开发的部分占到了62%。这比2011年增长了5%，企业管理者和中层管理人员有时会是受教者，有时会在改善业务和流程等管理咨询领域时担当辅导。

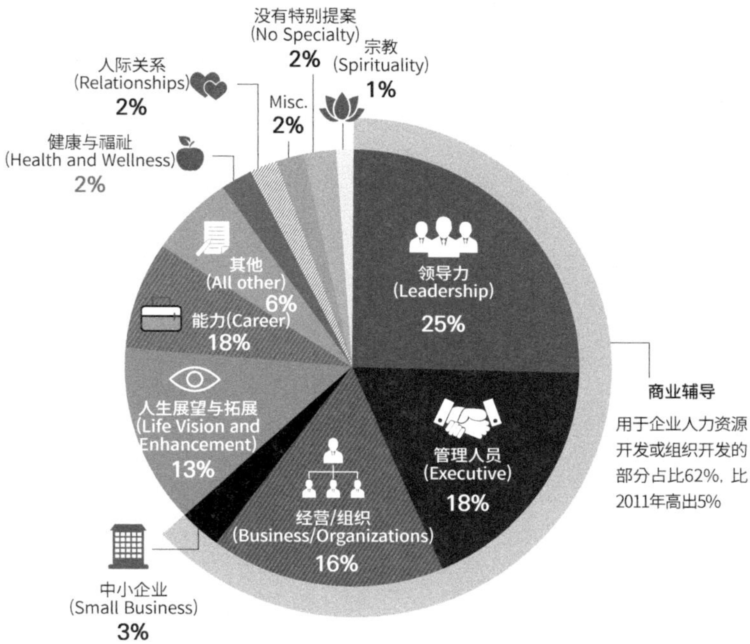

图 6-3 教练的领域

照片出处: https://visual.ly/community/infographic/business/what-it-means-be-professional-coach-practitioner

1) 辅导的领域

人力资源开发学术研究的主要领域总结如表6-3所示。高管辅导(executive coaching)是针对组织中的高管、经营人员或关键人员进行的辅导。通常,外部顾问担任辅导。由于辅导的主要内容是领导者的工作,因此也称为领导力辅导(leadership coaching)。然而,现实中,高管辅导的内容往往包括心理健康、福利、压力、职业开发等,因此很难将其视为一个合适的名称。

分层(hierarchical)辅导是指由一线管理者或主管充当辅导,辅导下属的结构。因此,它也被称为经理即辅导(manager-as-coach)或领导者即辅导(leader-as-coach)。它利用辅导作为管理的工具,促进下属的学习和开发,因此也被称为管理辅导(managerial coaching)或教练式领导力(coaching leadership)。

团队辅导(team coaching)是一种将篮球和足球等团队运动中发展起来的辅导概念引入组织的尝试。传统的一对一辅导关系转变为团队层面。到目前为止,研究的重点是辅导在开发促进六西格码和BPR(business process reengineering, 重新设计业务)的项目团队方面的有效性。最近,团队辅导被研究为构建高绩效工作团队(high performance work teams, HPWTs)的工具,甚至在正式组织中也是如此。

除此之外,还有正在实验研究的同事(peer)辅导、组织间(cross-organizational coaching)辅导等。同事辅导是组织内同事互相辅导的方法。追求共同价值的队友们的辅导容易形成全心全意的融洽关系(rapport),具有打破组织界限的优点。组织间辅导是将一个组织的管理者与其他组织的管理者联系到辅导-受教者关系的方法。该方法被用于收购及合并(M & A)情况或母公司-子公司之间的技术同步化、知识管理、文化传播等目的。

表 6-3 各类型辅导的特性
(Beattie et al., 2014; Hamlin et al., 2008 等作者们修改、补充)

类型	特性
高管辅导	面向企业高管，主要由外部顾问担任辅导的角色
分层辅导	一线管理人员以自己的下属为对象，履行辅导职责
团队辅导	以集团或团队为单位的开发和绩效为导向的辅导
同事辅导	同事之间的相互辅导
组织间辅导	使两个组织的管理者成为辅导和受教者关系的方法

人力资源开发的进步和环境的快速变化使得管理者被期望扮演辅导的角色。这是因为过去的领导方式无法发掘员工的潜力并凝聚能力，这种危机意识促使了这种变化。如表 6-4 所示，以老板为导向的管理者形象在静态环境中是有效的，但在动态环境中则显得不足或可能引发冲突。

表 6-4 基于目的的对话(Crane, 2012)

老板(boss)	教练(coach)
• 传达、指示、告诫 • 做出决定、发出指示和控制 • 知道解决方案 • 问题解决者、决策者 • 作为代表承担责任 • 让事情顺利发生	• 提出问题、建议、倾听 • 敦促你自己决定 • 找到解决方案 • 合作者、促进者 • 鼓励他们有责任感 • 让你做正确的事

2) 教练式领导力的结构和活动倾向

辅导与领导力密切相关，被定义为有效领导力的一部分，是促进参与者学习，谋求发展的活动(Hamlin, 2006)。提出情景应对领导力(situational leadership)的Blanchard也提出了辅导作为下属能力开发领导力的一部分(2010)。从这个角度来看，现代人力资源开发需要关注教练式领导力。众所周知，教练式领导力对员工的绩效、组织的学习和变化产生决定性影响(Gilley et al., 2010)。因为教练式领导力可以提高员工的自我效能感，从而改善技术、能力和绩效，增加个人的开发、效率和成长(Pousa et al., 2015；Hamlin et al., 2008)。教练式领导力在激励和工作绩效、组织学习、质量投入、组织投入等方面的积极影响得到了证实。

尽管如此，阐明教练式领导力构成要素的学术研究还比较缺乏，而且还停留在实践家们提出的多宣言性定义上。关于教练式领导力的较为具体和实证的模型可以从McLean等人(2005)主张的“教练式领导力三角形”中看出。该模型考虑了作为辅导的管理者、与管理者工作的参与者、需要执行的工作组成的三角形结构，以及作为活动背景的工作环境。有效的教练式领导力要求这种三角形结构有机、均衡地运行。

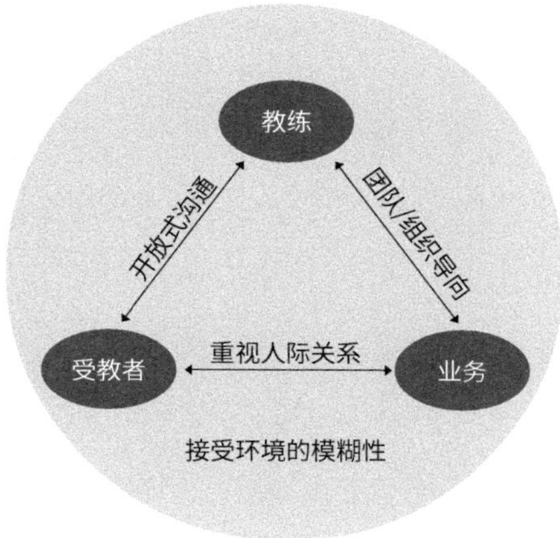

图 6-4 **教练式领导力的三角形**(McLean et al., 2005 等作者们修改、补充)

成功教练式领导力的具体活动倾向如下:第一，与下属进行开放的对话。要能够毫无顾忌地分享感情、价值观、工作经验等。第二，在工作中强调团队和组织层面的接触，而不是个人层面的接触。在决策时尽量吸引更多的人参与。鼓励每个人的工作都要收集、反映彼此的意见并完成。第三，比起工作，更能给人带来价值。逻辑合理的处理事情固然重要，但更倾听个人的意见和感情。与其以立即处罚的方式应对错误和失败，不如通过适当的鼓励和支持来确认和建立相互信任。第四，要能够认识和接受工作环境模棱两可的特性。寻求灵活应对偶发情况的方案(contingency plan)，即使引发意想不到的矛盾，也不回避或压制，建设性地接受并克服。

3 | 指导

与辅导类似，人力资源开发实务中快速增长的领域是指导(mentoring)。原来"Mentor"是霍默的《Odyssey》中Telemachus的老师。Telemachus的父亲、Odysseus国王出征特洛伊战争时，让朋友Mentor照顾家人和儿子。他作为Telemachus的代理人、监护人、朋友和精神支柱认真履行了十多年的职责。战争结束后，国王回来时，看到儿子成长得很好，非常高兴，百姓们把以信任和智慧为基础引领人生的优秀教育家称为导师。导师的故事在中世纪被Fran ois Fénelon进一步刻画并改编而成。

1) 指导的概念和功能

指导是指在经验丰富的导师和经验不足的弟子之间的关系中进行学习和成长。在指导中，学生被称为门徒、受指导者或门客。与导师的神话类似，实际上希腊有一个习惯，就是把年轻人与父母的朋友或亲戚中可以作为榜样的成年人联系起来。通过导师传授知识、文化、价值观。古代的技术、艺术、知识就是这样通过指导传授的。中世纪出现的徒弟制度可以理解为，这种指导更具形式和体系。进入匠人手下的小男孩们成为了徒弟，像家人一样生活在一起，不仅传授了技术，还传授了匠人的伦理观、价值观。

如今，在企业执行的指导制度是由前辈职员担任导师，对专业的后辈职员进行职业成长、职业开发、组织适应能力、自我概念等方面的建议和指导的制度。在国内被称为监护人制、导师制、老大哥制等名称。指导的主要功能大致分为三个部分(见 表6-5)。最初由Kram(1983)提出作为职业开发和市政心理支持，但在后续研究(Burke，1984；Scandura，1992)中进一步强调了角色模型的功能。

职业开发的支持活动包括赞助(sponsorship)职业技术人员的移动和晋升，指导实现目标的方法或组织认可的方法，保护(protection)免受风险或不利情况的影响，以及发展必要的能力或要领的机会和人力网络(exposure & visibility)。包括准备活动。社会心理支持是指建立亲密的关系，可以咨询专家的个人苦恼或问题，通过支持和鼓励赋予情感上的安全感。角色模型功能是导师受到专业人士的尊敬，成为想成为的榜样和典范。

表6-5 **指导的功能**(Scandura, 1992 等作者们修改、补充)

区分	职业开发支持 (vocational support)	社会心理支持 (psychosocial support)	角色模型功能 (role model)
概念	• 提供在组织内成长、适应和增强能力的机会 • 通过具有挑战性的任务和反馈来能力开发	• 建立自信、心理稳定、自尊和自我认同 • 组织适应支持 • 就友好关系中的疑虑等提供咨询	• 作为角色传递者，导师灌输理想的行为范式、态度和价值观 • 门徒将导师作为参照系和榜样，并开始效仿他

指导不仅对专业人士有益，还为导师提供了整理和重新检查知识和经验的机会。导师为了最好的指导，会发挥自己最大的力量。在指导过程中，你可以创造新的想法，也可以增强你的领导能力。从组织的角度来看，员工在较短时间内共享知识和经验，在培养核心人才或确保竞争力方面效果也很好。值得一提的是，指导可

以有效地培养健康的组织文化，有助于促进员工的组织公民行为(organization citizenship behavior)。组织公民行动是指为所属组织或团队自发开展的有益活动，虽然不是正式的任务，也没有报酬。这意味着通过指导培养成为组织公民行动动力的利他心、诚实性、礼貌、正义感、对组织的自豪感等。

最近有趣的是，随着技术和环境的剧变，还出现了反向指导(reverse mentoring)。反而是上级或管理层成为门徒，新一代下属成为导师，传授网络、智能手机、大数据等经验的现象。

2) 通过工作学习和成长

指导和教练发掘员工的潜力，提高人才竞争力。在创新领导力中心(center for creative leadership, CCL)的McCall提出的70/20/10模型中，辅导和指导是通过20%的社会关系进行学习(见 图 6-5)。70%是通过日常工作或现场实习和实验进行学习，10%是在教室进行的教育、培训、研讨会等。辅导和指导可能会为加速将只能停留在活动(event)上的教育和训练与业务联系起来的学习工作做出贡献。辅导和指导最终将个人学习与组织的绩效联系起来。因此，从组织开发的角度来看，它被认为是学习组织和知识经营的重要工具，从人力资源管理的角度来看，它被认为是人才管理(talent management)的重要工具(Cummings & Worley, 2009)。

图 6-5 学习和开发的 70:20:10模型(Lombardo & Eichinger, 1996 等作者们修改、补充)

个人水平的人力资源开发无论以何种方式都与辅导和指导联系在一起。辅导和指导是通过一对一的成长导向关系，解决员工的个人困境，谋求变化的人力资源开发工具。但由于在各自的目标、概念和改进领域存在差异，因此在企业中引入时，要想最大限度地减少混乱并充分利用各自的优势，就需要对此有所了解。Fairley和Stout(2004)将人力资源开发工具分类，根据是将学习者视为知道答案的专家，还是视为有指示地寻求答案的对象，如 图 6-6 所示。辅导认为问题的答案是拥有该问题的当事人最清楚的，教练是通过提问与受教者一起寻找答案的合作伙伴。相比之下，在指导方面，知识和经验丰富的导师会给出一些指示性的忠告和建议。

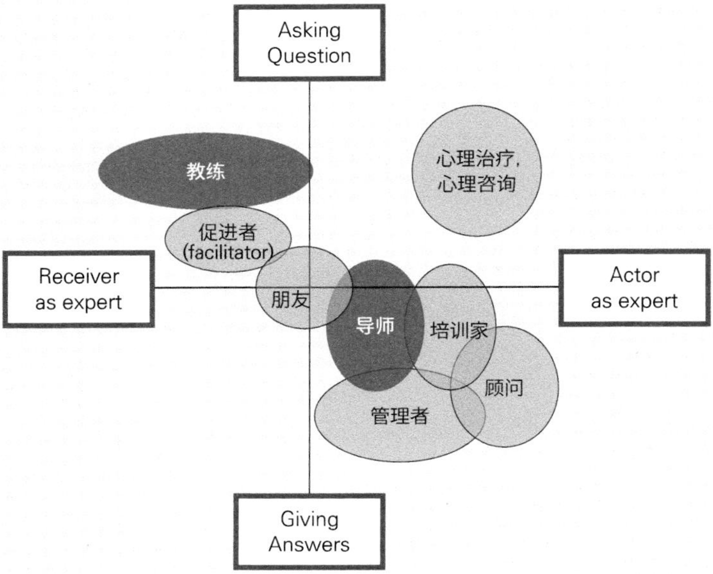

图 6-6 HRD介入的分类(Fairley & Stout, 2004: 20)

与企业主要引进的高管辅导、教练式领导力、指导相比，如表 6-6 所示。辅导的内容集中在工作和工作绩效上，而受教者的目标往往是组织或团队事先给出的。导师虽然不是正式命令体系的直属上司，但通过形成垂直关系，为导师提供角色模型的方向，但教练由受教者的直属上司或外部的专业顾问担任，但具有形成横向和合作关系，向受教者提供及时反馈的特点。

表 6-6 辅导和指导之间的区别

区分	高管辅导	教练式领导力	指导
目的	• 执行改善 • 行为的成熟和成长 • 对自己的了解	• 执行改善 • 行为的成熟和成长 • 学习和开发	• 社会化 • 组织适应 • 传授知识、经验
对象	• 行政人员和高级管理人员	• 员工	• 员工
重点	• 问题中心 • 教练的反馈与提问	• 沟通和对话 • 教练的反馈与提问	• 建立融洽关系并保护 • 门徒的反思和反馈
关系	• 横向关系 • 相互责任的伙伴关系	• 垂直/水平关系	• 纵向关系 • 帮手与受益人的关系
期间	• 短期	• 持续的	• 长期

自我充电站

反向指导

说起来容易，灵活的组织是必要的，但对于任何组织来说，制定并实施这样的计划绝非易事。从这个意义上说，反向指导可能是一种传播同理心沟通文化的实用方法，同时缩小组织内职位和角色之间的差距以及代际差距。因此，许多公司实施反向指导，但它的建立需要几个先决条件。例如，管理层愿意接受新的尝试，确保横向沟通渠道，并为反向指导的目的创造同理心。

主导国内电影产业的CJ CGV从“认识2030一代才能抓住组织文化和顾客”的角度出发，从2018年夏天开始实施。从这方面来看，首先，无论是成为导师的员工，还是职业技术人员的管理层，只要写下参加反向指导的理由和自信的领域，就会进行选拔和匹配。特别是进行导师们的追加面谈，按照类似主题进行“导师分组”，然后汇总主要主题，向管理层展示并做出选择。但是，不共享导师的名字和所属公司。因为开始是成功的一半，所以通过名为“Star-Up”的正式活动，共享导师-导师匹配结果、团队建设活动、撰写誓约书等。此后的4个月里，双方进行了探访热点、体验工坊、欣赏音乐等多种会面。

HRD负责人用一句话概括了反向指导的结果。通过共同交流，“弟子了解新趋势，导师了解公司管理方向”。这里要补充的一件事是，反向指导计划的最终目标是消除指导计划。

自我充电站

为了让灵活的文化在外部看起来像一只优雅的天鹅，必须在水下不断奋斗，例如注重相互改变和成长的指导，基于有机关系的对话学习。

1. 讨论导师的传统角色是否适用于反向指导以及是否有必要改变。

2. 如果您成为反向指导导师，请建议您可以从事哪些主题和领域。

3. 构思反向指导并提出实施计划。

Chapter 7

学习型组织

1 | 学习型组织的概念

进入90年代以后，学习的兴趣从个人水平增加到了组织水平。其核心是学习型组织（learning organization）概念。学习型组织以Peter Senge（1990）的著作《The Fifth Discipline[1]》为起点,成为普通人的流行用语。在观察学习型组织的概念之前,有必要与组织学习（organizational learning）区分开来。组织学习是员工个人的学习结果升华为组织层面的学习。这是一种学习类型，通常与个人学习形成鲜明对比。与此相比，学习型组织是指将组织内的学习日常化，追求持续变化和发展的组织。学习型组织通过创造、共享、积累和实践知识和信息,构建不断学习的文化。实现学习型组织的学习类型包括个人学习、集体学习和组织学习（Marquardt, 1997）。组织学习是形成学习型组织的重要过程,但并不能涵盖整个学习型组织。

---

1) 该书1996年在韩国翻译出版为《第五项修练》(Ahn Jung-ho译, Sejong Books), 2014年作为《学习型组织》(Kang Hye-jeong译, Age21)重新出版了修订增补完译版。

1) 学习型组织的定义

强调不断学习和变化的学习型组织，强调的是过程，而不是具体的实体和完整性水平，因此其概念是抽象的。学者们的主张如 表 7-1 一样综合起来，可以概括为四点。第一，个人，集体。强调组织层面的持续学习。第二，管理学习的过程，共享和利用学习的结果。第三，不断修改和改变组织行为。最后，作为想要适应环境的组织的生存战略，强调学习。

表 7-1 学习型组织的定义

学者(年度)	定义
Senge(1990)	一个不断扩展自身能力、帮助员工实现预期绩效、培养开放思维能力、自由表达愿望、通过相互分享学习方法不断学习的组织
Marquardt(1996)	一个不断学习和自我改变以更好地收集、管理和利用知识的组织
Pedler, Burgoyne & Boydell(1992)	通过促进其成员的学习活动，不断推动组织发生根本性变革的组织
Garvin(1993)	主动创造、获取和转化知识并根据新知识和洞察力改变组织行为的组织
Watkins & Marsick(1996)	一个不断学习和自我改变的组织
Beck(1992)	一个在不断自我转型的同时促进组织内所有成员学习和个人发展的组织

2) 学习型组织的构建要素

Senge提出了构建学习型组织的五个原则。当时蔓延的组织特性是上意下达的控制，要求员工被动接受。因此,通过强化个人权限(empowerment)的"自我超越"、通过对话和讨论的"团队学习"、员工的共识和文化形成的"心智模型"和"共同愿景"的概念被认为是划时代的提案。学习型组织引发了员工是组织变化的主体认识的大转变。

表 7-2 学习型组织的构建要素

因素	内容
共同愿景(shared vision)	全体成员通过持续沟通形成共识的共同愿景
心智模型(mental model)	识别现象和对象的认识体系、标准框架、心态(mindset)
自我超越(personal mastery)	为实现个人真正追求的本质价值而不断扩大和深化个人能力的行为
团队学习(team learning)	互相尊重自己的意见和他人的观点、意见，灵活地交流对方想法的学习
系统思考(system thinking)	一个认识整体并理解它们所包含的部分之间的循环 动态因果关系的思维框架

3) 系统思考

系统理论(system theory)中引用的"系统思维"是整合其他四个原则的核心原则。Senge自己也将系统思考命名为书名的第五个原则。Senge的学习型组织被解释为，将以往Argyris和Schön主张的组织学习理论(organization learning theory)以系统理论为中心进行了整合。实际上，学习型组织的内容和活动都是众所周知的处方性战略。不过，有意义的是，新提出了用系统思维进行系统融合的方式。因此，了解系统的特点可以更清楚地了解学习型组织的意义。

系统是由多个部分组成的单一整体。是人、程序、设施、设备等要素的集合。这些元素被视为一个有机整体，以实现特定的目标或执行功能。当把有机的人类身体视为一个系统时，它又由呼吸系统、循环系统、消化系统等的底层系统（部分）组成，可见各有各的功能。这里强调系统思维不要执着于部分发生的片面现象，可以在对整体的认识内理解部分的本质。系统思考摒弃部分对症疗法问题的解决。比起个别事件，更以变化的总体范式为中心了解现象。

Cummings和Worley将系统的特性概括为五个方面，如表 7-3所示。系统被环境包围，通过自己的边界影响环境或受到环境的影响。系统通过名为输入（input）-转换（transformation）-输出（output）的过程来实现特定的目标。这个过程不是最优的，而是从上级系统的效率和效果的角度持续协调和结合。系统的这些特性表现为通过经验和错误的不断生成性（generative）学习，以及通过创造性紧张关系的成长。

表 7-3 系统特性

特性	内容
边界 (boundary)	环境与系统之间存在一个边界，封闭的系统可能有坚实的边界，而开放的系统则通过跨越边界管理(boundary spanning)灵活地响应环境。
过程 (process)	该系统执行一系列程序任务，接收来自外部的投入(input)，对其进行转换(transformation)，然后将输出物(output)传递到外部。
反馈 (feedback)	它获取有关系统性能和输出的信息，并利用这些信息在未来改变和控制自身。
等效性 (equifinality)	由于同一个结果可能有多个原因和过程，因此不能将一个结果与一个原因联系起来，并且不存在实现特定结果的最佳方法。
校准 (alignment)	优化下级系统以适应上级系统的目的。也被称为内在连贯性(internal fit)、一致性(congruence)、一贯性(consistency)。

Watkins和Marsick(1993)提出了促进组织学习的六个课题，如 图 7-1 所示。第一，与组织和环境的联系，第二，战略领导力，第三，自主授权和知识的组织系统化，第四，以团队为单位的组织学习化，第五，促进对话和探索，第六，提供持续的学习机会。他们将范围从个人水平扩大到社会水平，但可以看出，这与Senge的主张几乎相似。Yang、Watkins、Marsick(2004)将其进一步发展，并将其作为组织学习的结果，包括组织知识和财务绩效，如 图 7-2 所示。

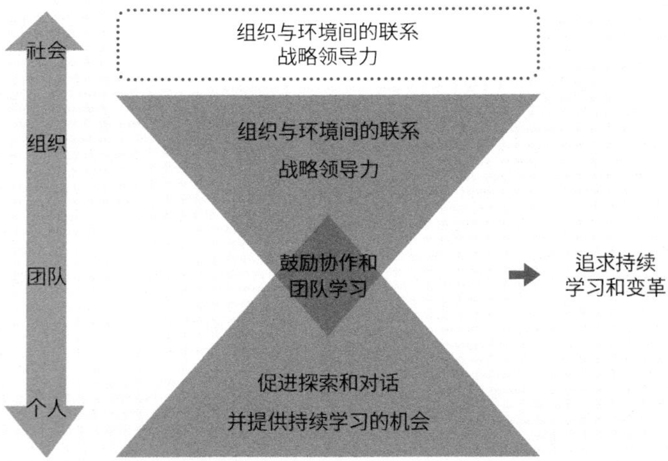

图 7-1 促进组织学习的课题(Watkins & Marsick, 1993)

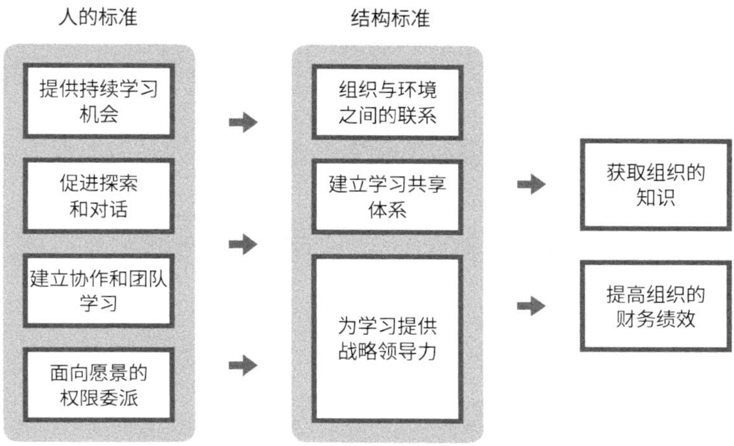

图 7-2 学习型组织建设水平与组织绩效的关系图(Yang, Watkins, & Marsick, 2004: 49)

学习型组织为将原本局限于个人的学习讨论扩散到组织的力量及变化提供了契机。特别是关注组织内知识的创造和共享，对知识经营(knowledge management)的兴起产生了影响。

2 | 吸收能力

学习型组织是具备根据新知识和洞见进行行动修正的能力的组织(Garvin, 1993)。当知识的简单持有转变为利用和应用的独特机制时，组织的核心能力得以发展(Prahalad & Hamel, 1990)。此外，传统的学习型组织理论偏向于组织内部，未能提供挖掘和探索外部知识的活动的见解，这是其局限性。因此，吸收能力作为从外部获取必要知识，并在组织内部进行整合、调整和重构的组织能力，也是完善学习型组织的具体实践方法。

1) 吸收能力的概念

吸收能力(absorptive capacity)是Cohen和Levinthal(1990)首次提出的概念，被定义为组织认知新知识的价值，并将其具体化，为实现事业目的做出贡献的能力。他们早期主张的吸收能力的概念是作为确保组织竞争优势的差别能力而引入的经济学概念。此后，不仅在国家、组织和集体水平等多种分析单位进行了研究，对吸收能力的观点也扩大到了多种方法。吸收能力从根本上说是从现有知识中获得与众不同的、接触和滞留新外部知识的能力(Phene, Fladmoe-Lindquist, &Marsh, 2006)。

2) 扩大吸收能力的观点

Zahra和George(2002)用三种观点总结了吸收能力的主要研究趋势，如 图7-3 所示，重新概念化了吸收能力。

首先，Cohen和Levinthal(1990)从经济学的角度提出了组织创造价值的能力，竞争优势的源泉。第二，Mowery和Oxley(1995)进行了以国家为单位的研究，认为国家的生产率和创新取决于吸收能力的形成投入多少。他们在管理知识的总体管理技术方面强调吸收能力，从而对知识经营领域产生影响。第三，Kim(1998)从组织学习的角度对H汽车公司的员工进行了吸收能力的研究，认为接受外界新知识的刻意努力很重要。

观点	经济学观点	管理和能力观点	组织学习观点
代表性研究	Cohen & Levinthal(1990)	Mowery & Oxley(1995)	Kim(1998)
吸收能力定义	认识新知识的价值，并将其具体化，为实现业务目标做出贡献的组织能力。	接受和转换知识所需的总体技术	学习能力和问题解决能力(以课程为中心)
相关研究	• Boynton, Zmud, & Jacobs(1994) • Cockburn & Henderson(1998) • Lane & Lubatkin(1998) • Szulanski(1996)	• Glass & Saggi(1998) • Kim & Dahlman(1992) • Veugeler(1997) • Liu & White(1997)	• Matusik & Heeley(2001) • Van Wijk, Van den Bosch, & Volberda(2001)

图 7-3 吸收能力的观点和相关研究(Kwon, 2011: 43)

3) 吸收能力动态模型

Zahra和George(2002)将这些研究结果集合在一起，将吸收能力定义为组织获取、消化、转换和利用创造价值所需知识的一系列过程。他们将吸收能力分为潜在吸收能力(PACAP)和实际吸收能力(RACAP)，并提出了如 图 7-4 所示的模型。

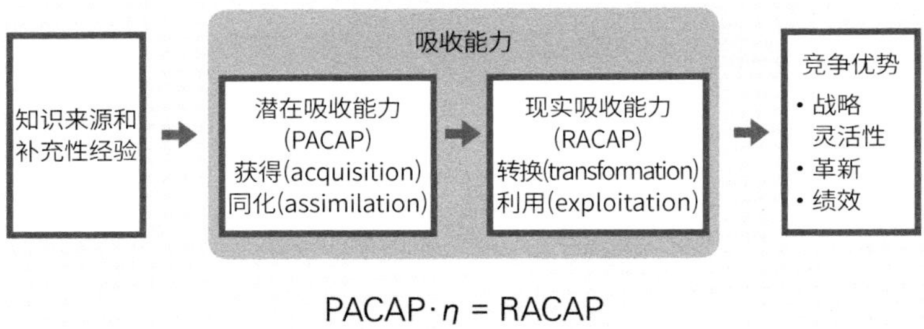

图 7-4 吸收能力的动态模型(Kwon, 2011: 44)

我们认为潜在吸收能力(potential absorptive capacity)是评价和获取外部知识的能力，与绩效没有直接关系，而现实吸收能力(realized absorptive capacity)是利用吸收的知识连接绩效的能力。这两种吸收力量又由四个互补的下层构成。潜在吸收能力包括获取和同化，现实吸收能力包括转化和利用。

从各个层面来看，第一获取(acquisition)是识别和掌握外部创造的知识的能力。第二，同化(assimilation)是企业分析、加工、解释和理解外部获得的信息的能力。第三，转化(transformation)是通过整合、忘却、重新解释知识，与现有知识进行新的获取和整合的能力。第四，利用(development)是指结合转换的知识，使现有的能力更加精细化，并通过扩展和有效地最大化效果来创造新生力量的能力。

Zahra和George(2002)认为，构成吸收能力的潜在吸收能力和现实吸收能力总是共存并影响公司绩效，但组织效率(η)是一个调节因素。换言之，潜在吸收能力可以理解为增加现实吸收能力的概率，这被解释为组织效率。有人认为，它们之间的关系是一个组织的核心能力，很难掌握或复制，因为它是路径依赖性的。它指出，开发和发展吸收能力的活动不仅可以实现组织的知识创造，而且可以成为竞争优势的来源。

4) 吸收能力的过程模型

Zahra和George(2002)之后，Lane等人(2006)综合了很多研究结果，将其从过程层面进行了重新定义。他们通过理解和探索知识的学习，根据组织进行变形并付诸实施的过程，解释了吸收能力的概念。也就是说，将原本属于静态存量(stock)属性的知识概念解释为通过一系列流程传递的流量(flow)的特性(Decarolis & Deeps, 1999)。结果没有获得的知识无法被发展，即使是获得和积压的知识也可能存在无法实施的知识。这意味着，尽管环境是一个外部知识丰富的环境，但并不是所有组织都可以利用这些知识，利用这些知识还需要其他努力和成本。

由于这些特性，吸收能力在组织获取、转换、发展和创造新知识时起到了支持战略性变化和灵活性的作用。强调超越知识本身，是创造知识的力量。专注于钓鱼的方法，而不是所谓的鱼。Teece等(1997)强调吸收能力是与运营能力(operational capacity)相对应的概念，是动态能力(dynamic capability)。构建能够从环境中把握机会、打破威胁的核心力量的力量称为动态力量。像这样，吸收能力是整合、重组组织内外的资源和能力，构建核心能力的根本性学习能力和体系。

3 | 忘却学习

学习型组织不仅善于创造、获取和储存知识，而且善于忘却陈旧或错误的知识。组织的忘却学习（unlearning）最初是在Hedberg（1981）的《How organizations learn and unlearn》一书中提出的。他从行为主义心理学的角度解释组织学习，引入了组织记忆（organization memory）的概念。就像个人的记忆力一样，随着时间的推移，环境的变化，知识也在增长，但同时也在退化。因此，忘却无用或错误知识的行为也应该与学习新知识的行为一起受到重视。但是很多研究都集中在组织学习上（Akgün et al., 2006；Bettis & Prahalad, 1995）。即使承认忘却学习，也有人强烈认为广义学习中包含忘却学习（Huber, 1991）。只要好好学习新的东西，旧的东西即使无意中也会自然而然地消失。

1）忘却学习的定义

除了因无知而产生的问题外，我们还必须警惕因错误信息而产生的问题。例如，成功综合症（success syndrome）或成功悖论（paradox of success）等术语警告说，从过去的成功中获得的经验和知识实际上可能会导致未来的失败。由于环境和条件随着时间的推移而改变，仅仅遵循过去成功的知识并不能提高成功率。当研究由于未能通过假设过去的知识仍然有效而忘却已被证实的知识而导致的组织失败案例时，强调了忘却学习作为有效变革和再生策略的重要性(Starbuck, 1996)。

此外，我们不能忽视错误知识会阻碍新知识的吸收。从这个观点来看，犯空白谬误(clean slate fallacy)的情况很常见。空白谬误是误认为学习对象处于等待新知识进入的完全白板状态(tabula rasa)。无论是个人还是组织,在变化之前,过去学习的知识和经验支配着现在的思考和行动,严重影响新的学习速度和接受范围,这是忽视的错误。

忘却学习的根源可以在Kurt Lewin主张的三阶段变化模型中的第一阶段解冻(unfreezing)中找到。Lewin在二战期间在美国国防部下属的研究所执行了一项改变士兵饮食习惯的特别项目。美国国防部一直认为，蛋白质不足导致的士兵健康问题对战斗力的负面影响比武器和弹药的普及更大。摄取动物的肠子、肝脏、心脏、肺等脏器可以很容易地解决蛋白质缺乏问题，但问题是这些都属于当时西方人不怎么吃或讨厌的部位。虽然宣传了该部位的营养价值，开发并传达了多种烹饪方法，还进行了包含专家建议的宣传，但直到以前，该项目还是失败了。通过这些经验，Lewin强调解冻阶段的重要性，以缓解现有的知识和经验。也就是说，为了不带成见地接受新事物，将现有的学习知识和经验进行融合就是忘却学习。

学者们定义的忘却学习如 表7-4 所示。有些研究者将学习和忘却学习定义为连续的两极(Nystrom & Starbuck, 1984)，将忘却学习视为学习的前提条件，或作为学习的核心部分(de Holan & Phillips, 2004)。

表 7-4 忘却学习的定义(Tsang & Zahra, 2008; Kwon, 2011 等作者们修改、补充)

学者(年度)	定义	区分
Akgün, Byrne, Lynn, & Keskin(2007)	现有常规或信念的改变	质疑和改变现有的信念、行为方式
Alas(2007)	改变现有的行为方式	
Baker & Sinkula(1999)	积极质疑旧的信念、假设和惯例	
Starbuck(1996)	告知员工不再依赖当前信念和方法的过程	
Argyris & Schön(1996)	通过去除组织现有知识中不必要的部分来获取信息	忘却无用或错误的知识
Cegarra-Navarro & Dewhurst(2006)	定义和消除低效和过时的知识和惯例的动态过程	
Dodgson(1993)	忘记过去失败或重复的行为	
Hedberg(1981)	忘却无用或错误的知识	
Nonaka & Johansson(1985)	忘却无用知识的过程	
Nystrom & Starbuck(1984)	识别和消除现有知识的不足之处	
de Holan & Phillips(2004a)	删除妨碍新学习或不再有用的现有惯例	消除新学习的干扰因素
Navarro & Moya(2005)	一个动态的过程，它阻碍了对新知识和机会的合作考察，规定和删除无用的惯例或知识。	
Prahalad & Bettis(1986)	通过消除现有的逻辑和行为来获得容纳新事物的空间的过程	新知识的替代
Sinkula(2002)	废除目前的行为范式，用新的东西代替	
Klein(1989)	通过用新的知识代替来消除现有的东西	

Tsang和Zahra(2008)对现有研究的忘却学习定义提取了三个共同的观点，并说明了其局限性。这是一个价值评估的问题。如果像Hedberg(1981)的主张一样，将其定义为忘却无用或错误的知识，那么问题是谁、从什么角度来评价无用(obsolete)和错误(misleading)。相反，Akgün(2007)等的定义解释为现有惯例或信念的变化，可以避免价值评估问题，但会出现与一般学习混淆的问题。最后，Prahalad和Bettis(1986)将其定义为在获得新知识之前，有意识地改变与过去隔绝的努力，这也是以新事物的替代为前提的。这有局限性，不能将忘却学习视为独立于学习的概念，而将其纳入广义学习概念。

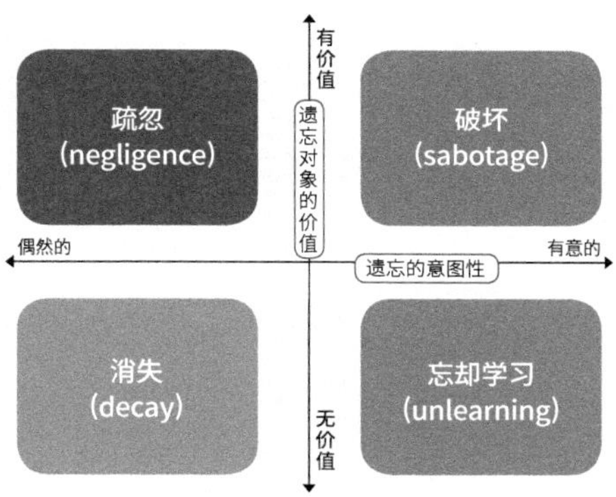

图 7-5 组织遗忘和忘却学习

创新企业通过战略性地管理忘却学习来带动组织的学习。GE的工作之外，消除(out)没有价值的工作(work)是忘却学习的核心概念。忘却学习可以从管理信息和知识的实务角度解释为组织遗忘(organization forgetting)的一种。Feza T. Azmi将忘却学习扩展到四种类型的遗忘:现场可能发生的遗忘。首先,消失(decay)是随着时间的推移和环境的变化,不经意间毫无价值的东西被埋没的现象。从被动和偶然发生遗忘这一点来看,消失与忘却学习有所区别。因为忘却学习是有计划、有意图地进行遗忘。非计划性的消失需要很长时间,期间占用物理和心理空间,导致效率低下。另外,还要考虑错误选择遗忘对象的错误。也就是说,忘却学习和消灭的对象是无用或错误的,但稍有不慎,有用和有价值的东西就会被忘却或消灭,从而造成破坏和消失。破坏(sabotage)是故意删除现有有用的东西,忘却学习的负面结果。经常出现在组织内的政治行为中。典型的例子是,虽然前任的方式和技术明显有优秀的一面,但为了突出新人的存在感,将其全部抹去,重新开始。疏忽(negligence)是偶发性地失去有用的东西的消失的负面结果。在对信息和知识的维护中失败的情况就是消失的例子。在企业中,由于负责人的转换安排或离职等原因,相关知识和绩效都被埋在柜子里的事情经常发生。如果柜子里的知识和信息是无用的,那就太好了,但如果是有价值的,就相当于疏忽或破坏。破坏和疏忽对组织的成长和竞争力产生负面影响。消失和疏忽很难把握其量和严重性。以忘却学习为中心,通过战略性地管理四种遗忘,可以构建学习型组织的成功基础。简而言之,忘却学习的核心意义是,如果固定在现有的类型化思维框架中,新的学习很难实现。“如果不清空,就无法填满。”正如古语所说,为了获得新的东西,即使是成功的资产,也要能够放弃旧的东西。

自我充电站

无目的的活动

现在全国范围内超速管制摄像机的位置被公开,任何人都可以确认。但据说,刚开始反对公开的立场也不容小觑。有人提出了不能抓住只在摄像机所在的地方减速的飞车党的问题,甚至有人主张不能减少此前用罚款、违规金填补的税收。但是警察厅决定划时代地公开摄像机的位置。

给出的理由是,摄像机的最终目的是防止交通事故。换句话说,摄像机安装在事故多发区域,披露其位置有助于减少这些区域的事故。现在回想起来,我们可能陷入了反复安装摄像头、打击打压、罚款的陷阱,忘记了安装摄像头的目的,错误地认为执法本身就是摄像头的目的。

甚至活动本身被误认为是目的。投入工作的话,会陷入活动的陷阱,看不到其他东西。目标不是针对目的、目标寻找活动的意义,而是努力进行活动。

最近,在黑暗的独裁政权中,无知的农民被当作间谍处死或坐牢的事情被曝光。参与间谍造假和拷问的警察们的辩解是“绩效”,很是讽刺。警察存在的理由是保护国民的自由

自我充电站

和权益，维护公共的安宁和秩序，通过逮捕间谍的量来评价警察，最终制造间谍达到了件数的目的。陷入活动陷阱(activity trap)而导致一致性失败的目的丧失比目的实现的失败更危险。

组织的一致性是理所当然的事情。时髦的女性收到漂亮的包也会担心。因为只有根据包的颜色和设计，准备皮鞋、服装、其他饰品，才能散发出自己的魅力。就像爱打扮的人担心的那样，构建一致的系统并不容易。只有真诚地分享目的和目标，引导自我调节而不是控制，根据根源性问题(why)接受面对现状的反馈，组织才能发出一致的声音。只有按照组织所指向的方向对系统进行排序，人才能变得可取。通常希望人先改变，但变化管理的优先对象是系统，而不是人。

自我充电站

1 请提供一个您经历过的“活动陷阱”的例子。

2 分别解释目的和目标。

3 找出并解释我们组织(学校、公司)中没有向同一个方向看齐的例子。

Chapter 8

职业发展(CD)

1 | 职业发展的概念与实际

在工业社会中，人在工作中学到了大部分实际有用的知识和经验。因此，个人从入职到退休所工作的职务类型和水平，从人力资源开发的角度来看，就是知识和经验的增进。如第1章所述，职业发展是构成人力资源开发的重大因素之一。职业发展是更注重个人水平的长期学习和开发的因素。职业发展是将个人希望的职业及前途计划与组织希望的人才条件相协调，计划职务并分阶段进行的过程。

1) 职业和职业发展

Career源自法语单词carriere，意思是“跑道”，意思是“要跑的路”，包括已经跑过的路和必须跑的路。Arthur等人(1989)说，职业是一个人一生中职业的职务(job)、学习和工作(work)的整体职业。主要译为“职业”[1)]，是指为学龄儿童、青少年、大学生进入社会

1) 英语单词“career”被译为“就业”或“职业”。在教育领域，“就业”通常被用作学龄儿童的就业教育、就业指导、就业探索、就业规划等术语，而在经营学领域，“职业”通常被用作员工的职业管理、职业发展和职业指导等术语。因此，教育学中的“就业”是从心理学的角度出发，注重个人的兴趣和态度，帮助学生选择更适合的职业，而经营学中的“职业”是从社会学的角度出发，强调社会性角色，注重个人与组织之间的关系及相互影响。

前提供进一步升职或就业指导的领域。相比之下，人力资源开发的经验是指员工在公司内职业的一系列工作(Sears, 1982)或通过这些工作获得的经验和态度(Hall, 1976)。换句话说，与职务(job)或工作(work)不同，职业是一个反映时间流逝的概念。

职业发展(career development, CD)是发展、成长这些个人职业的活动。特别是组织中的传统职业发展是通过战略性地编排员工现在、过去、未来的职务，追求个人和组织的共同发展。作为提高个人技术、知识、能力的过程，通过系统地管理职业，集中精力提高组织的竞争力。人才难问题越严重，组织内部培养核心人才的必要性就越高。职业发展作为系统培养核心人才(talent management)的工具，可以为缓解人才短缺做出贡献。进而，近年来人力资源开发的趋势是将职业概念扩展到员工个人的职业，而不是局限于组织内部。不仅包括组织内正式的职业发展，还包括非正式的或在组织外部实现的职业发展。

2) 职业发展的构成和过程

Gilley等人(2002)将职业发展分为职业规划和职业生涯管理。职业规划(career planning)是以员工个人为主体，准备和实践职业发展的领域，是通过认知自己的优势和弱点、兴趣、适应性、素质，收集和分析有关职业发展机会的信息，设定职业目标(career goal)的过程(Hall, 1971；Gould, 1979)。职业生涯管理(career management)是组织层面的活动，是指组织在系统调整、支持个人职业发展的领域、职业运营计划中反映个人职业规划，对成长和发展进行系统管理和整合。

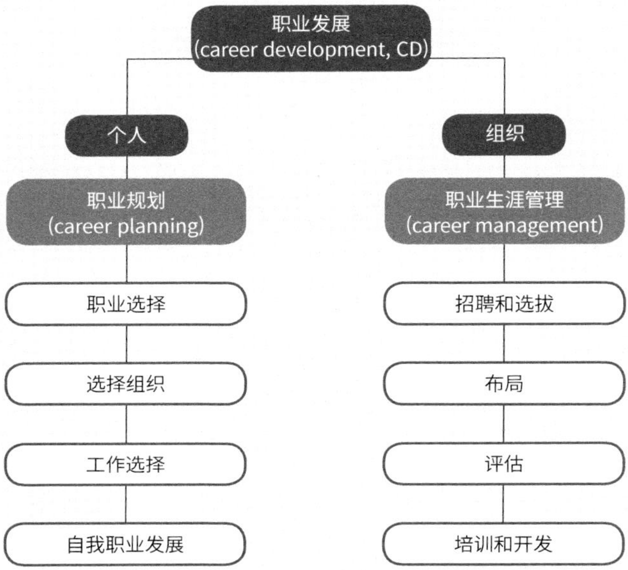

图 8-1 组织中的职业发展(Gilley et al., 2002)

过去，从定员管理的角度来看，职务调动和安排是在出现空缺时填补人力的填补方式。但是，随着职业发展的观点的引入，我认为工作调动和安排本身就是发展个人职业和组织能力的方法。也就是说，将工作调动和安排视为实现个人设定的工作目标的途径、职业路径（career path）。职业生涯管理包括监测和帮助员工履行所选择的职业路径的各项活动。职业路径是实践员工梦想和抱负的具体计划的基础，也是积累组织专业性的基础。

虽然也有工作人员将以职业路径为主的职业管理等同于职业发展，但这是不可取的。职业规划与职业管理是主体不同但互补的关系。职业发展应该朝着协调满足个人对职业的需求和组织的要求，最大限度地提高有效性的方向发展(Park, 2010)。企业普遍运营的职业发展计划(career development program, CDP)的流程如图8-2所示。

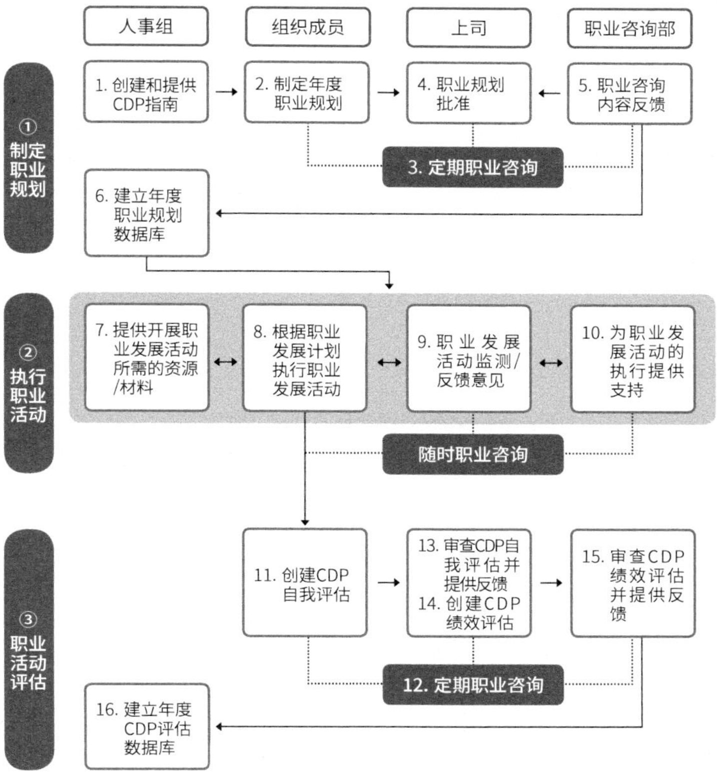

图8-2 职业发展的过程(C公司)

从制定职业规划到执行和评估职业活动的程序，不仅包括成员个人层面的职业规划，还包括组织层面的制度运用、与上司的关系、职业咨询部门的支持等。也就是说，咨询、指导、辅导等社会支持与最低任期制、社内公开招募制、教育培训体系等制度支持复合运作，完成职业发展。

3) 职业锚

在制定职业规划时，员工主动、自主地实践职业目标是核心。为此，有必要了解个人的职业锚(career anchor)[2)]。在苦难中也不会放弃画家的梦想，虽然现在的职业是法官，但周围偶尔会看到希望成为薪资微薄戏剧演员的人。Schein(1978)将这种个人倾向比喻为固定船不被水流冲走的锚。职业锚是一个涵盖个人才能、能力、需要、价值观的自我概念，是一种一贯追求特定职业的倾向和意志。职业锚是“二三十年后我会成为什么样的存在?”的答案。到目前为止，研究的职业锚有8种，如表8-1所示。职业锚是一个有用的概念，用于判断适合个人的职务，组织可以考虑职业锚，灵活地提出职业路径。

表 8-1 Schein(1978)的8个职业锚

职业锚	内容	测评示例
管理型 (general managerial competence)	对晋升的强烈欲望，成为首席执行官或领导者的欲望	作为领导者，当我能够在工作中领导他人的时候，我能够感受到成就感。

2) 职业锚是一种职业自我概念，影响职业决策，由对才能和能力的感知、对要求和动机的感知、对组织和生活、对自己的态度和价值的感知组成。

职业锚	内容	测评示例
职能型 (technical/ functional competence)	渴望成长为特定领域的专家	我梦想在一个领域培养别人的专业性，并以此为基础给别人建议。
稳定型 (security/stability)	以稳定就业、稳定职业、安全等强烈需求追求可预测的职业	我工作的长期回报和稳定性比自主性更重要。
创业型 (entrepreneurial creativity)	通过创新和创业获得成功的欲望	我总是为自己的事业构思创意。
独立型 (autonomy/ independence)	讨厌限制或纪律，喜欢独立、自主地执行业务	我想做一份有充分裁量权的工作，按照我的方式和日程工作。
服务型 (service/ dedication to a cause)	通过服务、分享改变世界的欲望	当我感觉自己为社会福利做出了实质性的贡献时，我觉得自己的工作取得了成功。
挑战型 (pure challenge)	求胜心，竞争心强，对胜利的强烈欲望	我梦想着一个具有挑战性的职业，在那里我可以从解决困难的问题中获得成就感.
生活型 (life-style)	不选择特定的职业锚，而是同时考虑自己要扮演的各种角色，在追求和谐与平衡的同时享受生活的类型(和谐生活，追求生活质量型)	如果我负责影响个人或家庭事务的业务，我宁愿选择跳槽。

4) 职业流动

包括职业锚在内的自己的喜好、优点、天性等的综合性的自我测评是职业发展的起点。自我测评是对目前的职业、可投资的资金或时间、职业动机等进行综合评价。特别是，不仅是内在探索，还通过对产业、职业、职务、工作岗位等的环境探索，设定正确而现实的职业目标。设定职业目标后，将成为系统地整理实现目标的行动计划、能力提升方案、学习方法的基础。

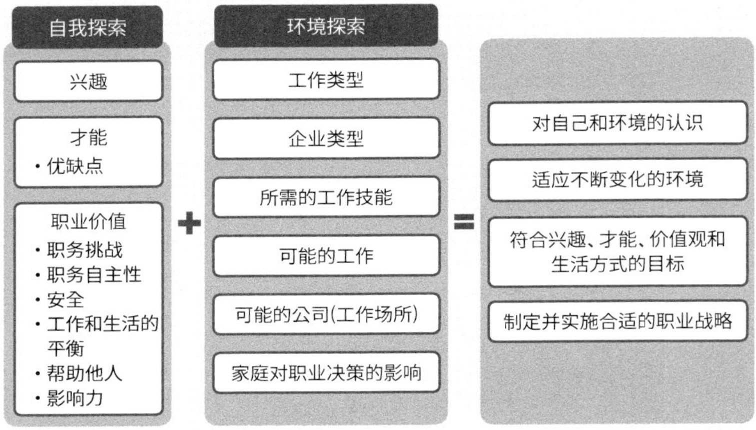

图 8-3 职业构成条件

另外，员工制定的职业目标是否符合组织提出的职业路径或职业要求，需要与上司进行咨询或对负责部门进行检查。资历条件正式提出资格证、先行工作经验、要求能力等，此外还应考虑晋升机会及速度、工作质量和地点。

近代职业路径是在初期负责的工作中提高专业性晋升的垂直单线型，不能反映岗位的变化，人力流动的灵活性也下降了。现代的职业路径像 图 8-4 中的例子一样，综合运营水平或垂直移动。

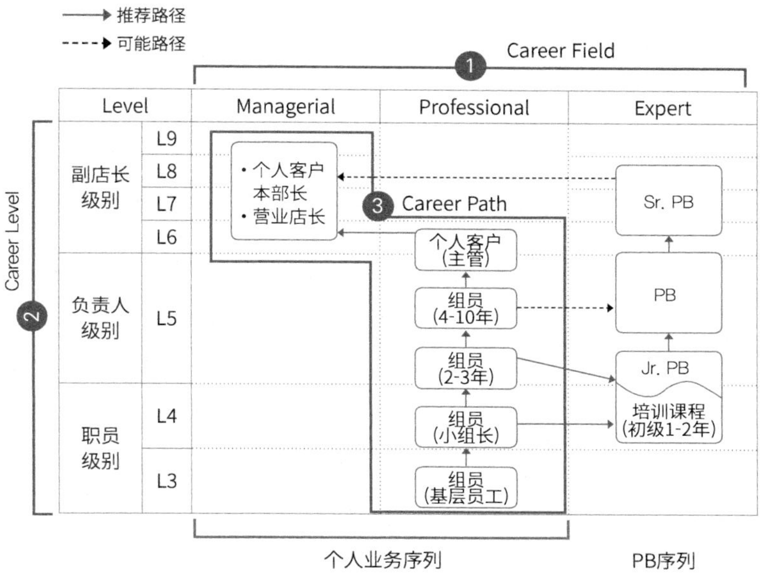

图 8-4 组织内职业流动的范围和水平(S银行)

横向职业流动(career field, 职业领域)考虑到职务的性质和特性、职务之间的相互依赖性或先后关系等，设定了可移动的范围。垂直职业流动(career level, 职业标准)是根据组织内的职位或职业阶段来设定的，也有企业同时提出了最低或最高所需时间。作为生命阶段的示例，可以应用"探索期-深化期-应用期"(Park, 2010)。探索期是入职后6~8年的工作层，深化期是5~15年积累专业性的中间管理层，应用期是第15年以上，属于总管或决策的高层管理层。

职业路径是将职业标准和职业领域综合组合在一起，如 图 8-5 所示，可以多样地运营。首先，工字型路径是在探索期和应用期广泛设定可移动的领域,在深化期在一个领域积累专业性,并取得绩效的形态。T字形路径对深化期、探索期的中低层员工来说虽然狭小,但在应用期可以移动到多个领域。工字型路径适用于管理部门一般管理人员的培训, 工字型路径适用于技术及销售领域专业管理人员的培训。倒T字型路径适合在探索期拥有广泛的工作经验后,应用期追求专业化,培养参谋或企划专家。I字型路径被设定为聘用后从事一个专业领域,适合研究专门职业。

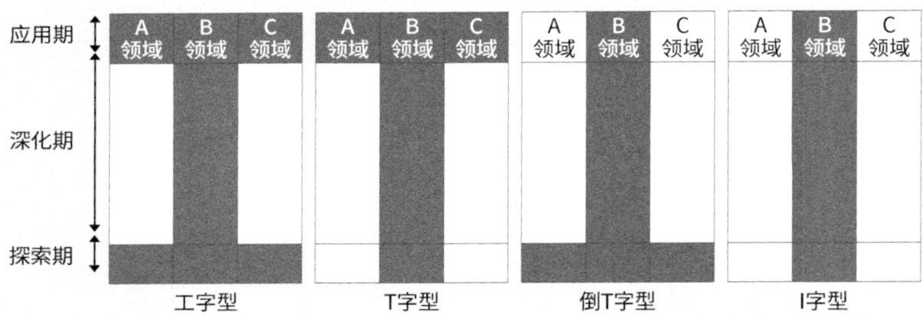

图 8-5 多种职业路径(Park, 2010: 134的表格作者图解)

除此之外, 也有企业采用工字型和倒T字型相结合的土字型路径。此外, I字型还实施双轨(dual ladder)制度, 以确保人才运营的灵活性, 深化专业性。例如, 在研究或技开发术职领域, 可以选择不晋升为高层管理职位, 而是作为研究职、技术职成长为顶级专家的途径。双轨制度因其缓解晋升压力或不必要的高层管理人员大量增加的附带效果而广泛适用。

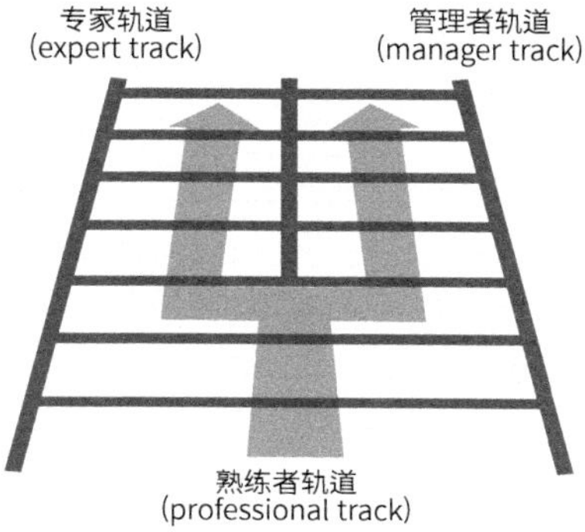

图 8-6 双轨制度

2 | 现代职业发展

员工的职业发展在所属组织内实现的终身工作的概念被淡化的时代已经到来。与过去不同，比起组织内的晋升或工资等报酬水平的上升，更注重个人认为重要的各种价值。我们对职业的传统认识一直代表着“只挖一口井”。但现在，至少需要把“井”从职务扩大到职种或职业，而不是一个企业。现代职业发展的另一个方面是，比起终身雇佣、终身职场，终身职业的意义更加重要，职业发展的主体正在从组织转变为个人。这种变化反映了临时工、合同工、派遣工等不稳定的雇佣形态和经常实行缩减规模或结构调整的企业现场氛围。

1) 职业动机和职业高原

职业发展制度应建立以促进员工的职业动机(career motivation)。也就是说，要帮助个人持续甘愿投资于自己职业发展的意志。职业动机由职业洞察力、职业弹性和职业认同感组成(London & Mone, 1987)。第一，职业洞察力(career insight)是指认识自己的兴趣、素质、能力等，了解其类型和水平对自己的职业和职业目标的影响的能力。如果有很高的职业洞察力，就可以基于对自己和职业的客观理解，明确地树立现实的职业目标。第二，职业弹性(career resilience)是在职业发展的过程中，能够很好地应对面临的障碍和问题的能力。如果职业弹性高，可以对自己的职业发展产生主动的责任感，追求持续的学习。第三，职业认同感(career identity)是赋予职业或职务的个人价值。职业认同感强的员工更投入组织及工作，自豪感也更高。

另一方面，由于职业动机低下的现象，存在职业高原(career plateau)。职业高原是指由于有限的高层管理人员，晋升的机会减少，在一个职位上停留的时间延长的现象。近年来，在组织结构和文化上追求水平化，职业高原加速。特别是由于进入低增长局面的经济状况，企业的增长也放缓了，中间管理层的臃肿和人事积压导致了职业高原。遇到职业高原的员工会感到沮丧、压力和恐惧，因为他们没有担任与年龄或能力相符的工作。

认为职业高原问题只是晋升困难的观点，对解决其副作用是有局限性的，应努力防止职业动机恶化。即使延长了在某个职位上的停留时间，也需要从职业发展的角度出发，提高员工的成就感。在先进企业中，我们积极支持职务扩大化、职位丰富化和职务重塑，为员工提供展示其能力的机会，并考虑教育机会，以免知识和经验过时。鼓励在非正规组织中发挥领导作用的政策，如实践社团(community of practice, CoP)，也是有效的。最重要的是，对于面临职业高原的员工来说，有必要通过摆脱局限于组织内职位的职业概念来提高他们对终身职业的理解。为了支持这一点，职业发展的概念和内容也在转变，以提高员工的适销性(marketability)和就业能力(employability)。

2) 无边界职业

最重要的是，在超越空间界限的意义上，强调了职业的无边界性(boundaryless)。对此，Arthur(1994)提出了三个理由。首先是员工的平均工龄缩短，其次是无论企业规模如何，员工个人都要暴露在变化无常的社会经济变化中进行适应。最后，以中小企业为中心创造新的工作岗位，职业机会增加，而大企业的职业机会反而减少。

无边界职业(boundaryless career)不局限于特定的组织、职业或职务，是超越组织内流动，通过组织间流动自由选择更多角色的概念(Sullivan & Baruch, 2009)。传统上不依赖组织作为主体提出的职业路径，而是强调个人的自发性、独立性和组织外部的移动性。无边界职业在Arthur和Rousseau的著作《Boundaryless Career(1996)》中首次提出。他们总结了追求无边界职业的人的6个特点，如图8-7所示。

1 经常改变雇主，流动于不同企业

2 从当前所属公司外部确认和评估自己的市场地位

3 通过外部信息和网络来维持和发展职业

4 一个不适合阶级或官僚组织的形象

5 因个人原因拒绝传统的职业机会

6 尽管面临组织结构压力，做为职业发展的主体，自主解读环境

图 8-7 无边界职业追求者的特点(Arthur & Rousseau, 1996)

无边界职业靠绩效来对公司做出贡献，而不是忠诚度，此外更加重视外部对自身就业能力和市场性的评估，而不是组织提供的工作保障。因此，在一个无边界职业中作为职业发展的主体，员工根据自己在外部环境中的价值观来解释自己。此外，知识和技能的特征被认为是个人拥有和交流的，员工的人脉和社会资本对无边界职业的形成有着深远的影响。

无边界职业与传统职业存在较大差距，具体情况如 表 8-2 所示。其中，无边界职业中所指的雇佣关系灵活性是一个概念，包括功能灵活性(即劳动力功能的多样化或薪酬的灵活性)和数量灵活性(即雇佣和工作形式的灵活性)，以及工作的外在化。

表 8-2 传统职业与无边界职业的比较(Sullivan, 1999: 458)

项目	传统职业	无边界职业
雇佣关系	对于忠诚的雇佣稳定性	绩效和灵活性的可雇佣性
边界	一两家企业	多家企业
技术	企业固有的技术	可转换、可传播的技术
成功的指标	工资，晋升，地位	心理上有意义的事
教育培训	正式的教育课程	通过职务学习
职业阶段标准	按工龄划分	按学习水平划分

3) 易变性职业

与无边界职业相似的概念,或者更加强调"个人"的职业动机和心理上的成功,根据环境改变自己的业务、组织、职业等的易变性职业(protean career)也是值得关注的概念。Protean是海神波塞冬的儿子Proteus的形容词。据说，普罗特乌斯具有可以自由变换自己形象的能力。Hall着眼于这一点,在他的著作《Careers in Organizations(1976)》中,用易变性职业说明了个人随心所欲地改变自己职业的现象。

Briscoe、Hall和DeMuth(2006)强调心理层面的认同感和适应能力是个人职业发展所需的学习、发展的根本基础,并称其为职业元能力(career meta-competency)或职业元技术(career meta-skill)。

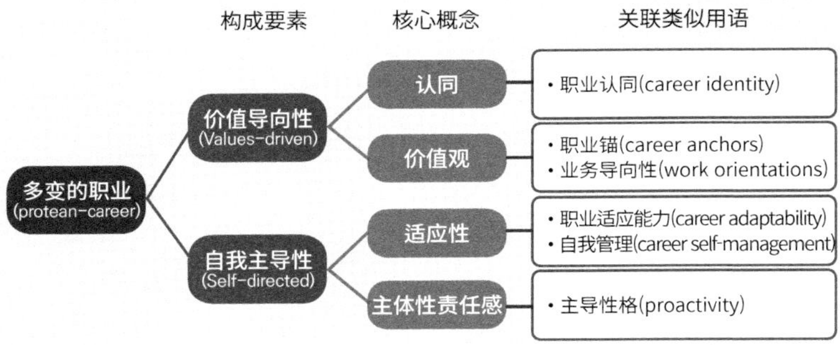

图 8-8 易变性职业的构成
(Gubler, Arnold, & Coombs, 2014; Hall, 2002, 2004 等作者们修改、补充)

易变性职业的组成部分由Gubler、Arnold和Coombs(2014)重新构建，分为价值导向和自我主导。价值导向(values-driven)比起工资、晋升、名声等外在奖励，更注重基于个人固有价值的内在成功。因此，价值导向应该形成个人对职业成功的价值观和态度，从长远来看，应该确立明确的认同感。自我主导(self-directed)是基于自己是职业管理主人的责任感。自我主导性是为了实现职业目标而发展和发挥自己的技术和能力的行为，引导持续的学习。其中包括不断探索新职业机会的活动。如果说自我主导性是适应环境变化的元能力(meta-competency of adaptability)，那么价值导向性则是自我理解的元能力(meta-competency of self-awareness)。

总的来说，从易变性职业概念从长远来看，个人认同感和适应性是核心。因此，将职业目标放在个人能够感到自豪的心理成功上，而不是地位的提高或工资的提高上。易变性职业被称为“用心设定的职业路径(career path with heart: Shepard, 1984)”。此外，还强调个人态度和能力，如自主、自我设计(self-invention)、持续学习能力(learn-how)等，以适应瞬息万变的环境变化。换句话说，它的特点是对自己的职业负责，富有挑战性地追求自己想要的工作，并通过人际关系网络和关系探索学习和机会。

表 8-3 传统职业和易变性职业的比较(Hall, 1996, 2004 等作者们修改、补充)

项目	传统职业	无边界职业
职业目标	晋升，加薪	心理上的成功(发展、自由)
心理契约	组织投入的就业稳定性	对职业满意度和专业性的职业稳定性
职业管理责任	组织	个人
发展模型	直线型，专家型	螺旋型，短期型
专业性	know-how	learn-how

4) 职业生涯适应力

无边界职业和易变性职业表明，当今的个人职业风格正在变得非线性和多样化，界限不明确(Biemann et al., 2012)。因此，个人不仅需要对给定的工作环境做出适当的反应，而且还需要积极控制环境。由于工作环境的这些变化，职业生涯适应力(career adaptability)在职业发展领域被表达为改善个人环境适应性的动力，并被认为是建立成功职业的一个促成因素(Savickas & Porfeli, 2012)。

原来，职业适应能力是Super和Knasel(1981)从职业成熟度(career maturity)的角度首次提出的术语。这是一个概念，包含了根据个人面临的环境主动改变自己态度、能力和行为的能力和意志(Savickas, 2005, 2013)。Savickas(2002, 2005)采用社会建构主义，将现有的观点整合到强调个人-环境适合性的职业建构主义(career construction theory)中，为职业适应能力研究奠定了新的基础(Johnston et al., 2013)。他认为，这不是发掘(unfold)职业隐藏的东西的概念，而是与工作环境一起形成自我和职业认同感(construct)。

职业生涯适应力是能够有效处理职业发展过程中无法预测的挑战性情况的心理力量。Savickas(2005, 2013)整合了迄今为止的职业研究结果，将职业适应能力细分为关注、控制、好奇和自信四个范畴(4C)。

第一，职业关注(concern)相当于对职业的规划。树立自己职业道路的蓝图或职业愿景，并为实现这一目标准备具体的活动。这不是单纯的兴趣水平，而是对自己的现在和过去进行反省，并将其与未来的职相关的目标或抱负联系起来的概念。

第二，职业控制(control)是作为负责人或决策者对自己未来做出决定的认识水平。因此，职业控制与控制源、自主性、积极性的概念相关，是对职业替代方案进行优先排序和选择的能力。

第三，职业好奇(curiosity)是对职业发展信息的搜索。探索的对象分为自我探索(self-exploration)和环境探索(environment exploration)。自我探索不仅涉及个人的愿望、兴趣、价值观和目标，还涉及未来职业目标所需的知识和技能。自我探索与建立职业认同感密切相关(McArdle et al., 2007)。环境探索是收集有关行业、公司、职业和工作信息的行为，以确保职业决策中有多种选择。与此同时，职业好奇和职业关注具有相互冲突的特性。这是因为，职业好奇意味着开放的思维和广泛的兴趣，而职业关注意味着相对狭窄的方向，朝向具体且具有挑战性的目标。

第四，职业自信(confidence)被定义为在职业发展过程中克服或挑战障碍时相信自己成功的期待感，是能够成功实现职业目标的自我效能感(Hirschi, 2009)。高度的职业自信会让你对自己有能力和效能感，表现出对工作和环境中的要求充满热情和毫不犹豫的特点。

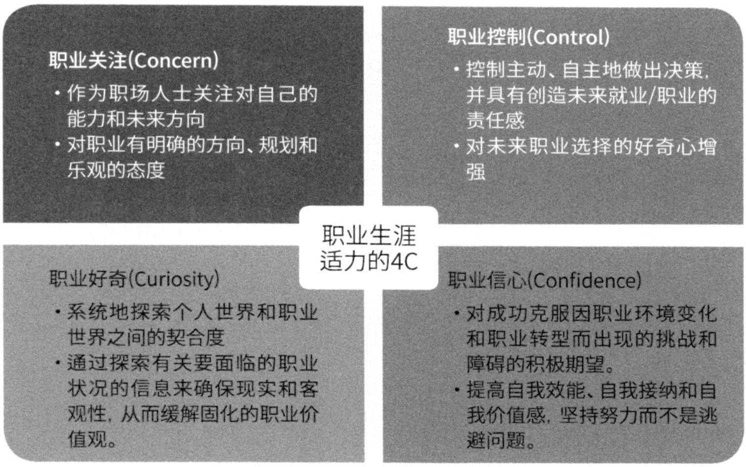

图 8-9 职业生涯适应力的4个类别

自我充电站

唯一的最优解

如今，必须创造一个所谓的“故事”才能进入大学的中学生和高中生似乎拥有一些有关特定工作的专门信息。小学时学生在学校记录中输入自己想要的未来职业：医生；中学时，他们选择外科或内科；毕业时，他们选择心脏内科、呼吸内科或消化道内科。人们认为，逐步细化职业探索的故事在大学升学中是有利的。相反，如果学生在考虑成为钢琴家后写道他或她将成为一名医生，如果他或她无法提供改变的有效理由，他或她可能会面临很高的不利风险。在保持一贯性的同时，逐步具体化将来的发展方向的角度上，这似乎是合乎逻辑和妥当的。但是，在高度评价从医生到内科医生再到消化道内科的单向发展的背后，机械论世界观占据了一席之地。在青少年的职业生涯探索活动中，犹豫不决或错误是不必要的因素。

机械论的立场是，以牛顿的力学为基础，可以用物理运动来解释所有现象。19世纪科学的辉煌发展扩散了掌握物体的位置和运动量就能准确预测其未来的信心。有一个典型的例子，计算了行星之间的力学关系后发现，奇怪的是天王星的运行轨道却不符合力学关系。只有在天王星外设置另一颗行星，天王星的轨道才能得到很好的解释。也就是说，首先从数学上预测行星的存在，并通过观测确认，结果发现那里有海王星。

知识分子们加入了一种时髦的潮流，即可以断章取义地

自我充电站

挖掘世界上所有的因果关系。但物理学证明，无论是幸运还是不幸，根据不确定性原理(uncertainty principle)无法同时准确测量物体的位置和运动量。到了20世纪50年代，Herbert A.Simon否定了社会科学中以人类合理判断为基本前提的传统经济学，倡导“有限的理性(bounded rationality)”，还获得了诺贝尔经济学奖。人的合理性因认知能力的有限、时间的有限、信息的不准确和不尽如人意而受到制约。因此，要达到唯一的最优解(the one best way)是不可能的，我们做出的决定只不过是在一定水平上实现满意原则(satisficing)的替代方案。

青少年探索职业生涯的过程也需要在同样的背景下重新考虑。成长为世界所需人才的途径不是单一的，而是多样的，偶发的。如果通往医生、内科医生、消化道内科的路径目前成功，未来也不太可能是最好的。用机械论的世界观来判断成为对社会做出贡献的优秀医生的各种潜在途径是不恰当的。

自我充电站

1 设定自己的职业目标及路径，从有限的理性角度进行批评。

2 从有限的理性角度完善职业生涯适应力的4C。

PART III

人力资源开发的扩张

Chapter 9

工作生活质量(QWL)和员工参与(EI)

1 | 工作生活质量(QWL)

最近“Work and life balance”被选为职场选择条件的第一位(《中央日报》,2018.3.8.)。如 图 9-1 所示,比起在工作岗位条件中排行靠前的年薪或雇佣稳定性,工作与生活平衡占压倒性优势。“工作和生活平衡(work and life balance,WLB)”是取英语首字母的新造词。

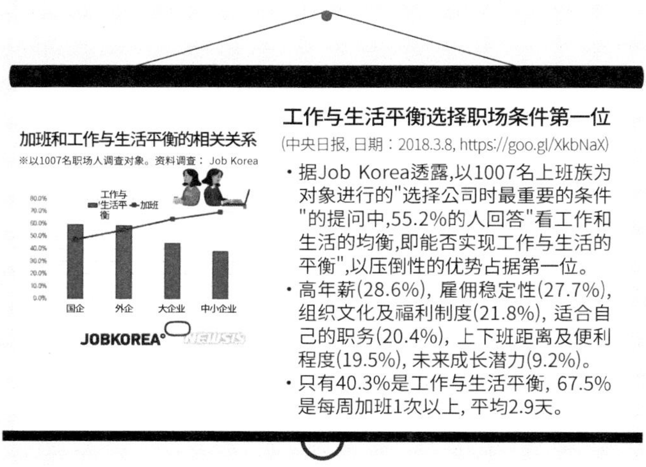

图 9-1 工作与生活平衡选择职场条件第一位

出处 http://news.joins.com/article/22423418 作者以图形方式重组

与此相关,在人力资源开发领域,从职场生活质量或工作生活质量(或劳动生活质量:quality of work life, QWL)的角度出发,为了改善这一点,研究和实践从1950年代开始持续进行。提高职场生活质量是包括工作与生活平衡在内的职务满足、职业发展、劳动人性化(humanization of work)、员工参与、雇佣稳定、精神健康等在内的综合性概念。虽然看起来多少有些不同属性的内容混合在一起,但如果仔细观察其变迁史,就可以理解QWL一直谋求的一贯价值和原则。

1) 什么是工作生活质量(QWL)?

QWL的根源可以在Chapter 5提到的Tavistock Institute的社会技术系统(sociotechnical system)中找到。QWL将组织视为社会系统和技术系统复合的社会技术系统(sociotechnical system)。在研究有效整合人类和技术时,考虑到身体和心理特性的职务和工作设计,为了提高实效性,劳资双方将共同参与。

这些研究成果于1960年代传播到美国。随着工作的简单化或标准化加重,引发的受排斥感、倦怠感成为社会焦点,QWL为了实现职务满足和劳动的人性化,以职位丰富化、自律经营组、劳资协议会等方式发展。此后,在日本活跃的品质控制(quality control, QC)活动由掌握解决问题的方法的小集团发展为改善生产性、不良、工作方式的运动。继承这一技术的全面质量管理(total quality management, TQM)、六西格玛也是当今QWL的一个领域。与此相比,以美国为中心的QWL以员工参与决策和运营为重点,以授权(empowerment)、高绩效工作系统(high performance work system, HPWS)或高承诺工作系统(high commitment work system, HCWS)等展开。

综上所述, QWL是以员工参与和专注为重点, 增进生产效率和效率的活动, 初期是为了改善物理工作环境而开始的, 但逐渐发展为构建心理、社会关系的技法和体系。QWL的最终目标是追求个人和组织平衡的合作共同体,让员工感到有意义。

2)工作生活质量(QWL)构成要素

Walton(1973)提出了构成QWL的八个因素。图 9-2 的构成要素被用作衡量难以量化的职场生活质量的概念标准。

第一,职业是个人提供劳动并获得报酬的场所,因此包括金钱收入在内的所有报酬都要公正地进行。第二,不仅要预防工伤,还要打造安全健康的工作环境。第三,通过工作的自律性、技术的多样性、参与计划过程等,提供开发个人能力和知识的机会。第四,制定职业发展计划(CDP),公平地提供发展及晋升机会,提高未来的就业能力。第五,提高共同体意识,使每个员工受到尊重,通过相互作用感受到一体感、归属感。第六,为了牵制单方面、任意的决策,需要保障言论自由、公正待遇、苦衷处理等的制度化。

第七,职场生活是个人家庭和社会生活相互影响。为了避免产生副作用,需要努力协调职场生活和个人生活。第八,员工所负责的工作对社会有益,组织也应该具有履行社会责任的自豪感。

1 合理公正的报酬(adequate and fair compensation)

2 安全健康的工作环境(safe and healthy working conditions)

3 使用和发展能力的机会
(immediate opportunity to use and develop human capacities)

4 持续发展和稳定的机会
(future opportunity for continued growth and security)

5 组织内的社会整合(social integration in the work organization)

6 劳动者权益的制度化(constitutionalism in the work organization)

7 职场生活与生活的平衡(work and the total life space)

8 工作生活的社会相关性(the social relevance for work life)

图 9-2 工作生活质量(QWL)构成要素(Walton, 1973)

2 | 员工参与(EI)

QWL的关键词决策的分权化、员工的自愿参与、自律保障、团队合作、水平组织等都与人力资源管理中的详细功能一脉相承。QWL的概念和影响范围从战略人力资源管理到组织发展、劳资管理等广泛,因此这里将以员工参与(employee involvement, EI)为中心,讨论核心技术。

1) 什么是员工参与(EI)?

作为QWL的现代意义，EI是一种提高员工参与与组织绩效和个人福利相关的决策过程的干预方法(Glacer, 1980)。Lawler(1986)和Vanderber(1999)将权限(power)、信息(information)、奖励(reward)和知识(knowledge)作为促进EI的因素。这也被称为“PIRK模型”。

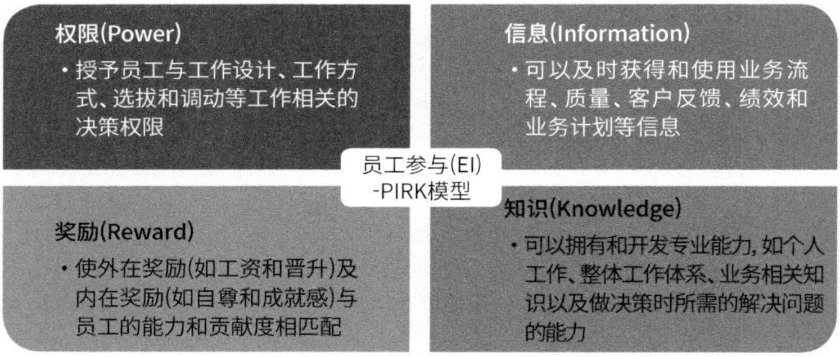

图 9-3 组织成员参与(EI)的要素

图 9-3 中EI4个因素相互补充，需要从整体角度进行强化才能达到EI。如果只强调权限，就会做出错误的决策，如果权限不足，员工就会受到挫折。从这一点看，EI和授权(employee empowerment)混用，但授权是更加集中于权限要素的概念(Cummings & Worley,2010)。EI的范围和深度取决于四个要素的水平。据此，可以分为组织开发领域的介入方法—并列学习组织、高绩效工作系统(HPWS)、全面质量管理(TQM)。

2) 并列学习组织

通过给变得庞大、官僚化的组织注入灵活性、提高EI的方法,是并列学习组织。并列学习组织由Zand(1974)以并列组织(collateral organization)一词提出,从与日常正式组织并存的附属组织的意义出发,赋予了这样的名称。也被称为双重组织(dualistic structure)、影子组织(shadow structure)。他主张并列学习组织的目的是解决正式组织无法解决的复杂而棘手的问题。即,并列学习组织摆脱现有的阶层沟通及僵硬的问题解决方式,起到提供提出改善机会、提出划时代解决方案的新环境的作用。

在1970年代和1980年代的组织开发计划中经常发现并列学习组织,现在被嵌入到许多非正式的组织系统和活动中。例如,许多QWL项目利用由管理层、工会代表和员工组成的并列组织,各种品质控制活动也可以解释为一种并列学习组织。众所周知,并列学习型组织对提高质量和产出、降低成本、参与者的能力开发和组织参与有积极影响(Goldstein, 1985)。

Bushe和Shani(1991)将并列学习组织的特点规定为三个方面:第一,与现有的正式组织和等级体系并列工作。第二,必须是能够代表正式组织的独立组织。第三,要进行组织学习,让员工创造和实践新的思维或行动。据此,并列学习组织应该是正式组织的缩影,这可以通过组织所有部门选拔的代表参与来具体化。通过这种方式,并列学习组织可以获得正当性、影响力和权限的认可。

另外,在反映正式组织特征的同时,创建单独的组织意味着创建单独的时间和空间,以便以不同于正式组织日常的方式进行思考、行动和决定。因此，被选入并列学习组织的参与者必须以与正式组织的一般规范和程序不同的方式思考和行动。如果在这方面与正式组织没有区别，它作为并列组织就没有意义。这是因为并列学习组织的参与者必须克服分散在正式组织中的制约因素，能够专注于纯粹的探索和实验。

最终,并列学习组织的参与者促进组织的学习和适应,实现问题的解决和变化是根本作用。一般的正式组织随着时间的流逝,由于功能上分化的权威和责任,组织内部僵硬的界限会固定化(Christensen et al.,2015)。并列学习组织是为打破这种界限并解决问题而提出的组织(Rubinstein & Woodman, 1984)。为了打破僵硬的界限,持续重新研究日常程序,探索新的对策,开发工具和程序是并列学习组织的作用(Stein & Kanter, 1980；Zand & Hawk, 2010)。

另外，并列学习组织必须提供合适的教育培训。培训内容应包括并列学习组织的愿景和目的、面临的问题、解决问题的方法等。这些知识是推动超越正式组织等级和边界的差异化问题解决的基础。而且，首先要落实并列学习组织参与者的职位、能力、工作职业、领导力等要求。因为在确保如此严格的人力资源时，为了解决问题，很容易进行明确的沟通和分析，可以最大限度地利用所需的信息和资源。

概括并列学习组织的特征，它是“正式组织的缩小版”、“与正式组织的并列联动机制”、“支持学习的时间和空间，引发新的思维和行动”。六西格玛专业人士的级别可以解释为这种并列学习组织的特征。六西格玛组织是由倡导者、流程负责人、资深黑带、黑带和绿带组成的改善活动专家的集合(Linderman et al.,2003)。他们接受适合每个带的项目管理、统计技术、问题解决技术、领导力和流程设计方面的培训(Gowen & Tallon, 2005; Ravichandran, 2006)。此外，他们还会从战略和客户角度获得六西格玛改善任务，并使用他们收到的内容和知识来执行任务。专业人士级别反映了正式组织的多层次层次结构，并通过为每个级别分配适当的角色和职责来诱导公司范围内的合作(Sinha & Van de Ven, 2005)。例如，倡导者主要由高管持有，并制定战略改善策略，在他们的领导下，资深黑带提供推动黑带和绿带任务的职业和知识，帮助他们成功。专业人士级别的这些结构特征能够有效地将业务战略和具体改善任务联系起来(Sinha & Van de Ven, 2005)。从这个角度来看，Schroeder等(2008)也将专业人士级别称为中观并列结构(parallel-meso structure)(见图9-4)。有人强调，通过在并列组织的概念中添加中观组织(宏观和微观之间的中间形式)的概念，可以支持顺利的沟通和变革管理(Sinha&Van de Ven, 2005)。

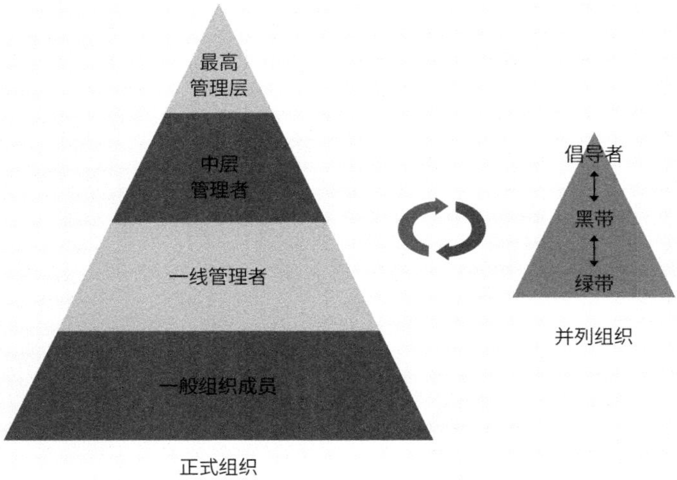

图 9-4 六西格玛中观并列组织(Schroeder et al., 2008: 540)

3) 高绩效工作系统(HPWS)

并列学习组织可以为正式组织注入灵活性，但实践并应用并列学习组织发掘的改善方案的决定仍在正式组织中。因此，主导正式组织的直接变化是有限的。与此相反，拥有改善方案的执行决策权限，可以直接变更正式组织的介入方法是高绩效工作系统(high performance work system, HPWS)。

高绩效工作系统概念是Vaill(1982)提出"高绩效系统(High - Performing System)"后首次用于组织开发领域的。现代意义上的高绩效工作系统是Nadler和Gerstein(1992)从社会技术系统的角度开发的。他们将高绩效工作系统定义为"充分配置组织的员工、工作、信息、技术等各种资源"，以有效应对客户的需求和环境的需求或机会，实现高绩效。表 9-1 中，可以查看高绩效工作系统的各种定义。高绩效工作系统由劳资共同参与设计组织结构、工作设计、信息系统、选拔及职业管理、薪酬体系等几乎所有的人力资源管理功能。因此，高绩效工作系统在人事管理和劳资管理两个领域成为重要的主题。

表 9-1 高绩效工作系统的定义

学者(年度)	定义
Nadler & Tushman(1997)	人力资源管理职能的组合，可以最大限度地发挥员工的知识、技能、奉献精神和灵活性
Pfeffer(1998)	注重将人力资源作为可持续竞争优势的源泉，改善和调整人力资源管理政策和体系，以提高员工的人力资本和社会资本，从而为个人和组织绩效做出贡献的体系
Evans & Davis(2005)	人力资源管理职能的集成系统，确保人力资源管理职能之间的一致性并与组织的战略保持一致
Macky & Boxall(2007)	提供开发、发挥员工能力和技术的机会，激励，从而改善个人绩效的功能集合
Jensen, Patel, & Messersmith (2011)	为实现提供持续竞争优势源泉的目的，包括聘用与选拔、奖励及绩效管理、员工参与、教育及训练政策在内的一系列人力资源管理功能的集合

Henry Ford留下的一句话广为人知："我只要一双手,为什么还要有一个脑袋?(Why is it every time I ask for a pair of hands, they come with a brain attached?)"(Semler, 2004)。这代表了20世纪80年代与日本正式竞争之前美国的产业环境。这是一个只需要重复工作标准化、简单化工作的劳动力就能增进生产力的时代。但从20世纪70年代后期开始，美国进入了将本国市场蚕食给日本企业的黑暗竞争环境。以尽量减少员工的作用，只依赖规模经济的方式，无法有效应对高品质的日本企业。日本

在成本、生产周期(lead time)和灵活性方面都超过了美国。1980年6月24日NBC播出的纪录片《日本能，我们为什么不能?(If Japan can, why can't we?)》就是在这种危机意识下策划的。高绩效工作系统是这一时期美国作为逆转突破口探索的"学习日本"的产物，被评价为时隔10多年美国重新夺回竞争优势的原动力。

高绩效工作系统是根据各企业的特点开发的，不能规定统一的范围和内容。但在大多数研究和实践中，遵循了Lawler、Mohrman和Benson(2001)针对《财富》杂志评选的1000强企业得出的四个原则(Bohlander & Snell, 2004)。

图 9-5 高绩效工作系统的基本原则
(Bohlander & Snell, 2004等作者们修改、补充)

第一,信息共享(shared information)是积极共享组织内的信息。

信息共享给员工提供了机会，使其可以参与到一直以来由管理者或工程师来负责的工作改善和问题的解决上。为此，需要转变认识，将员工视为自发性的贡献和参与的主体，而不是控制对象。

第二，知识开发(knowledge development)是提高人力资源的价值。员工参与要产生实际效果，需要员工的知识和能力。如果信息共享原则将员工视为利益相关者，那么知识开发原则将员工视为资产。因此，高绩效工作系统更加专注于员工的培训和开发。不停留在技术培训上，而是进行理解经营、团队合作和人际关系能力、组织运营及悬案等广泛的培训。教育为员工提供职业开发机会，营造支持个人目标与组织目标相匹配的风气。

第三，平等主义Z(egalitarianism)。摒弃官僚主义观点，即利用组织内权力和地位的差距构建命令体系，并以此有效控制员工。这是因为它阻碍了高绩效和工作系统的核心价值——员工的自主性、参与性和专注性。高绩效工作系统的重点是消除权力和地位的差异，增进合作，化解矛盾。引入各种参与制度和劳资共同委员会、水平组织结构等，追求分权化决策。

最后是绩效与奖励挂钩(performance-reward linkage)。如果员工认为自己得到与绩效相匹配的公平待遇，会获得满足感并更加努力工作。进而，高绩效工作系统的奖励不仅与个人的绩效有关，还与集体和团队的绩效有关。通过将个人和组织的目标合并起来，并激发员工为实现组织目标做出了贡献的自豪感，引导合作。最近，不仅是绩效，还将知识的掌握和能力开发作为奖励的标准，或朝着将级别之间的奖励差距最小化的方向发展。

表 9-2 与传统组织相比，高绩效组织的特性(Kim, 2008等作者们修改、补充)

高绩效组织 ← 客户导向		传统组织 ← 内部导向
自主、工作单位分权化	组织结构	集权化与官僚结构
由工作组执行	规划和调整	由管理员执行
广泛定义、多功能	职务定义	专业化和狭义定义
有多种方法可以实现相同水平的绩效	取得绩效的方法	实现绩效标准化，提供履行职务的单一方法
最低限度的规则(价值观和一般常识)	办事的标准	统一、强大的政策(法规集)
业务互动(面向产品或流程)	超范围的决定	功能相似性(工程、制造、其他)
注重全体成员的发展 (了解经营、团队合作、其他)	培训	聚焦技术功能
对团队效率的贡献	工资标准	个人绩效
员工是合作伙伴	对成员的认识	员工是管理的工具
员工的工作生活质量对企业至关重要	工作生活质量	被忽视和不幸的员工接受他们目前的工作生活

尽管从表 9-2中可以看出其与传统组织的区别，但高绩效工作系统的原则和组成要素并不是一个新概念。此外，不存在最佳的高绩效工作系统模型(VanBuren & Werner, 1996)。在设计和实施过程中应不断寻求最佳模型，原则和组成要素应以互补的方式实施，以适合公司的特点。参与和专注始于尊重和信任员工的组织理念(Ok, 2015)。在此基础上实行授权、开放式沟通、自主裁量、公平、团队合作。参与和专注意味着员工的价值观、知识和职业反映在组织战略中，进而将员工的行动方向聚焦在组织战略上(Park & Son, 2017)。信息共享、知识发展和平等主义的协同效应有助于员工摆脱单调的劳动，实现QWL。为此，必须设计教育和奖励的内容和方法来支持这一过程，并且必须共享信息。

3 | 质量管理(QM)

GE总裁Jack Welch[1]在他的著作《Straight from the Gut[2]》中介绍了从员工那里听到的故事(2001)。“你花钱使用了我的双手,其实还可以无偿使用我的大脑,但是你没有!(you paid for my hands when you could have my brain as well-for nothing)。”在说不需要员工的“头脑”的时代,被动执行给定角色和任务的人才像现在已经成为化石。当个人的创造力、网络、人力资本等被组织文化吸收并主动表达时,就成为了企业竞争力的时代。

1) 全面质量管理(TQM)

如果说高绩效工作系统的重点是员工参与和专注,那么从客户的角度将组织的所有活动与业务战略进行排序的长期尝试就发展成了全面质量管理(total quality management, TQM)。TQM强调在整个经营活动中利用总体手段进行战略执行,进一步要求包括首席执行官在内的全体员工主动积极参与。TQM是一项综合性的干预措施,通过将EI分类,以客户为中心的组织文化得以落实(Cummings & Worley, 2007),以业务流程为中心的组织变革(Swanson & Holton, 2010)。

TQM的概念是由二战后在日本活动的Deming、Juran、

1) 1999年被《财富》杂志评选为“二十世纪最佳经理人”,曾任跨国公司GE(通用电气)的董事长。入职GE塑料部门后,33岁成为了GE史上最年轻的总经理。1981年,45岁成为GE的第八任董事长兼CEO,在他执掌其间,公司市值从120亿美元增长了几十倍,被誉为管理天才。

2) 2001年在韩国翻译出版,书名是《杰克·韦尔奇的无尽挑战与勇气》(由Lee Dong-hyeon译,Cheonglim出版社)。

Feigenbaum等经营顾问提出的。Flynn、Schroeder、Sakakibara(1994)定义为"企业对产品质量和流程进行计划、组织、控制和改善的功能"，强调了其整体性。这种方法与Senge(1990)的学习组织理论中所说的"质量浪潮"一脉相承。第一个浪潮是改善业务流程，第二个浪潮是员工的思考和工作的方式，最后一个浪潮是整合前两个浪潮。

企业广泛应用TQM和取得的多项绩效引发了学术关注和理论研究。这种理解质量管理的学术研究尝试在1994年的美国管理学学会评论(Academy of Management Review)中首次尝试(Sousa & Voss, 2002)。总结该期刊上的论文及其主要内容，如表9-3所示。可以看出，将Deming、Juran等质量经营学者的主张或现场的质量管理情况重新解释为经营学理论，并主张在这种重新解释和适用过程中，经营学理论也可以进一步发展。

表9-3 1994年 Academy of Management Review的TQM研究摘要

学者(年度)	内容
Anderson, Rungtusanatham, & Schroeder(1994)	我们整理了Deming(1981)提出的关于理想组织行为和质量管理实施的14个要点的概念，并用Taylor的科学管理和Lawrence和Dyer的再适应组织理论来解释它们。
Dean & Bowen(1994)	通过将TQM的概念定义为团队合作、客户导向和持续改善，并将其与人力资源管理、战略制定和领导力等管理领域联系起来进行解释，我们强调TQM和管理理论可以相互提供新的方向。
Reeves & Bednar(1994)	通过质量概念的演进过程，将其定义为卓越、价值、规格一致、是否符合客户期望，从市场份额、价格、成本、交货时间等角度分析质量对经营管理的影响。

学者(年度)	内容
Reger, Gustafson, Demarie, & Mullane(1994)	TQM作为有计划的变革(planned change)失败的原因在于员工拥有的组织认同感和TQM所要求的变化之间的差异，并强调管理层需要对此进行理解，同时努力解决认知惯性和组织压力。
Sitkin, Sutcliffe, & Schroeder(1994)	将其分为以学习为中心的TQM和以控制为中心的TQM，根据组织、产品和流程的不确定性，两种类型的效果是不同的情况理论观点的研究。
Spencer(1994)	提出了三种组织模型(文化模型、有机模型、机械模型)，并说明了TQM的目的、追求的质量、环境和管理层的角色、员工的角色和变化的哲学，从而探讨了TQM实施中各种问题的根源。
Waldman(1994)	通过将影响工作绩效的决定因素解释为系统视角的TQM，而不是个人层面的TQM，表明职位和自主性起到了主要的调节作用。

2) Deming的经营方针

Deming强调了通过提高质量、生产率，最终达到顾客满意的组织文化。在他的著作《Out of Crisis (pp.23-24)》中提出了构建这种组织文化的14条经营方针。该经营方针是TQM的基础。

首先，持之以恒地改进产品和服务(Create constancy of purpose for improvement products and services)。短期或对症下药，抵制形式目标，制定并实施可持续竞争优势的长期规划。树立质量愿景，不断提高。

第二，采用新的观念(Adopt the new philosophy)。引入开创性的经营哲学，拒绝目前被允许的缺陷、失误、延迟等。关注主要的商业环境变化，准备引领组织变化。比起应对竞争压力，首先分析顾客和市场的需求。引入面向长期收益源的创新的经营哲学。

第三，停止依靠检查去获得质量（Cease dependence on inspection to achieve quality）。检查费用高且不可靠。检查与提高质量无关，只是查出而已。从一开始就专注于如何做好工作。根据统计分析得出的证据不断改善，使检查变得不必要。

第四，结束只以价格为基础的采购习惯，在与少数供应商保持以质量为基准的关系的同时尽量减少总成本（End the practice of awarding business on price alone；instead, minimize total cost by working with a single supplier）。质量统计证据薄弱的供应商除外。以质量为标准与供应商建立合作伙伴关系。考虑的不是初始产品价格，而是总体成本（total cost）。

第五，持续改善计划、生产和服务系统（Improve constantly and forever every process for planning, production and service）。采用PDCA循环（计划Plan-执行Do-检查Check-改善Action cycle），不断挖掘和突出问题、缺陷和浪费。提供培训和培训，以便更好地完成所承担的任务。

第六，建立教育和培训制度（Institute training on the job）。为了完成所承担的任务，发挥改善质量的能力，引入现代教育技术。营造强调团队合作的风气，鼓励员工相互学习。在组织内建立共同语言（common language）、共同知识（common knowledge）。

第七，发挥现代领导力（Adopt and institute leadership）。管理人员不仅要了解员工的工作，还要了解员工。应该考虑帮助员工发挥潜力。不是警察，而是要成为提供资源和支持的教练。与会议主题或日程相比，员工参与始终是最优先的。如果收到了员工担心的问题报告，则立即采取措施。

第八，消除恐惧(Drive out fear)。只有能够放心地表达自己的想法，才能发挥潜力。为了消除恐惧，相互之间进行开放、坦诚的沟通。注意避免因失误而伤害员工的自豪感和自尊心。

第九，打破部门之间的壁垒(Break down barriers between staff areas)。分享愿景和使命。建立内部客户的概念。运营能够消除不友好关系并引导合作的多功能团队(cross-functional team)。比起妥协，更注重共同协作和达成统一意见。

第十，不要盲目使用目标、口号和告诫(Eliminate slogans, exhortations and targets for the workforce)。如果不提出具体的方法，计量目标或口号只是形式。具体说明所期待的，如果实现了，当面称赞其行为。

第十一，取消定额管理和目标管理(Eliminate numerical quotas for the workforce and numerical goals for management)。人为的生产目标只会增加低质量的产品。为了提高质量和生产效率，采用统计技术。代替人，专注于分析和改善流程的运行方式，并学习解决问题的方法。

第十二，要关照员工，使其为匠人精神感到自豪，并消除障碍物(Remove barriers that rob people of pride of workmanship, and eliminate the annual rating or merit system)。平等对待每个员工。不互相比较或评价个人业务或绩效。不让员工因包括金钱上的奖励而相互竞争。这是因为整个组织的质量水平是由低绩效者决定的，而不是由优秀绩效者决定的。

第十三，实施积极的自我发展和教育计划(Institute a vigorous program of education and self-improvement for everyone)。鼓励员工发展当前的工作技能并学习新技能，为未来的变化和挑战做好准备。培养发现和实现改善机会的能力。

第十四，让所有员工参与创新(Put everybody in the company to work accomplishing the transformation)。明确传达最高管理层对质量、生产效率和客户的看法，坚定阐明推进意愿。自觉创新是大家的工作。鼓励员工“小而具体的成功”，以“看大局”的观点赋予意义。

3) 全面质量管理(TQM)的构成要素

最近在现场观测到的具体TQM执行活动可以归纳为**表 9-4**的七项(Kaynak, 2003; Nair, 2006; Sousa & Voss, 2002; Zu, Fredendall & Douglas, 2008)。

Zatzick、Moliterno和Fang(2012)针对780家实施TQM的制造企业，对TQM与管理策略之间的关系进行了纵向研究。因此，有人认为全面质量管理与成本领先战略的绩效呈正相关，但与产品差异化战略的绩效呈负相关。此外，从情境理论的角度来看，他们揭示了全面质量管理与组织战略之间存在互动效应(interaction effect)，以最大限度地提高组织绩效。

表 9-4 TQM的构成要素

构成要素	意义
最高管理层的支持 (top management support)	最高管理层承担质量责任，努力提高质量，并制定目标和战略。质量包含在最高管理层的评估中。
客户关系管理 (customer relationship)	我们了解客户的需求和满意度，让客户参与质量改善活动，并且我们有接触关键客户的渠道。
供应商/合作伙伴关系管理 (supplier relationship)	我们让供应商参与产品发展和质量改善活动，为供应商提供质量培训和技术支持，并根据质量水平评估供应商。
管理改善活动 (workforce management)	全体员工参与质量改善和维护活动，其结果包括在评估指标中。对包括管理人员在内的全体员工进行质量培训。
质量信息管理 (quality information)	质量信息将及时共享给包括管理人员在内的所有员工，或者易于获取。将这些信息用于改善质量。
产品和服务设计 (product/service design)	生产前经过充分的审核，营销、生产、采购等其他部门也参与其中。通过追求标准化和简单化，为制造提供便利。
流程管理 (process management)	统计工序管理、预防/维护活动和预防失误的措施均已到位，保持清洁并遵守日程。

另外，1987年在美国摩托罗拉(Motorola)首次启动的六西格玛[3]是一个将TQM的思想集成到具体实施方法和技巧的程序，为了取得卓越的绩效，比起现有的改善方法，更强调统计方法和问题解决工具的应用(Antony & Banuelas, 2002)。20世纪90年代在国际上广泛应用，《财富》500强企业大多采用六西格玛(Behnam & Joao, 2009)。摩托罗拉(Motorola)、Allied Signal(现:Honeywell)、GE等超一流企业为六西格玛的大众化起到了领头作用，基于这些经验，实践家们进行了大量的著述。据悉，随着GE的成功，Siemens、

3) 在挑战零次品的产品验证项目中，可以适用于所有流程的全方位经营革新运动。六西格玛质量水平是3.4PPM(parts per million)，意味着100万个产品中产生的不良产品平均有3.4个。

Nokia、Volvo、Ford、Citibank、ABB、American Express、Bank of America、J.P.Morgan Chase等公司实行了六西格玛，为股东和客户实现了数百万美元的利润。

就连提倡六西格玛的Mikel Harry博士也在2005年举行的Six Sigma Mega Conference上提到，六西格玛的未来面貌将由韩国引领，韩国国内六西格玛的扩散和进化过程得到了世界级的认可。在推进的内容方面，六西格玛也超越了单纯的技法，成为“工作方法的变化”、“经营革新”、“流程改善”等组织变化的话题。

将TQM的思想付诸具体实施可以说是六西格玛，因此TQM是六西格玛的前身。六西格玛是日本、美国、各国质量经营所具有的优势，与流程改善这一新概念相融合，进而与经营战略、变化与创新、流程重组相融合，至今仍在发展。

自我充电站

一个需要双手的社会，一个需要头脑的社会

汽车大亨亨利·福特(Henry Ford)曾经说过一句相当令人毛骨悚然的话:“我只要一双手,为什么还要有一个脑袋?”看他的事迹，这句话一方面是有道理的，也有不通的地方。福特因在1913年将移动式装配引入汽车制造而成为传奇。移动式装配法是工件沿传动杆自动移动，每个工人站在一个地方，只负责组装几个零件的系统。

工作效率非常成功。产业革命后，开启了实质性的批量生产时代。福特汽车可以降低生产成本，并在800美元左右普及，比当时的平均汽车价格2000美元便宜得多，不到10年就降到了290美元。但移动式装配方式将分工细分化，尽量减少工人的作用。也许比起拿出劳动者个人的知识和经验(头脑)，更需要默默地跟随自己的革新生产方式的手脚。

与此相反，福特的经营哲学多少有些悖论。他想和工人一起分享大量生产带来的企业利润。他的哲学被称为“服务主义”，以“低价、高薪”增进社会福利。将每天2美元的工资提高到5美元，是其他企业的2~3倍。工作时间也从10小时缩短到8小时，表现出了破格的行动。华尔街强烈谴责了这种政策，股东甚至提起了法律诉讼。

服务主义的效果并没有停留在鼓舞劳动者士气，提高短期生产效率上。其他企业如果不想失去竞争力和劳动力，也只能硬着头皮追赶“低价格、高工资”。长期培养了坚实的中产阶层，整个社会的购买力都有所增加。如果是福特汽车的工

自我充电站

人，可以用三四个月的工资买一辆经过自己手的汽车。曾经是高价奢侈品的汽车大众化了，1918年美国汽车的一半是福特产品。最终，服务主义通过在大量生产的同时建立大量消费市场，使美国变成了经济大国。

100年过去了，GE总裁杰克·威尔奇(Jack Welch)回忆说，从一位员工那里听到的“你花钱使用了我的双手,其实还可以无偿使用我的大脑,但是你没有!”的话令人震惊。不需要“头脑”，被动执行给定角色和任务的人才像现在已经成为化石。现在是个人的创造力、网络、潜力被组织吸收并主动表达时，作为企业竞争力发挥作用的时代。

Henry Ford是引领第二次工业革命的主角，不顾周围人的指责，在企业经营中强调服务，而不是摒弃追求利润或投机。如果在旁边的话，我想问一下，他的服务是否真的不需要工人的“头脑”。现在我们要寻找其答案。现在是认真地赌上自己的自尊心，反刍一下是退步到只需要手的社会，还是走向需要头脑的社会的时候了。

自我充电站

1 请介绍适合“需要双手的社会”和“需要大脑的社会”的人力资源开发的特征。

2 用第5章的激励理论解释“低价格、高工资”的局限性。

3 请整理一下杰克·威尔奇所说的“需要大脑的社会”的局限性。

Chapter 10

组织变革

1 | 组织变革的结构和模型

在人力资源开发中，变革和学习是密不可分的。这是因为学习涉及改变，抛弃旧的东西并开发新的东西。特别是，学习是在组织开发领域的变革背景下讨论的，而组织变革，而不是个人变革，是讨论的中心。只要公司存在，变革就被认为是一个持续且永无止境的过程(Van de Ven & Sun, 2011)，而寻求积极管理变革本身的变革管理(change management)已成为一项重要的管理活动。Drucker(1998)还认为，变革和创新可以像公司内的其他职能一样进行管理，并且是必须管理的实际任务。此外，随着市场和竞争动态带来的不确定性增加，公司的成功或失败取决于其变革和适应的能力(Ashurst & Hodges, 2010; Magretta, 2011)。

组织变革是一个与企业的生存战略直接相关的概念(Derfus et al., 2008)，企业希望持续保持能够适应环境或引领市场的竞争优势。相比之下，组织变革的成功率处于非常低的水平。Balogun和Hailey(2004)表示，约70%的企业会失败，Higgs和Rowland(2005)也表示，企业尝试的变革成功率只有20%-25%。尽管成功率如此之低，但为了组织变革的成功而提出的替代方案往往会重复现有的解决方案，或难以实现的口号。为了解决这些问题，本章将讨论组织变革的概念和过程。

1) 组织变革的力场结构

组织变革是指对组织施加的力量和压力做出有计划或非计划的反应(Jick, 1993)。组织变革的结果是在时间维度上组织特性的差异(Van de Ven & Poole, 1995)。一方面，存在着在所有变革之前驱动组织的现有工作原理。如果对此无知或无视，就会引发对变革的矛盾和抵抗，想要的变革就会被推迟或失败。被称为社会心理学之父的Kurt Lewin也强调这一点，作为组织变革的第一阶段。他强调，成功的组织变革需要经过解冻(unfreezing)、移动(moving)和再冻结(refreezing)三个阶段。Lewin认为，每个阶段可以短或轻微地进行，但不能跳过。

假设把四角结冰的冰变成三角形。解冻阶段的重点是先进行融化工作，使其易于变成所需的形状。如果解冻不到位，若把然坚硬的冰块强行变成三角形，那么就会出现冰块破碎或碎片四散的情况。最终的结果也不是预想中的美丽三角形，而是凹凸不平的样子。

他用力场理论(force field theory)将变革环境比喻成磁场，多次强调了解冻阶段的重要性。他认为，引导组织变革的驱动力(driving forces)和拒绝变革的遏制力(restraining forces)这两股力量正在相互作用。如果两种力量处于平衡状态，就不会发生变革。组织变革发生在驱动力与遏制力相比相对较大时。他提议的有效变革不是驱动力的强化，而是遏制力的弱化。减弱遏制力的活动是第一个变革阶段，即解冻阶段。

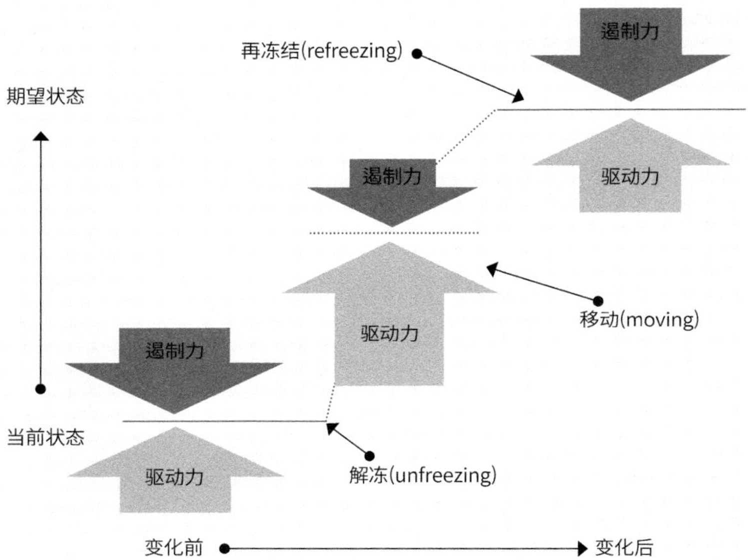

图 10-1 组织变革的阶段和力量

Nasim和Sushil（2011）从更多角度提出了变革的力量（forces of change）和持续性的力量（forces of continuity）的力学结构。持续性的力量有助于组织的惯性（inserty）和稳定性（stability）的形成，有时也会对变革的效率产生负面影响。惯性是组织不如环境变革快的原因（Pfeffer，1997）。学者们以持续性的力量组织的核心意识形态、核心能力、文化、现状的高绩效等为例（Sushil，2005；Trompenaars & Woolliams，2003）。但本质上，维持现状的持续性力量并不总是组织变革的绊脚石。相反，文化或核心意识形态可以成为执行组织变革的基础。

Nasim和sushil(2011)对组织变革的两种力量进行了悖论的描述,并提出了四种力场模型,例如图10-2。

第一个模型是:持续性和变革是相互独立的力量,两种力量会对组织的绩效产生独立的影响(Haberberg & Rieple, 2008)。定义组织绩效需要整合持续性和变革的直接效果,而不是以持续性和变革的相互作用来描述组织绩效(Burchell & Kolb, 2006)。

在第二个模型中,变革的力量对组织绩效的影响由连续性的力量控制。换句话说,虽然两种力量是独立的,但遏制力却充当了条件环境。到目前为止,主流观点是管理变革比管理连续性更有效。这是由于对连续性的力量认识不足以及对变革的过度期望(Beer & Nohria, 2000; Oakland & Tanner, 2007)。控制模型可以有效地解释这些误区。

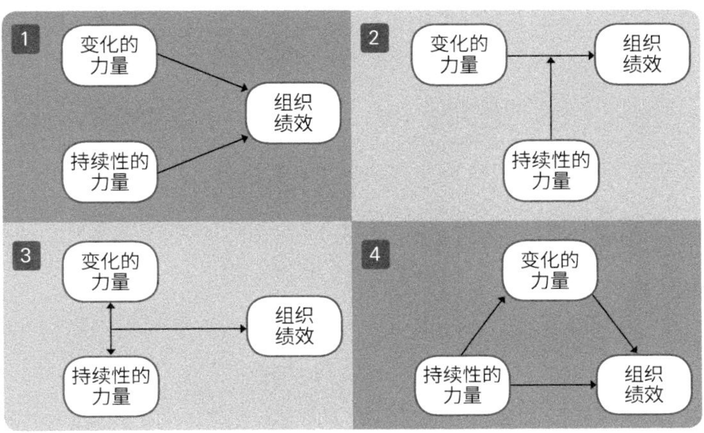

图10-2 组织变革的力场结构(Nasim & Sushil, 2011: 200-202)

Graetz和Smith(2009)提出的第三个模型强调了持续性和变革的同时性以及相互作用，有效管理两种力量的两面性的能力决定了组织的绩效(He & Wong, 2004)。相互矛盾的变革和持续性在组织中同时存在，相互影响(Feldman & Pentland, 2003)。Raisch和Birkinshaw(2008)也认为，平衡持续性和变革的管理会增加组织绩效。

最后，变革的力量对持续性的力量和组织性的关系起媒介作用的模型。也就是说，持续性的力量直接影响组织绩效，通过变革的力量间接影响组织绩效。所有变革都是以持续性的力量为背景出现的(Srivastava & Fry, 1992)。直到20世纪90年代初，组织开发领域一直占据主导地位，认为阻力和矛盾应该消除的观点。

2) 组织变革的根源

关于“组织变革从何而来”的争论的直接研究并不多。Beer和Nohria(2000)曾用E/O理论(Theory E/O)来区分组织变革的根源。E理论(theory economics)将股东价值最大化、短期经济性等视为变革的根源。因此，将强调自顶向下(top-down)式领导力、外在奖励、组织结构或体系等。相反，O理论(theory organization)主张改变以加强组织的力量，集中在参与式领导和内在奖励、文化或价值观等方面(表 10-1)。

表 10-1 E理论和O理论的比较

Theory E		Theory O
经济价值最大化	目的	组织能力开发
自顶向下	领导力	参与
结构和体系	重点领域	文化与价值
外在的动机	赋予动机	内在的动机
机械的世界观	观点	有机的生命体

此后，SAP (situation, actor, process) 体系中包含了组织所处的情况、利益相关者和流程(Sushil, 2001)。新技术、政府的政策及法律、国际化、股东的要求和期待等情况或与组织有关系的利益相关者会引发组织变革。此外，利益相关者之间发生互动的过程也可能成为组织变革的开端(Haberberg & Rieple, 2008)。相比之下，Oakland和Tanner (2007) 的主张更加具体。他们通过与28家引入全面质量管理(TQM) 等变革计划的企业的管理层面谈，将外在动力和内在动力整理成 表 10-2。他们认为组织变革是解释或应用内外动力的解决方案。例如，组织为了满足作为外在动力的客户的需求，可能会改进产品或服务的质量，或者为了提高运营效率而寻求变革。

表 10-2 组织变革的内· 外部(Oakland & Tanner 2007b: 574)

外在动力(external drivers)	内在动力(internal drivers)
• 客户的需求 • 利益相关者(例：政府)的要求 • 管制 • 市场竞争 • 股东	• 提高运营效率 • 提高产品或服务质量的需要 • 流程改进

3) 组织变革的过程模型

Van de Ven和Sun(2011)借鉴生物学、社会学和物理学的理论，提出了四种变革模型：计划性变革、规定性变革、冲突性变革和竞争性变革，以及失败的原因和处方。在组织或个人层面，有人认为这些变革模型单独出现或组合出现。

正如 表10-3 中出现的一样，“计划性变革(planned change)”被定义为不满意(确认差异)、树立目标、执行变革的一系列反复过程。制定并实施战略或计划的一般活动就是典型的例子。不仅参与者没有达成共识，而且在不恰当的时间做出的决定也被认为是不见成效的原因(Burke, Lake, & Paine, 2009; Nutt & Wilson, 2010)。

“规定性变革(regulated change)”可以将特定年龄段发生的生活比喻为变革。这是由自然规律或逻辑规律规定的变革。计划性变革也是针对单个组织或个人，但规定性变革没有规定，是持续构建的变革。有过去经历过的内部成功案例(Feldman & Pentland, 2003)或被外部认可的(Rogers, 2003)逻辑化、制度化的规律，按照一定的方向、程序推动变革。

其余两个变革是假设包括竞争者等在内的多数个体，由它们的相互作用而产生的变革。“冲突性变革(conflict change)”采用了正-反-合的辩证法。变革是由对应于"正"和"反"的个体之间的矛盾引起的。通过第三方介入或协商解决权力不均衡、社会焦点问题的事例就属于此类。

表 10-3 组织变革的过程模型

	目的论（计划的变革）	生命周期（规定的变革）	辩证法（矛盾的变革）	进化论（竞争性的变革）
循环周期	不满意-探索-制定目标-实施变革	诞生-成长-收获-衰退的事前规定的发展阶段	对立或矛盾的正反合过程	组织内发生的惯例变异、选择和维持
适用情况	最高管理层的战略制定与执行过程	根据逻辑、本性和规则可预见的程序	相反或敌对力量的冲突和妥协	适应组织环境状况的惯例变异和固定
失败原因	· 认知不足 · 存在偏误的决策 · 集体思考 · 未达成共识	· 抵制变革 · 顺应性差 · 监控和控制	· 破坏性矛盾 · 不平衡的力量或权力 · 难妥协的悬殊差异	· 缺乏变异 · 解决资源短缺

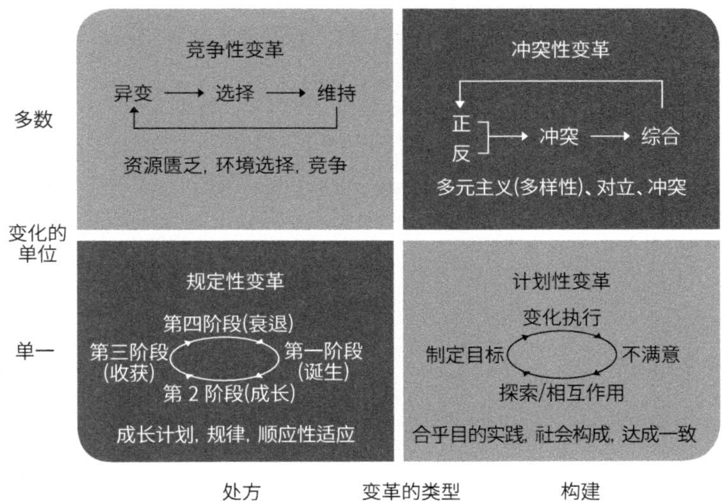

图 10-3 组织变革的过程模型

(Van de Ven & Sun, 2011: 61, Van de Ven & Poole, 1995等作者们修改、补充)

与此相比,“竞争性变革(competitive change)”借用进化论的变异-选择-维持(variation-selection-retention)周期,便于预测和解释变革过程。变革是相互竞争以适应环境并获得稀缺资源的结果。竞争成功的个体繁荣,失败的个体消亡。

2 | 组织变革的维度

在理解组织变革的实际情况时,有必要探明变革的层面。特定企业追求的变革是组织变革的前提(assumption),代表组织文化。

Armenakis和Bedeian(1999)将组织变革的研究方向分为内容、背景、流程和范围,为组织变革的研究提供了一个有用而统一的分析框架。变革内容(content)是反映组织的新特性、任务、指向的变革目的和目标相关的问题。变革背景(context)是指应对环境变革,影响效果的组织的经验、大小、惯性等内·外部环境条件。变革流程(process)是对于变革过程"如何变革"或"应该如何变革"的答案。变革范围(criteria)是指组织变革的结果和表现。

此外还有一个更简单的2×2矩阵形态的模型(例如, Lowy & Hood, 2004; Marshak, 2002)。这种方法从多个维度中选出两个关键维度来进行组织变革,并把这两个维度重新分开,提出四种组织变革的类型。这种方法虽然可以深入了解组织变革,但是反而妨碍了组织,而且引起了混乱(Maes & Hootegem, 2011),但是这种方法摆脱了狭隘的视角,尝试进行团结,并提出了组织变革的多个维度，这一点做出了很大的贡献。在1970年后的组织变革研究中，Maes和Hootegem（2011）总结了八个维度的组织变革，如表 10-4。

变革的执行是一个不断重组的过程，因为它是反复和累积的。因此，组织变革维度不是一个独立的概念，而是通过互动与组织变革的成功复杂地联系在一起（Pettigrew, Woodman, & Cameron, 2001）。八个层次的组合被用作有效的分析框架，用于理解组织变革的形式和流程。

表 10-4 组织变革各维度的二分法特性(Maes & Hootegem, 2011: 209)

维度	特性
1. 可控性(control)	出现的(emergent) ↔ 计划的(planned)
2. 范围(scope)	适应的(adaptation) ↔ 转型的(transformation)
3. 出现频率(frequency)	持续的(continuous) ↔ 非持续的(discontinuous)
4. 步幅(stride)	渐进的(incremental) ↔ 激进的(revolutionary)
5. 所需时间(time)	长期(long) ↔ 短期(short)
6. 速度(tempo)	慢速(slow) ↔ 急速(quick)
7. 目标(goal)	开放的(open) ↔ 严格的(strict)
8. 方式(style)	参与的(participative) ↔ 强迫的(coercive)

1) 可控性

在组织变革的特性中，分类为“有计划的（planned）变革”和“出现的（emergent）变革”的研究占主导地位，最多。可控性是以是否可以控制或管理组织变革为标准划分的维度（Bamford & Forrester, 2003；Todnem By, 2005）。“计划的变革”在认识到“不满意的现状(unsasfactory state)”和“想要的状态(desired state)”后，关注如何向“想要的状态”移动(Eldrod & Tippett, 2002)。该方法的源头是Lewin(1947)提出的三阶段变革管理模型。他的模型认为，在接受新事物之前，首先要意识到必须摒弃旧的行为、结构、流程、文化等(Bamford & Forrester, 2003)。“计划性变革”和“变革的阶段模型”从1980年初受到批评之前，提出了30多个变革阶段模型，相信可以确保理解的便利性和绩效(Bullock & Batten, 1985)。

Todnem By(2005)提出了四个“计划变革”方法的局限性。最终，这种方法适合小规模的变革或渐进式的变革，但不适合激进和创新的变革。特别是，在需要立即应对的危机情况(crisis)下，连制定计划的时间都没有，因此解释力很低。而且，将情况定义为静态(static)，即使环境和情况发生变革，也会出现必须按照计划的方法执行的矛盾。并从变革管理的重要因素矛盾和可接受性的角度出发，提出了以利益相关者有同意和执行变革的意愿为前提的缺点。

“出现的变革”认为变革不是在一段时间内线性的一系列事件，而是适应情况和环境的过程。即强调变革的不可预测性，并将变革视为学习过程的方法(Davidson & DeMarco, 1999)。因此，在“出现的变革”中，为了应对环境内外的不确定性和复杂性，开放式学习系统(open learning system)是有效的，对战略、结构、系统、人力资源和价值观的深入理解对变革管理更为重要。Kotter(1996)的八阶段理论、Luecke(2003)的七阶段理论等都是以强调变革准备和支持的“出现的变革”方法为背景提出的模型(Todnem By, 2005)。

表 10-5 Kotter的八阶模型和Lewin的三阶段模型比较

Kotter	Lewin
1. 营造危机感和共识。	解冻阶段
2. 构建强有力的变革推进核心体。	
3. 创造愿景和战略。	
4. 共享愿景。	移动阶段
5. 授权(empowerment), 鼓励创造性地解决问题。	
6. 实现短期绩效。	
7. 创造后续变革。	再冻结阶段
8. 扎根于组织文化。	

2) 变革的范围(scope)

变革的范围根据对组织的影响和变革的大小分为“适应”和“转型”。适应(adaptation)是指没有修改或重新调整现有组织的行为，转型(transformation)是指放弃现有组织的基础要素，用新的东西代替的激进变革。进化生物学的“形态持续变革”相当于适应，“形态发生变革”相当于转型。形态持续变革(morphostatis)是指在基本保持同一性的同时，系统外表发生差异的变革以及系统自然成熟化过程中发生的发展性变革。相反，形态发生性变革(morphogenesis)甚至会改变深层的遗传信息，未来的一代将继承其形态。<如表 10-6>所示，组织变革的范围有很多类似的术语通用。

表 10-6 按学者划分组织变革的范围

学者(年度)	*适应(adaptation)*	转型(transformation)
Levy(1986)	第一阶段变革 (first-order change)	第二阶段变革 (second-order change)
Golembiewsky, Billingsley, & Yeager(1976)	阿尔法变革 (alpha change)	伽马变革 (gamma change)
De Bono(1971)	垂直变革 (vertical change)	水平变革 (lateral change)
Miller & Friesen(1980)	片面的变革 (piecemeal change)	巨大的变革 (quantum change)
Grabow & Heskin(1973)	合理的变革 (rational change)	激进的变革 (radical change)
Agyris & Schön(1978)	单一循环学习 (single-loop learning)	双重循环学习 (double-loop learning)
Weick & Quinn(1999)	持续变革 (continuous change)	偶发性变化 (episodic change)

3）出现频率(frequency)

出现频率是衡量变革发生频率的标准。在惯性支配的“非持续性变革(discontinuous change)”中，几乎观测不到组织变革，但“持续变革(continuous change)”意味着变革的频率很频繁。在出现频率方面，间断平衡论(punctuated equilibrium theory)将这两个特性进行了时间序列的整合，认为在短期内急剧的组织变革之前会经历长期的稳定变革(Loch & Huberman, 1999; Wischnevsky & Damanpour, 2004)。

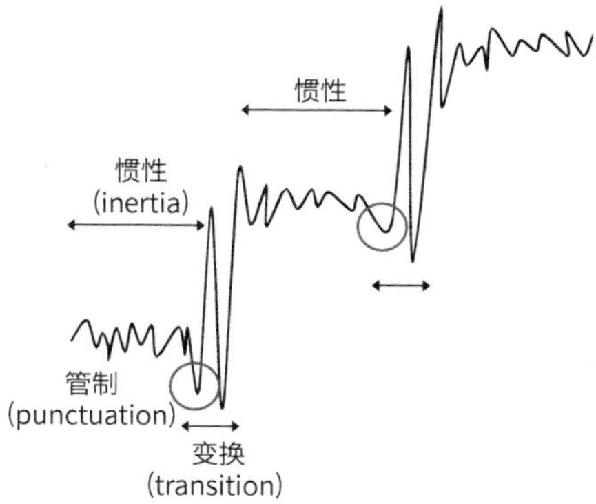

图 10-4 间断平衡论

McCarthy (2004) 从动态力量的角度研究了间断平衡论，认为两个时期的经营活动都很重要。他阐明，在选择 (selection) 和维持 (retention) 阶段需要再生优化活动 (reproductive fitness)，在发生变异 (variation) 而被选择 (selection) 期间需要生存优化活动 (survival fitness)。

4) 变革的步幅(stride)

变革的步长是指在变革实施过程中经历的连续阶段的数量。渐进式 (incremental) 变革是指经过多次小阶段的决策过程，而激进式 (revolutionary) 变革是指瞬间发生巨变或多个变革同时发生。需要区分储量 (stock) 的概念“变革的范围”和流量 (flow) 的“变革的步幅”。

Gersick (1991) 说，根本性的变革不能部分地、逐步地和缓慢地实现。因为在根本性变革的情况下，要克服组织的惯性和成员的阻力，所以要在整个组织层面上快速、同步地进行。因此，在激进变革中，变革的顺序(sequence)是没有意义的(Romanelli & Tushman, 1994)。

相反，也有人主张，越是激进的变革，组织的大部分或所有要素都会发生变革，这些要素不可能同时发生变革(Amis, Slack, & Hinings, 2004)。他们认为，在不同的时间点，不同的底层组织会发生变革，因此变革过程及顺序非常重要。对于先改变组织的周边要素有效(Michael Beer, 2011)，或者先改变核心要素成功率高(Hining & Greenwood, 1988)，人们有不同的看法。

5) 所需时间(time)

所需时间是指用于执行变革的时间。大多数管理者害怕改变所需的时间变长，因为他们相信失败的可能性会更高。但是，如果经常有合适的反馈和检查的时间，即使变革的时间变长，失败率也不一定会上升(Sirkin, Keenan, & Jackson, 2005)。Struckman和Yammarino(2003)的研究表明，与变革时间的长短无关，都可以实现渐进式或激进式变革。另一方面，“持续性变革”是一种很难从概念上定义开始和结束的特性(Orlikowski, 1996)，不受所需时间的限制。

6) 速度(speed/tempo)

变革所需的时间和速度相关度很高，但不是完全相同的概念。对于打破惯性(inertia)或适应急剧变革的互联网使用环境，速度很重要。但是，如果需要考虑计划变革和说服利益相关者等过程，快速并不总是有效的(Hayes, 2002)。一般来说，变革的速度对于寻找突破口(breakthrough)很重要，但如果需要渐进式追求变革，速度可能是次要的问题。

7) 目标(goal)

目标意味着未来的结果或状态。在规划组织变革时，制定目标至关重要。明确的目标以具体的变革活动展开，因此具有主要意义。但是，如果组织文化是变革的对象，则有的认为变革是一个不断形成的过程，目标没有准确界定。

Palmer和Dunford(2008)将组织变革的结果或绩效归类为“有意”(intended)、“部分有意”(partially intended)、“无意”(unintended)，并根据对变革的可控性提出了六种组织变革图像，如 表 10-7 所示。

表 10-7 组织变革图像(Palmer & Dunford, 2008)

对变革结果的假设	关于管理行为的假设	
	控制(controlling)	形成(shaping)
有意(intended)	指示(directing)	辅导(coaching)
部分有意(partially intended)	导航(navigating)	解释(interpreting)
无意(unintended)	看护(caretaking)	养育(nurturing)

说到大规模革新，通常会想到严格的变革，但严格的变革要想有效，就必须拥有足够的组织变革知识和掌握利益相关者的强大

权力。也就是说，如果没有细致的设计图和抵抗，没有积极参与计划的资源，就会失败。但现实是，企业的组织变革有很多无法计划和控制的情况。因此，必须在组织变革中诊断意图的可能性和控制的可能性，并选择合适的变革战略。

8) 变革的方式(style)

变革的方式是指在变革过程中出现的决策方式或领导力类型。虽然参与方式在绩效和效率方面占优势，但最近根据组织变革的特点，直接和强制的方式也被认为是有效的(Stace & Dunphy, 2002)。变革的方式一方面可以考虑政治层面。如果利益相关者接受变革是重要和有价值的，那么可以采用基于信任和合作的“参与式(participative)方式”，如果利益相关者将变革视为威胁或挑战，则需要依靠权力的“强迫式(coercive)方式”。

3 | 组织变革准备性

企业的成功取决于改变和适应的能力(Ashurst & Hodges, 2010)。随着企业面临的市场、客户、技术的急剧变革，快速了解和应对这些环境的趋势和动向的能力成为企业竞争力和生存的决定性因素。正如Drucker(1998)预测的那样，现场也普遍认为变革和创新也是企业其他功能一样需要管理的一种业务。也就是说，随着变革管理团队、经营创新团队等部门在企业内的落地，变革管理被认为是与企业的生存战略直接相关的概念，即企业希望持续保持能够适应环境或引领市场的竞争优势。

但是，由于组织变革具有非线性和无形的特性，将其引入管理领域并不容易(Jansen & Hofmann, 2011)。到目前为止，对变革和创新的研究结果(Balogun & Hailey, 2004；Beer & Nohria, 2000；Higgs & Rowland, 2005；Hughes, 2011)一致报告其成功率在30%以下，这也将归因于组织变革的这种特性。类似地，组织变革的结果往往与计划的预期不同，而且通常会被复杂多变的组织变革执行过程中出现的障碍和阻力所扭曲。

更何况，虽然在先进企业已经取得了成功，其效果得到了验证，但这些项目在韩国国内的引进绩效和事后评价却五花八门。通过同样的变革项目，有的企业成功地进行了建设性的变革，取得了前所未有的绩效，而那些没有实现计划的变革，只是停留在表面上模仿的企业也不难目睹。可以解释为，尽管通过类似的途径和方法引进了在先进企业得到验证的组织变革项目，但在现场出现的低成功率和各企业的绩效差异，反证了在组织变革中成功的关键不存在于项目本身。因此，组织变革研究应在内容方面同时考虑过程方面。也就是说，比起“引入什么样的变革程序(what)”，“如何接受和执行变革(how)”是更具决定性的变因，值得关注(Woo & Han, 2013)。

1) 组织变革准备的概念

组织变革准备性(organization change readiness)是一个有着悠

久历史的概念，与组织变革研究历史如出一辙，由Jacobson(1957)首次提出。此后，变革准备性一直被认为是在时间序列变革过程中主要占据变革初期阶段的概念(Holt, Armenakis, Feild, & Harris, 2007)，但随着“创造变革准备”或“减少对变革抵抗的方案”等主题的研究，逐渐形成了独立的理论(Walinga, 2008)。最近，在对变革、新技术、创新等接受局面的研究中成为经常出现的术语(Kwahk & Lee, 2008)。

在关于组织变革准备性的研究中达成一致的共同点可以总结为，个人或组织为了变革而被激励(Holt et al., 2007)，或者投入的程度(Meyeret al., 2007)，持有对成功变革和变革的必要性的积极意图、态度和信念(Rafferty & Simons, 2006)，以及愿意承担、顺应和接受变革的程度(Walinga, 2008)。

Lewin(1947)虽然没有直接提到"变革准备"一词，但在他的组织变革模型中强调了"变革准备"。作为组织变革的第一阶段提出的解冻,是以目前的水平,持续组织行为的力量减弱,改变或摒弃(unlearn)现有知识、行动、信念的时期。Lewin(1958)还设想了两种改变平衡状态的方法。一种是向自己想要的方向施加变革的力量，另一种是缩小妨碍它的力量。他更喜欢后者，他认为如果先减少妨碍变革的力量，变革的力量就会自然而然地发挥作用。由此可以预测，他也认为变革准备应该比变革实行更优先。

2) 组织变革的流程和体系

Armenakis和Harris(2002)发展了Lewin(1947,1958)的这一观

点，并具体地提出了组织变革准备的概念。他们提出了三个阶段：准备（readiness）、采用（adoption）和制度化（institutionalization），强调变革准备是组织变革的前一个阶段。这三个阶段体现在莫比乌斯带中。换言之，变革的每个阶段都不是完全不同的，而是相互重叠的，并坚持持续组织变革的特征，即一个变革导致另一个变革。这里的准备阶段是所有为变革做准备的活动，理想情况下，所有员工都成为变革的支持者。采用阶段是实施变更的阶段，是员工正式接受将新变更应用到其实际工作活动的阶段。制度化阶段是最后阶段，在这个阶段中，所采用的变革被确立为新的组织规范，并努力进一步加强变革，直到其内部化。

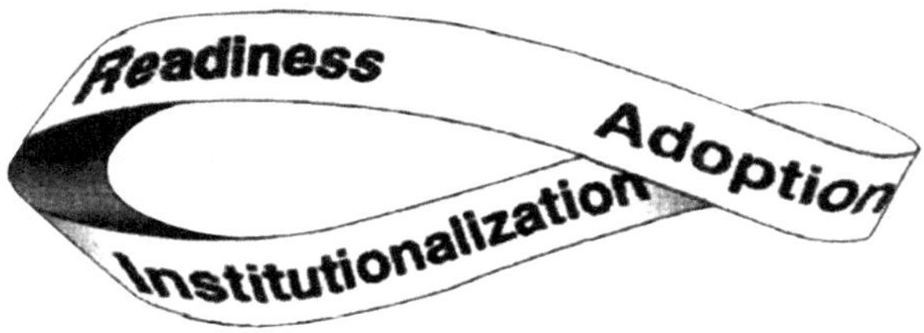

图10-5 组织变革的莫比乌斯带(Armenakis & Harris, 2002: 170)

Oakland和Tanner（2007b）认为，组织变革系统是两个周期的相互作用：变革准备（readiness for change）和实施变革（implementing change）。他们所倡导的变革体系，是连接变革准备的上圈和变革实施的下圈，如 图10-6 所示。除了Armenakis和Harris（2002）的底层循环包括采用和制度化阶段之外，它以几乎相同的方式解释了组织变革。

另一方面，Oakland和Tanner(2007b)的模型可能有一个奇点：上层的循环环(变革准备)是由变革的动因触发的。这强调了了解组织内·外发生的变革动因的重要性。他们强调，为了正确了解和反映利益相关者对变革的需求，首先要了解变革的动因。

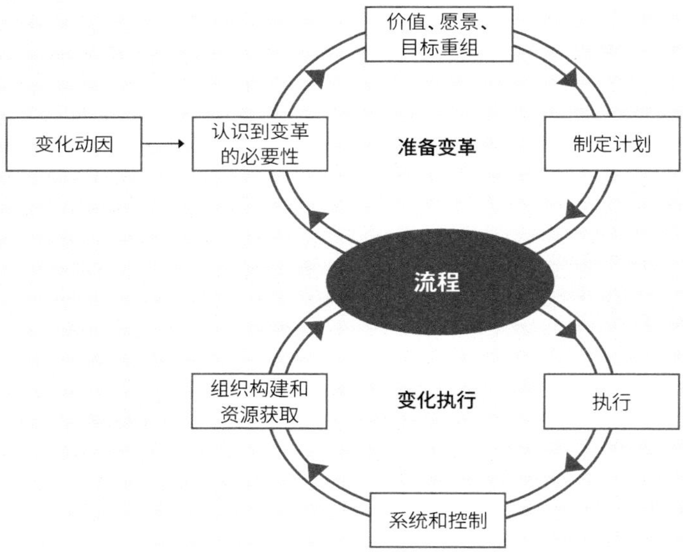

图10-6 组织变革体系(Oakland & Tanner, 2007a: 16)

因此，变革准备的循环环节从内在上解释变革动因，了解变革的必要性，并将其必要性与战略联系起来，构成价值、愿景、目标等。并制定有效传播他们的领导力和强健的计划。下一个循环“实施变革”由实际业务流程中实现的元素组成。在安排变革所需的组织结构、角色、力量和资源，建立支持和检查绩效的机制的同时，通过对员工的教育和沟通等引导行为变革。

Oakland和Tanner（2007a）认为，许多引入变革计划的公司，如六西格玛，并未考虑进行变革准备。多数企业直接冲向下层循环环节（变革实施），徘徊不前，就是只致力于培训或作业执行。这些企业在变革初期的热情和精力耗尽了，在感受到变革和组织绩效的局限之后，才减少了准备变革的必要性。因为如果没有变革准备，很难获得持续的变革效果。

3) 组织变革准备的五个因素

在变革准备中应用最广泛的五个因素始于Armenakis，Harris和Mossholder（1993）的论点，并由随后的研究人员整理（Holt，Armenakis，Feild,et al.,2007；Rusly et al.，2012；Self & Schraeder，2009；Wanberg & Banas，2000）。重要的是要承认变革是正确和必要的变革，以确保关键人员支持变革，确保员工有信心他们能够做出变革，并且变革将使他们和组织受益。

从五个因素来看，第一个因素是定义和识别当前状态（current state）和期望状态（desired state）的不一致（discrepancy）。通过告知与当前绩效和目标的差距，员工萌生了需要改变的信念，并产生了执行改变的意志（Walinga，2008）。不一致通常被定义为组织目标和当前状态的差距，反映了社会、经济和竞争环境的背景（Holt，Armenakis，Feild，et al.，2007；Pettigrew，1987）。而且，如果认识到合理变革的理由和必要性，就会表现为克服现有弱点的具体活动。企业的战略行动发生在成就感(aspiration)和业绩不一致时(Fiegenbaum, Hart, & Schendel, 1996; Park, 2007)。Shinkle(2012)认为不一致会导致尝试学习(Matsuno & Mentzer, 2000; Santos-Vijande, López-Sánchez, & Trespalacios, 2012)、应对变革的战略决策(Child, 1972)、持续适应以提高绩效(Kahneman & Tversky, 1979)。

第二个因素是提出建议的变革是合理的，以及预期的组织水平的好处(organization valence)。应该通过缓解或克服分歧的解决方法来宣传变革的功效。要让人确信，改变的对象——现有的惯例将被取代，从而提高组织的绩效。

第三个因素是鼓励员工实现提议变革的效能感(appropriateness 或change efficacy)。能够控制和管理变革的各种结果的自信提高了对变革的接受能力(Bandura, 1986; Rafferty & Simons, 2006; Wanberg & Banas, 2000)。这与认知心理学中个人自我效能感(self-efficacy)的含义类似，是变革准备研究中最常被提及的因素之一(Paglis & Green, 2002)。效能感是从过去的成功经验和具有说服力的沟通中形成的。最重要的是，要强调员工具备足够的知识、技能和能力来实现变革，或者要对提供培训和开发这些东西的机会充满信心。

第四个因素是核心人物对变革的赞同(principal support)。指与员工有关系的领导或同事是否支持和参与。“员工关心他们的正式或非正式领导是反对变革还是带头变革。”“是什么样的变革”固然重要，但“谁支持这个变革”也很重要。如果他们的正式和非正式领导支持变革，员工就不难接受变革(Abdolvand, Albadvi, & Ferdowsi, 2008；Holt, Armenakis, Harris, et al., 2007)。这强调了社会支持，与同事的支持和同事之间的信任对变革准备度产生积极影响的研究结果一脉相承(Rafferty & Simons, 2006)。

最后是个人水平的有益性(personal valence)。员工们不仅关注变革的结果所具有的实体和属性，还关注对自己产生的积极或负面影响(Self, 2007)。变革接受度在为个人提供自我实现的机会或帮助实现重要职业目标时最大化(Labansat, Ten Eyck, Gresky, Dansereau, & Lord, 2007；Lord, Diefendorff, Schmidt, & Hall, 2010)。如果作为变革的结果，组织的效率提高，绩效可视化，员工可能会因为担心裁员而畏缩于变革。因此，必须对此给出答案。在Vroom(1964)的期待理论(expectancy theory)中也可以确认大同小异的因素和论据。他认为，个人的动机是由自己的努力能够取得某种绩效的期待(expectancy)、其绩效会给自己带来好处的工具性(instrumentality)和赋予所提供好处的有益性(valence)的复合函数决定的(Vroom, 2005)。

自我充电站

创造性的变革

大部分制度教育是教师出题，学生解题的结构。即使擅于解题，但是如果让我们出好题的话，会很为难的。不知不觉中，我们习惯了这个结构，因此在开拓自己的业务、给自己定位或赋予意义方面却很薄弱。另外，我们也会因为一定要得出正解执念而受到表扬，被夸奖为工作十分认真。只有坚持完成既定的任务或计划，达到最初设定的绩效，才能被认可为能力者。只有给定的业务按照计划(plan)、组织(organization)、指挥(command)、协调(coordinate)、控制(control)等传统的西式管理行为有条不紊地推进，才能令人满意。但是，处理组织变革的业务即使是自顶向下(top-down)，边界和范围也很模糊。因此，在无法提前判断结果及绩效、曲折坎坷的执行过程中，经常需要边摸索边前进。

在经营战略领域的大师Henry Mintzberg提出的“战略实现的潮流”中也强调了这种差异。最终实现的战略(realized strategy)由深思熟虑的战略(deliberate strategy)和应急战略(emergent strategy)组成。早期的预期战略(intended strategy)虽然可以通过深思熟虑的战略实现，但大部分都与现实不符，无法实现。Amar V.Bhide的研究显示，93%的成功企业竟然放弃了在早期制定的所有战略，其不确定性相当于战争。

而且，被摒弃的早期战略的一部分将被应急战略取代。也就是说，在实施预期战略的过程中，通过偶发性引发的问题

自我充电站

或捕捉到的机会，新接受的战略。

创造性变革的价值源于通过新的尝试进行学习。与此相反的实务概念是习惯性的透彻分析。在企业环境稳定的过去，周密的分析是美德。但现在只要专注于完美的分析，就会错失良机。在GE的Workout中有一个值得关注的原则。管理层的任务是针对75%的构想，立即决定是采用还是摒弃，剩下的25%也要在30天内决定。他们称之为“决策的速度”。与其用完美的信息和计划来运用深思熟虑的战略，不如用适当的信息和计划迅速尝试，用试错和适应能力来加强应急战略。

自我充电站

1 考虑最近引起关注的使用敏捷(Agile)技术进行组织变革的示例，并提出成功实施应急战略的方法。

2 请对Henri Fayol倡导的计划、组织、指挥、协调和控制活动提出修改和补充建议，以符合应急战略。

Chapter 11

组织文化

1 | 组织文化的概念

Peter Drucker说:"文化把战略当作早餐吃(Culture eats strategy for breakfast)",这强调了文化的重要性和处理文化的难度。文化是传授给成员并共享的信念、价值观、规范的总称(Schein, 1985)。比起个人,研究集体心理现象的心理学家们从很久以前开始就对风土人情很感兴趣。风土(climate)是文化表面表现的一种形态。随着社会学、人类学理论的结合,文化的概念逐渐被提出,组织心理学(organizational psychology)作为独立的学问领域受到关注的时期是1960年代。在阐明与日本企业高速成长形成鲜明对比的美国企业竞争劣势原因的比较研究中,将组织心理学理论应用于企业。在经营学中,组织文化(organizational culture)最早由Pettigrew(1979)提出,他定义为理念、象征、仪式、传统、语言、信念等的结合物。

1) 组织文化的构成

组织文化的总体和抽象属性可以比喻为个人的性格。性格(personality)是指个人区别于他人的独特而持续较长时间的心理系统。心理学中的性格被定义为三个重点。当我们经常把某人形容为内向的时候，他的性格是摸不着的，存在于那个人的深层。存在于平时连自己都没有认知到的内心。但是在那个人的行为、语气、习惯、决策等方面表现出内向的特性的东西，我们称之为性格。第二，与他人或普通人相比，要表现出不同的、明显的内向特性(uniqueness)，我们才能评价那个人是内向的。第三，不能因为看到过两三次内向特征，就断言是内向性格。应该在较长时间内稳定、一贯地表现(consistency)。同时，虽然持续时间较长，但性格不是永久的，是可以变化的。虽然我们倾向于将性格视为遗传上与生俱来的气质，但性格也会因环境或努力而改变。

组织文化也表现为工作方式、奖励制度、惯例、愿景宣言等，但本身并不是组织文化。只是多种文化要素的一部分，在更底层运作的源泉力量才是组织文化。Schein(1985)认为组织文化由人为产物、价值观和潜在假设三个层次组成。

人为产物(artifacts)是通过组织结构、程序、操作方式等容易观察到的元素。我们可以从企业的座位安排、开会的气氛、报告格式、服装、语气等甚至没有意识到是文化因素的人工物中感知到其特有的差别特性。

人为产物的差别特性反映了位于更深层的组织追求的价值观。价值观(values)是组织标榜(espoused)的价值观，是员工内心共有的指向。价值观是组织内达成协议的正当(should-be)信念。通过战略、目标、哲学等企业宣传品、小册子、报告书等可以掌握一定程度，但如果不询问内部成员，就很难准确查明。

如果价值观通过对环境的适应(external adaption)和内部整合(internal integration)得到成功验证，其正当性得到认可，就可以转换为潜在假设(basic assumption)。因此，应该从组织的历史中了解潜在假设。随着组织的诞生，最初拥有的信念和价值观在成长过程中会经过修改和完善，以适合环境。这是一个由所有员工共同参与的共同学习过程，员工不知不觉间分享、相信并证明了这种精炼的信念和价值。这就是为什么将组织文化称为组织内成员共享的无言承诺的原因。

组织不能预先规定所有可能发生的情况和决策。即使没有明确的政策，潜在假设也会提示员工采取的行动和决策方向。也就是说，组织内形成的员工如何解读环境的依据就是一个潜在假设。以上观察的组织文化的三个层次如 图11-1 所示，在互动中开发和发展组织文化。

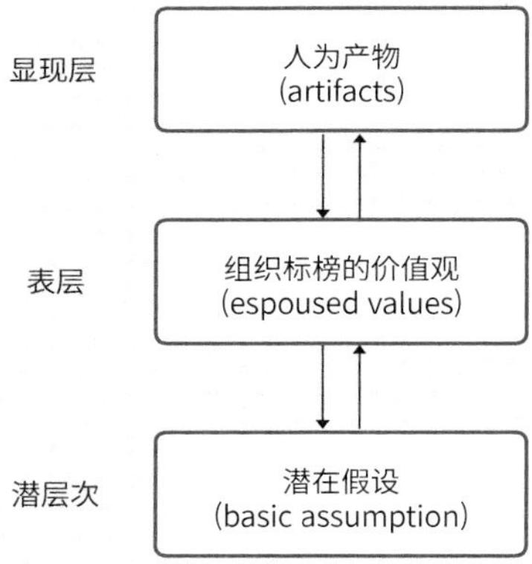

图11-1 组织文化的多层次结构

2) 组织文化的特性

从Schein(1985)主张的组织文化的结构来看，人力资源开发(HRD)专家需要关注以下组织文化特性。

第一，组织文化作为无形资源，是竞争优势的源泉。是投资新项目，还是接受恶意的客户要求，还是引入创新的人事制度等，现场的决策总是没有明确的答案。在这种模棱两可的情况下，组织文化作为员工态度和行动的中心点发挥作用。因此，组织文化既是人力资源的能力，又是组织的竞争力。因为组织的战略是根据员工的态度和行动来实施的，支配这些战略的信念、价值观和惯例等是组织文化。在之前查看的VRIO条件下，在对环境的适应和内部整合方面取得成功的文化，将渗透到组织内部，并成为无法模仿的、可持续竞争优势的源泉(参考Chapter 3)。竞争者几乎无法掌握并追赶从深层的潜在假设到可见的人为产物的组织文化。在这种背景下，IBM前总裁Lou Gerstner(2002)主张:“组织文化不是经营管理的一部分，而是经营管理本身(Culture isn' t just one aspect of the game; it is the game)。”

第二，学习、传递、继承组织文化，提高员工的凝聚力。最终通过个人的互动和学习形成组织文化，所有人力资源开发都指向构建健康的组织文化。应对外部环境的机会和威胁，经历内部整合和矛盾，获得的知识和共鸣在组织层面共享的过程和结果就是组织文化。进而，在一代人中正当化的组织文化将传承到下一代。因此，有共同历史的组织，无论以何种形式，都应该认为存在着文化。同时，组织文化将加强将各种个人和集体凝聚在一起的组织整体感。为了让有效地组织文化根植于组织，使用礼仪、仪式、象征物、通用语、轶事等。典礼(rites)是以沟通特定主题为目的举办的各种赛事和活动。仪式(rituals)是为了形成和加强组织文化而进行的有规律、反复的活动，在开始工作前唱企业歌曲或或结束会议时也会高喊口号。

象征物有服装、宣言、口号等多种多样。企业办公楼里设置的有趣的象征物往往代表着组织文化。现代信用卡大厅有60台电视制作的雕塑，又名“痛哭之墙”。实时收集顾客的苦衷和投诉，无过滤地上传到屏幕上。是表达以顾客为中心，实现顾客满意经营的意志的空间。facebook总部没有雕塑，而是有一个叫Hacker Square的广场。表达组织紧密连接世界的愿景和员工的参与和沟通。实际上，每周五创始人Mark Zuckerberg也会参加，全体员工都会聚在一起开一个小时左右的会议。

图11-2 组织文化的象征物[1]

以历史事件为中心口传的轶事起到了继承和传达核心组织文化的作用。杜邦(du Pont)成立于1802年，是一家爆炸物成分之一的火药制造公司。从行业的特性来看，“安全”从创业初期就一直是杜邦最重视的核心价值。为了率先树立安全经营哲学，创始人的家人在工厂中间盖了房子。内部传达了与员工一起承担风险的意志，对外标榜了工厂安全运营的信任。不幸的是，1818年发生了大型爆炸事故，创始人的妻子和孩子们伤势严重。尽管如此，他还是重新装修了房子，继续住在那里。这个著名的轶事帮助杜邦建立了目前地球上最安全的工

1) 痛哭的墙 http://img.ani.co.kr/imgdb/resize/2011/0221/8000633226_201
黑客广场 http://static.ibnlive.in.com/pix/slideshow/06-2012/inside-the-new/01-inside-facebookb.jpg

作场所的声誉。

第三，组织文化是多层次的稳定结构。根植于企业内部的组织文化是人为产物、价值观、潜在假设为形成统一性相互排列的结果。如果组织创始人通过礼仪、纪律和秩序来追求组织的效率，那么管理方式方式将由指令或命令组成，而不是灵活性。员工比起创意和自律更注重形式，比起自由的服装，他们会穿正装或制服。像这样，组织文化通过各层次之间的相互作用来协调，所以比我们想象的要强壮。因此，我们只看企业的服装、报表格式就可以在一定程度上预测企业的特性。

3) 组织文化的定义

组织文化不会轻易改变。值得一提的是，人力资源开发实践家们需要承认，位于难以观察的无意识中的潜在假设的变化更加困难。可以暂时改变或有意撤回表层的人为产物或价值观。但是，团结员工的潜在假设是通过长期的正当化过程巩固的，根深蒂固，短期内很难改变。要想重新构建理想的组织文化，需要对组织共享的信念、解读和认识体系、集体认同感等有深刻的理解。

不同学者对组织文化的定义、观点、对象、子要素等各不相同，如 表11-1 所示。正如我们观察到的那样，组织文化的本质概念是指被认为是组织内同质性和组织外异质性的整体思考方式。

表 11-1 组织文化的概念定义

学者(年度)	定义
Ouchi(1981)	组织的传统和氛围
Denison(1990)	形成核心认同感的一系列价值、信念和原则.
Sathe(1985)	员工每天分享的重要假设(包括思想、语言、行为和感受)
Duncan(1989)	向员工学习、共享、传授的价值、信念和理解的总和
Goffee & Jones(1998)	由广泛共享的价值、象征、行为、假设组成的组织内的业务处理方式
Deal & Kennedy(1982)	明确员工行为方式的非正式指导原则
Kilmann & Saxton(1985)	团结员工的共同价值, 集体见解和行动

2 | 组织文化的类型

理解组织文化最广泛尝试的方法是类型论。使用特定标准分类的组织文化类型也因过度普遍化而扭曲了现象而受到批评。类型学方法在实际解释企业文化方面存在局限性，因为它将极端的形式呈现为简化的概念。类型学经常应用于人类性格，将性格‘一刀切’划分为内向和外向，但实际上并不存在纯粹的内向或外向型性格。事实上，大多数人都介于内向和外向之间，或者尽管程度不同，但同时具两种特性。尽管如此，类型学通过将组织文化的抽象概念转化为有形的形式并进行广泛的理解，为定义成功的组织文化做出了贡献。

1) 组织文化的类型

Deal和Kennedy(1982)根据企业活动的风险度和对结果的反馈速度，将组织文化分为四种类型，如图11-3所示。

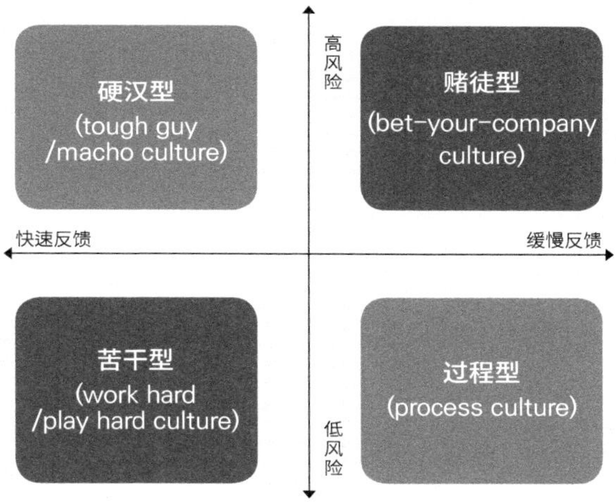

图11-3 企业活动风险×根据结果反馈速度的组织文化类型(Deal & Kennedy, 1982)

硬汉型(tough guy/macho culture)是承担风险的个人主义倾向较强,合作不足的组织文化。围绕冒险探索型企业中作风强硬、头脑清醒的领导者进行。

苦干型(work hard/play hard culture)是一种工作认真、玩耍认真的文化。比起投入特定的大事业，更认真地完成日常工作。以相互合作、团结力为基础，进行迅速的决策和鲁莽的实践。

赌徒型(bet-your-company culture)是一种因长期慎重的决策而

反馈速度较慢、不易适应环境变化的文化。在高风险项目中，很多时候依赖领导的经验。

过程型(process culture)是一种按照程序保守工作的官僚文化。具有冒险、探索活动、创意性不强、难以掌握事情结果的特性。

Harrison(1972)、Harrison和Stokes(1992)以组织结构的基本变量的形式化(formalization)和集权化(centralization)为标准对组织文化进行了分类，如图11-4所示。形式化意味着组织的规章制度和程序具备和遵守多少。集权化是指决策权限集中在少数的高层管理层的程度。作为参考，与之形成对比的分权化表明了决策权的分配状态。

角色导向文化(role culture)是决策权限集中在管理层，通过许多制度和流程管控工作的文化。在外部环境稳定时有效，但在组织变革或承担风险的创新中脆弱。由于具体规定了员工的角色，个人忠实于其，因此个人的特性被忽略。缺乏自主性会导致严重的工作疏离感、较低的工作投入度。

权力导向文化(power culture)形式化程度低，业务及其程序不具体、不明确，而集权化程度高，是具有组织内实权的核心人物或少数群体影响力较大的文化。以他们为中心形成了政治派系，员工的行动具有挑战性和竞争性。比起合理的推论，决策更可能是政治矛盾，因此需要权力实权者的灵活性和中立性。

任务导向文化(achievement culture)是一种分权化和形式化很强的文化。与官僚的角色导向文化不同，可以灵活适应和应对环境变化。像以事业或工作为中心编制的事业部制或矩阵组织一样，具有挑战性地解决问题是有效的。以专家为中心，在标准化的单位组织中，可以实现顺畅的沟通、创意思维和多样性的协调。但是单位组织的目标优先，很难考虑整个组织的目标。

合作导向文化（support culture）不是规定或责任，而是以共同目标为中心，追求员工自发参与和合作的文化。优先考虑员工个人的价值和目标，基于员工和组织的相互信任。关注信义、尊重、和谐的人际关系，不存在可视的领导者或核心人物。组织的制度或程序是存在的，但提供是为了满足个人的需求。

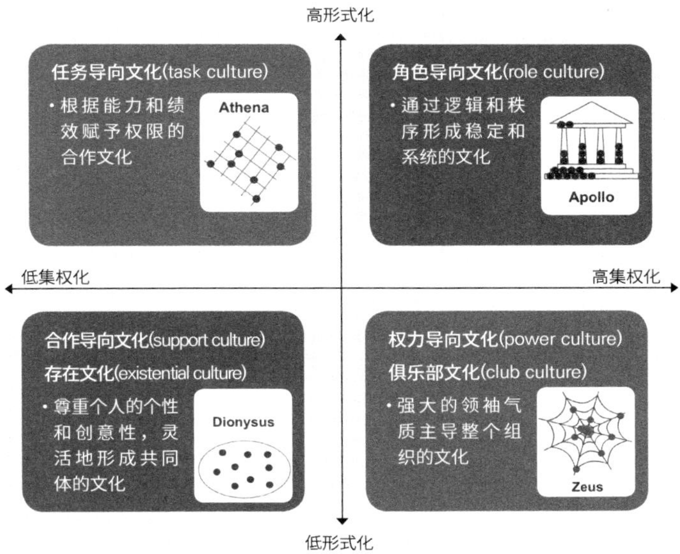

图 11-4 根据形式化×集权化的组织文化类型（根据Harrison & Stokes(1992), Handy(1978) 整合的类型 Boonstra (2013) 等作者们对图进行了修改和补充）

Harrison(1972)的主张对组织结构和文化的关联性提出了启示。采用同样的标准，Handy(1978：25-41)被称为角色(roles)文化、俱乐部(club)文化、任务(task)文化、存在(existential)文化。并以古希腊神为比喻，用Metapo来说明组织文化。将通过逻辑和秩序稳定、系统的文化比作Apollo，将强大领袖气质支配整个组织的文化比作Zeus，将能力和绩效授权的合作文化比作战争女神Athena，将尊重个人个性和创意、灵活组成共同体的文化比作Dionysus(见图11-4)。

除此之外，实务中经常适用的类型论还有：Ouchi(1980)从交易成本的角度将其分为共同体(clans)文化、市场(markets)文化、官僚(bureaucracies)文化，Wallach(1983)将重点放在员工的激励上，分为创新(innovative)文化、支持(supportive)文化和官僚(bureaucratic)文化三种类型。Earnest(1985)以人类的层面(authoritarian vs. democratic)和活动层面(reactive vs. proactive)为标准，分为互动文化(interactive culture)、整合文化(integrated culture)、系统文化(systemized culture)、企业家文化(entrepreneurial culture)。Goffee和Jones(1998)以社会性(sociability)和凝聚力(solidarity)为标准，提出了网络型(networked)文化、绩效中心型(mercenary)文化、分散型(fragmented)文化、共同体型(communal)文化。

3 | 组织文化诊断

组织文化可以使战略、结构、系统等成长或退化，并且与组织绩效直接相关。这是迄今为止进行的组织文化研究中的一个常见论点。组织文化没有好坏、对错之分。如果适合公司环境的组织文化能够带来绩效，那么这种文化就可以被评估为正确和良好。相反，通过诊断组织的有效性和效率，可以更详细地了解组织文化的组成部分及其相互作用。因此，许多组织文化研究已经发展成为组织诊断模型，并被用作组织开发或组织创新的框架。

通过诊断模型可以了解形成企业文化的因素或企业文化表现出来的因素。从组织文化的角度审视这些因素，可以为构建作为成长和发展动力的组织文化奠定人力资源开发的新作用和范围。如果说传统上关注的是长期形成组织文化的员工之间的默许同意，那么诊断模型更注重于公开协议，以增进为未来的指向。

1) 竞争价值模型

竞争价值模型(competitive values model, CVM)是以衡量组织有效性的多维方法开始的。Campbell(1977)开发的组织有效性衡量标准有39个，包括利润、质量、工作满意度等，Quinn和Rohrbaugh(1980)由此提取了三个维度。由对组织结构的灵活性对控制(flexibility vs. control)的Y轴、与组织发展焦点位置相关的组织对人(organization vs. people)的X轴、表示是否强调过程或结果的手段对目的(means vs. ends)的Z轴组成。每个层面都具有难以同时追求的矛盾性质，根据组织所处的环境，价值也会发生变化。所以在选择的过程中会互相竞争。Quinn将三个轴组合起来，导出了八种价值标准和四种有效性模型。

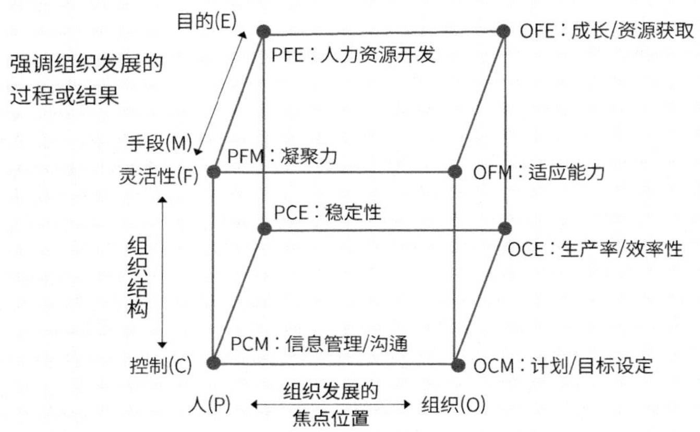

图 11-5 竞争价值模型的三个轴

图11-6 是 图11-5 的三维以有效性模型为中心的二维表示。被Quinn和McGrath（1985）将有效性模型重新定义为一种组织文化类型。

图 11-6 基于竞争价值标准的四种组织有效性模型

理性目标模型(rational goal model)的合理文化(rational culture)集中于组织的竞争力，具有结果导向性。比起个人，更强调组织、计划对比实施、效率和绩效。这是一种市场导向的文化，关注供应商、客户、竞争对手等外部利益相关者，制定合理的战略(Cameron & Quinn, 1999)。主要是通过奖励来激励，过度的绩效竞争会导致成员之间失去合作、关怀的问题。决策的特点是突出“坚决宣言”的形式。

表 11-2 基于有效性模型的组织文化类型

X	Y	Z	价值标准	特性和内容	文化类型（组织有效性模型）
O	C	E	生产力、效率	产量、效率、利润	理性文化（理性目标模型）
O	C	M	规划、目标设定	明确目标，强调计划对比执行	
O	F	E	成长，获得资源	筹措资源、开发外部支持的能力.	成长文化（开放系统模型）
O	F	M	适应能力	直观的洞察力、发明、创新、危机应对能力、敏捷性	
P	C	E	稳定性	控制、责任和持续性	等级文化（内部过程模型）
P	C	M	信息管理，沟通	官方信息的测量、文档和共享	
P	F	E	人力资源开发	讨论、参与、协商，提升和保持员工的能力	协商文化（人际关系模型）
P	F	M	凝聚力	信赖，合作，士气，共同体意识，投入	

开放系统模型（open system model）的发展文化（development culture）比个人更注重组织的发展，对环境变化更敏感。又称创新导向文化（Cameron & Quinn, 1999）。为了实现组织目标，赋予员工充分发挥其创造性、挑战精神和独创性的自主性和裁量权。发挥直观的洞察力是决策的特点。有效地确保组织成长和发展所需的支持和资源。从组织的生命周期来看，这是一种适用于创业时期的文化。

内部流程模型（internal process model）的等级文化（hierarchy culture）正式分化、调整和统一组织内的所有功能来追求稳定性。通过传统、惯例、规定实现组织的目标，因此可以在一定程度上预测组织行为和结果。工作所需的信息从收集到流通都要正式化、记录。可以排除错误或错误，但引出新的方式和变化受到限制。

人际关系模型(human relation model)的协商文化(consensus culture)是通过参与和共识来进行决策，注重内部整合。又称关系导向文化(Cameron & Quinn, 1999)。员工的能力和参与会影响有效性，因此重点放在最大化人力资源的价值上。喜欢强调讨论、协商、关怀的集体信息处理过程。以员工之间的信任、参与、合作为基础，在家庭氛围中自然而然地形成责任感和主人翁意识，以组织投入和忠诚感强力团结在一起。对人力资源开发进行大量投资，强调长期绩效。

根据Quinn的说法，保持组织文化类型之间的协调和平衡很重要。也就是说，竞争价值模型不追求一个目标或价值。评估组织有效性的工作必然会介入价值判断，因此绝对的分数和类型是没有意义的。所有的价值判断都是矛盾的标准相互竞争。因此，理解相对更有效或更不有效的价值标准是其本质。竞争价值模型由Cameron和Quinn(1999)发展出组织文化评价量表(Organization culture evaluation instrument, OCAI)，并得到广泛应用。

2) 7S模型

Schein(1985)的多标准结构发展了对组织文化构成要素的讨论。Pascale和Athos(1981)提出的7S模型在管理咨询公司McKinsey中得到了应用，作为说明组织有效性的框架，应用得最多。7S模型是对ITT和松下电器有限公司的组织文化进行比较和分析的结果。

7S模型是Leavitt的钻石模型的扩展。该模型通过结构(structure)、技术(technology)、人(people)、任务(task)四个要素的相互作用来描述组织体制。一个因素的变化揭示了导致其他三个因素变化的相互依赖关系。

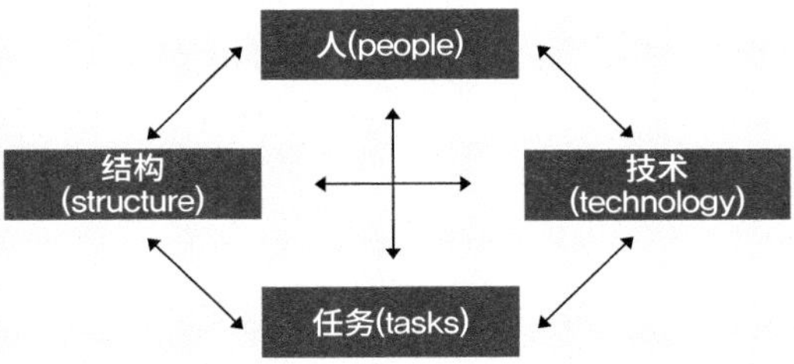

图 11-7 Leavitt的钻石模型

7S模型的共享价值(shared values)位于模型的中心，是与其他因素相互影响的组织文化的核心。这意味着共享的价值是与行动执行(execution)相关的媒介。包含共享价值的技能(skill)、人力资源(staff)和领导力(style)作为软件涉及组织内的问题或能力。战略(strategy)、结构(structure)和系统(system)相当于可视硬件。7个因素密切相关，需要从综合的角度考虑7个因素才能达到效果。

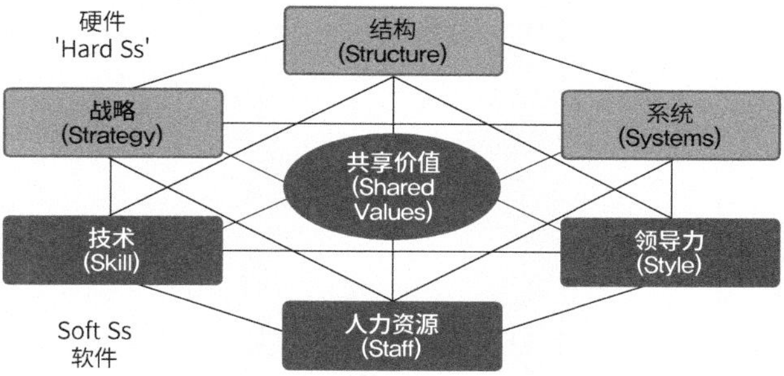

图 11-8 7S模型(Waterman, Peters, & Phillips, 1980)

表 11-3 7S模型中的因素说明

因素名称	说明
共享价值(shared values)	认为对组织存续特别重要的共同目标(superordinate goals)、行动原则、组织理念
技术(skill)	组织或员工拥有的能力
人力资源(staff)	如何补充、开发和社会化员工
领导力(style)	管理层的管理方式和领导力类型
战略(strategy)	有效地部署有限的资源以实现目标，并制定行动计划以获得竞争优势
结构(structure)	一种将附属单位互连的方法或划分和协调权力和责任的机制
系统(system)	与执行业务相关的所有正式和非正式程序

3) Denison 模型

Denison (1990) 和Denison和Mishra (1995) 以应对外部环境的方式，根据灵活性和稳定性、战略重点是内部关注和外部关注，将组织文化的特质 (traits) 归类为使命、一致性、适应性和参与性。

如 图 11-9 所示，四种特质又由三个子要素组成。

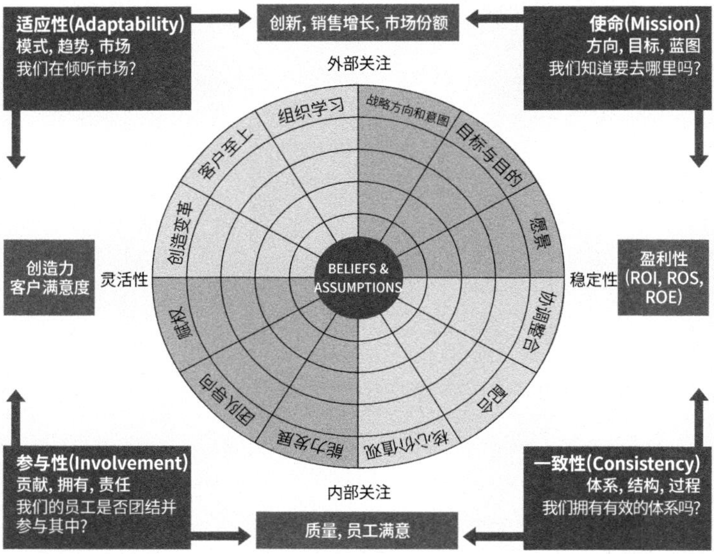

图 11-9 Denison模型

表 11-4 Denison的组织文化特质

特质	说明
使命	认识到组织追求的目标吗?
一致性	您是否拥有适当的系统、政策和基础架构来协调和整合您的组织?
适应性	关注外部环境(市场、客户)的动态，推动适当的变化?
参与性	能否赋予员工权限，让他们全身心投入到能力开发和业务当中?

详细观察 表 11-4 中提出的组织文化的特质，使命(mission)强调成长、收入和利益的具体绩效指标，从而提供组织的持续性和方向性。由“战略方向和意图”(strategic intention and intent)、“目的和

目标”(goals and objectives)和“愿景”(vision)组成。合理的使命提高了在竞争市场中取得优势的指向性。

一致性(consistency)是以组织的协调能力为基础，实现稳定、高效、统一的重要因素。通过遵守规则、传统和政策，提高内部秩序和可预测性。像大部分公共机关一样，过度的一致性会导致官僚僵化。由核心价值观(core values)、配合(agreement)、协调与整合(coordination and integration)组成。人力资源开发也适用市场逻辑，以绩效和竞争为基础进行奖励和培训。这是GE、P & G等赏罚分明企业的特点。

适应性(adaptability)包括创新变革(creating change)、客户至上(customer focus)、组织学习(organization learning)，强调灵活性和变化。探索客户和市场的动态，即使有风险，也会尝试通过错误学习。这与通过探索(exploration)活动创造价值的企业创新具有很高的相关性，是在Google或3M等企业中发现的特质。

参与性(involvement)是通过员工的投入、责任感、主人翁意识，灵活应对外部环境的共同体文化(clan culture)中表现出来的特质。与适应性相比，比起探索活动，更注重运用活动。由授权(empowerment)、团队导向(team orientation)、能力发展(capability development)组成，反映员工的需求和个性，引导自主奉献和创意。这是SAS、Southwest Airline等公司的特点，体现了组织和个人之间的整体感。

Denison模型收集了大量的调查资料(Denison organization culture survey, DOCS)，表明了组织的有效性和相关性。灵活性与创意性、顾客满意、稳定性与ROI、ROE等的收益性、内部关注与质量、员工满意、外部关注与市场占有率、销售成长等组织成长相关性较高。

自我充电站

成长不是战略

“销售额比去年增加15%”，“进入世界100大银行”，“市场占有率提高10%”……

这是大学生们掌握国内企业为获得竞争优势而采取的战略后提出的例子。误解战略，一致向往企业的发展。战略的核心特性是选择和集中。但是成长不是取舍的对象。如果不是特殊情况，制定“不再成长”战略简直是天方夜谭。与其说成长是可选择的战略，不如说是收益或利润等绩效和战略的结果。今天比昨天更好的成长欲望对个人和组织都很强烈。

经验丰富的管理者强调，在繁荣时期比在经济衰退时期更难做出决策。这是因为很难抗拒外部成长的诱惑，从产品和服务到人员、设施和商店的扩张。在所谓的规模经济和范围经济的甜蜜利益的欺骗下，我们把成长本身误认为是一种战略。在许多情况下，追求不必要的成长，突然变成闲置资源，阻碍了发展。这种认为成长能解决眼前问题并带来竞争优势的现象，在企业管理中被称为“成长陷阱”。

对此，有必要关注两种解决方式。要么更努力更快地推进现有的活动，要么探索新的成长动力，干脆创造成长曲线。需要创意性或企业家精神的后者比前者更难，不确定性更高。因此，想进一步充分利用现有资源、力量打破成长停滞的企业更多。而这种更为缜密的策略往往都是降低成本。

但通过降低成本，很难摆脱成长曲线上的停滞局面。只是

自我充电站

坚持一会儿。雪上加霜的是，陷入成长的诱惑，试图通过成长突破的时候了。到了这个程度，不仅是本公司，还要压低外包公司的成本，才能从表面上维持下去。“这就是所谓的恃强凌弱。”从“成长陷阱”类推，大公司向外包公司施压的本质是企业家精神和创意的缺失，将成长混淆为战略而放大。“最近闹得沸沸扬扬的恃强凌弱只是在这里增加了个人的无耻。”为了不让“今天比昨天更好”的强迫变质为大公司欺压小公司，是时候挑战追求可持续社会的真正战略了。

自我充电站

1 提出容易陷入成长陷阱的组织文化类型。

2 请用7S模型说明规模经济对组织文化的影响(注意，7S模型由Hard S和Soft S组成)。

人力资源开发论

PART IV

人力资源开发的未来

Chapter 12

组织发展(OD)和绩效管理(PM)

1 | 组织发展(OD)

根据Gilley等人(2002)的说法，组织层面的人力资源开发分为长期组织发展(organization development)和短期绩效管理(performance management)(参考:Chapter 1.)。首先，组织发展是以20世纪60年代计划的变革理论为基础，结合心理学、社会学等行为科学(behavior science)，提高组织有效性、组织力、适应力，促进组织成员行为改善的活动。初期是指追求个人态度或行为变革的泛组织努力，但现在强调的是包括组织战略、结构、创新等在内的宏观观点。Burke(1982)将组织文化视为组织发展的对象。

1) 组织发展的定义

组织发展被定义为“系统地应用和转移行为科学知识以有计划地开发、改善和加强组织的战略、结构和流程以提高组织效率的活动”(Cummings & Worley, 1993)。<如 表12-1>所示，在组织发展的概念中，传统的核心词是“计划”和“行为科学”。从强调有意图的计划的角度来看，在Chapter 10中，比起组织变革，被认为是狭隘的概念。但值得注意的是，组织发展追求的计划在实践中反映反馈，具有重新调整和重新组织的灵活性。

表 12-1 组织发展的概念定义

学者(年度)	定义
Beckhard(1969)	利用行为科学知识有计划地介入组织的流程，从而提高组织的有效性和健康性，是由最高管理层主导的全公司范围的活动。
Burke(1982)	利用行为科学理论和技术有计划地改变组织变革，特别是组织文化的过程
Porras & Robertson(1987)	以行为科学为基础，通过改变员工的行为，有计划地改变组织条件的理论、价值观、战略和技术，以促进个人的开发和组织的绩效。
Cummings & Worley(2008)	系统地应用和转移行为科学知识的活动，有计划地开发、改善和加强组织的战略、结构和流程，以提高组织的有效性。
Warrick(1984)	为了改善组织的健康、有效性和自我更新能力，有计划、有合作地理解、开发和改变组织的过程。

另一方面，由于行为科学的基础是改变个人的价值观、态度和行为，因此与组织变革相比，组织发展侧重于以人为本的价值观，例如个人层面的参与、潜力、赋权、尊重和包容。今天，行为科学被细分为群体动力学、组织行为理论和组织理论，组织发展包含实践原则和技术。

随着全球化、信息技术的快速发展和经营创新，作为能够推动组织自身变革的力量，组织发展的概念正在扩展。正在向工作生活质量（QWL）或战略变革发展（Cummings & Worley, 2007）。强调不断发展的组织发展概念和技术的学者们还主张，组织发展可以包括组织变革或绩效管理。这种包含在组织发展范围内的非线性、非计划性变革活动也被称为“第二代组织发展”。但对于组织发展的目的，即通过解决当前或未来问题的介入活动来提高组织的有效性，大体上没有分歧。

最近，在多数企业中，新设以变革管理团队、组织文化团队、组织创新团队等命名的部门的倾向正在扩散，这反证了组织发展的重要性。因为这些部门又被称为缓冲组织（marginal team），具有缓解和克服外部环境冲击和不确定性的共同作用（Kwon & Woo, 2016）。缓冲组织通过推进计划的变革或支持信息、知识和网络来提高组织的适应力，使组织的核心部门有效运作。因此，现代人力资源开发不局限于个人层面的教育培训活动，有必要在这些复杂多变的组织发展活动中探索新的作用。

2) 组织发展的发展

组织发展的开始，从注重个人行为变革的实验室训练、实践研究、社会技术系统开始（Rothwell & Sullivan, 2005），发展到人际关系理论、QWL、战略变革、积极模型（positive model）等系统（Cummings & Worley, 2007）。社会技术系统由QWL继承，请分别参考本书中的Chapter 5和Chapter 9。

实验室训练（laboratory training）是指通过参与被称为T小组[1]（training group）的小群体的人的互动，自主学习领导力、人际关系技能等。研究人员观察了原来在小群体中发生的事情后，召开了互相讨论其内容的会议。偶然间，小聚会的参与者也加入了这个研究小组

1) T小组意为真正的会面集团，与encounter group同义词。

会议，Lewin和研究人员发现其学习效果更加显著。通过反馈，可以了解自己的行为对他人的影响，提高对自己的客观认识。提高对自己行为的敏感性，引导改善，因此实验室培训也被称为敏感性训练(sensitivity group)。

这样的结果很快传到了产业一线，成为了组织发展的开端。实验室训练采用问题解决、交易分析(transaction analysis)、角色扮演、团队建设等方法。在实验室训练中奏效的原因是以经验为基础的学习。也就是说，人们有机会通过经历实际行动和相互作用来反思自己，而不是抽象地处理自己面临的问题。因此，实验室训练必须让学生们有反省(reflection)的时间。

另一个组织发展的代表性早期活动是20世纪40年代社会科学家尝试的行动研究(action research)。实施研究的特点是重复研究和诊断(research)和活动(action)。前一阶段的研究为下一个活动提供信息的“有效循环反馈(effective feedback loops)”是核心。对研究和诊断结果进行评估，并对其进行反馈，从而引导今后的活动内容和方向，以解决问题和弱点。

最初，社会科学的研究调查方法被设计用于企业现场的成员解决问题。社会科学研究调查方法是收集、分析资料，得出根本原因，探索、适用改善方案，确认结果的一系列活动。熟悉这一点的研究人员和熟悉目前工作的员工相互团结协商的学习共同体(interlocking chain of conferences)，即有效的循环反馈。此后，密歇根大学的Likert将实施研究的一般程序整理为“活动计划(plan)-活动执行(act)-观察和资料收集(observe)-反馈和反思(reflect)-再计划(plan)”。目前，实施研究结合了更加精细的组织诊断、问卷调查、反馈技术等，发展成为行动学习(action learning)、行动科学(action science)、自我设计(self-design)等。

图 12-1 实行研究的步骤

实验室训练是通过Lewin负责的麻省理工学院集体流行病学研究中心执行的项目发展起来的，由Likert继承该中心，行动研究变得越来越精细。狭义的组织发展与实验室训练、行动研究几乎等同。因此，在组织发展的执行中，孕育了将进行咨询的研究人员、顾问、变更代理人(change agent)等组和委托进行相应咨询的客户或客户组织区分开来的特征。这种区分是组织发展的特点，区别于其他人力资源开发领域。组织发展通过将两组互动，即顾问的介入和客户组织的反应作为良性循环环节联系起来的反复过程，提高组织的环境适应力。以实验室训练和行动研究为标准，考察传统组织发展的特点及原则，如表 12-2 所示。

表 12-2 传统组织发展的特点和原则

特点	原则
系统观点	在相互关联、相互依赖、相互联系、相互作用的背景下理解组织现象。(系统的方法请参阅Chapter 7)
行为科学理论	将应用行为科学的原理应用到系统中。
以流程为中心	将组织视为通过名为“输入”(input)-“转换”(transformation)-“输出”(output)的过程实现特定目标的系统。
执行研究	计划的实施、介入应经常检查、诊断和反馈，相应地目标和计划将得到发展完善。
基于数据	不以宣言、义务、流行、权力强制改变，而是以通过科学诊断收集的资料为依据，说明需要改变的原因，并将其用作解决问题的信息。
以客户为中心	重点关注客户的需求、问题，通过激励和授权鼓励客户参与。

随着实验室训练或行动研究绩效的验证，人际关系理论成为有效管理组织的解决方案。我相信理想的最佳方式是规范存在的。以核心因素为标准对组织进行分类和诊断，提供对现状的概要信息的技术被发展成了流行的技术。通过这种方式，人们认识到组织的现状(as-is)和理想的规范状态(should-be)之间的差异，并进行了制定减少差异的活动计划的干预。Likert的系统Ⅳ理论和Blake和Mouton的管理方格(management grid)就是一个典型的例子。

3) 战略变革与优势探索

随着企业环境的剧变，个人层面的人际关系理论的影响力褪色了。提出了考虑组织战略、结构和流程、技术等的组织发展，即战略变革(strategic change)。战略变革是一种组织级别的活动，可以促进环境、战略、结构和技术之间的适配性和一致性(Greiner & Bhambri,1989)。因此，推动战略性变革的组织发展包括任务、愿景、中长期战略、组织设计、工作设计、薪酬和评估制度等。另外，战略合作、并购、网络构建等作为组织发展的介入技术正在被引入。

过去的组织发展的重点是问题、弱点和缺乏。与此相反，积极模型(positive model)专注于创造卓越绩效的活动、发展性的互动。积极模型是受Seligman(2002)倡导的积极心理学(positive psychology)的影响而开发的。他批评心理学研究只专注于精神障碍，如抑郁、焦虑和神经症，主张关注和平衡人类的热情、美德和感情等积极情绪。积极主义波及经营学领域，新提出了积极组织行为(positive organization behavior)、积极组织学(positive organization scholarship)等。

在组织发展领域，Cooperrider(1986)也提出了欣赏式探询(appreciative inquiry, AI)。这里的appreciative是指，优势，成功，潜力。AI是基于做得最好或有成就感、有生命感的经验，系统地探索、发现和学习成功、优势、价值、希望、愿景等的方法(Whitney & Trosten-Bloom, 2003)。传统上，强项探索与表12-3一样，分为“发掘优势、描绘未来、愿景设计、实践与强化”四个阶段推进。

表 12-3 欣赏式探询的 4 个阶段(4D)

阶段	说明
发掘优势 (Discovery)	通过提问,发现充满活力、有效的最佳实践 (best practice)、核心积极因素(positive core)。
描绘未来 (Dream)	最佳实践被扩散、接受，想象最大化未来的样子，直观地表达出来。
愿景设计 (Design)	制定实现梦想所需的设计要素，制定挑衅性宣言(provocative propositions)。
实践与强化 (Destiny)	确定并实施可操作的活动，以实现共同的愿景和宣言。不断修订和补充目标和活动，以加强积极胜任力。

遵循每个阶段的活动固然重要，但据悉，除此之外，遵守并反映 **表 12-4** 中整理的AI所依据的信念和原则是有效的。如果说注重问题解决方法的传统组织发展是医生-患者方法(doctor-patient approach)，那么AI是以咨询者为中心的方法(client-centered approach)。如果观察八个原理，就会发现组织成员本身具有解决问题的潜力，这是大前提。

表 12-4 欣赏式探询的原则(Kelm, 2005 等作者们修改、补充)

原理	说明
积极原则 (positive)	积极的提问会产生积极的变革。
预期原则 (anticipatory)	关于未来的积极梦想(图像)会带来现在的积极行动
建构主义原则 (constructionist)	语言创造世界。人的社会关系、对话、互动产生知识。
诗意原则 (poetic)	组织现象可以以无限多种方式进行解释，并获得与众不同的灵感。
同步原则 (simultaneity)	提问和变革是同时发生的。因此，好的问题会产生好的变革。

原理	说明
整体性原则(wholeness)	全体的参与产生最好的效果
行动原则(enactment)	改变的开始是，通过假装梦想已经实现来提高自我成就感。
自由选择原则(free-choice)	只有自行选择和决定，才能真正发挥潜力

2 | 组织诊断

组织诊断(organization diagnosis)是为了检查组织的当前状态而收集资料并得出意义的系统过程。在寻求解决组织面临的特定问题或提高效率的方案时，组织诊断是早期执行的必要活动。虽然这是在组织变革或组织设计中必须经过的程序，但特别是在组织发展中，它被认为是为寻找问题的根本原因和改善点提供线索的重要介入。根据目的，也称为识别问题(problem identification)或组织评估(organization assessment)。

组织诊断所需的资料收集通过问卷调查、文献调查、观察调查、面试调查、集体讨论等多种方法进行。没有绝对优秀的方法，应该根据诊断目的、诊断主体、员工的预期反应和经济性进行选择。组织诊断的一般流程为“明确诊断目的(goal setting)、调查设计(research design)、资料收集(data gathering)、分析(analysis)、反馈(feedback)”五个阶段。

另一方面，已经设计了各种组织诊断模型用于系统组织诊断。

由于组织运作的流程和情况的复杂性，非结构化的方法会导致低效和扭曲的结果。通过使用组织诊断模型，可以系统地简化诊断要素，并且可以轻松理解诊断过程和结果。此外，它有助于发现基于理论框架的问题并建立活动替代方案。

1) 系统Ⅳ理论与管理方格

Likert分析了30多年来以企业为对象收集的调查资料，定义了组织风格不同的四个系统。<表 12-5>以领导力为基准，描述了四个系统的简要特点。

表 12-5 Likert的4种系统

系统	特点
系统Ⅰ	专制独裁型系统(exploitative authoritative system)的特点是，上意下达式的专制领导力，低下的相互信任。
系统Ⅱ	温和权威型系统(benevolent authoritative system)比起系统Ⅰ，更具有温和的家长式领导力，在领导允许的范围内可以自主活动。
系统Ⅲ	协商型系统(consultative system)中，组织成员向领导寻求业务相关咨询，但最终决策由领导做出。
系统Ⅳ	参与型系统(participative system)中，领导相信并赋权员工，决策由员工的参与和介入组成。

他主张组织风气和经营绩效之间存在密切关系。系统Ⅳ理论不仅广泛应用于组织风气，还广泛用于领导力诊断。员工通过问卷调查，制定自己的组织属于何种系统的档案，并讨论开发成经营绩效优秀的系统Ⅳ的方案。讨论的主题包括影响组织风气的七个方面，由领导胜任力、激励、决策、沟通、相互作用、管理控制、目标设定组成。

Blake和Mouton的管理方格是研究经营效果时开发的领导力模型。管理方格揭示了领导关心和追求的两个层次。如 图12-2 所示，以对生产的关心（concern for production）和对人的关心（concern for people）为轴心，分为9个阶段。主要利用问卷可以掌握自己的位置。管理方格的问卷设计为评价决策（decisions）、信念（convictions）、矛盾（conflict）、气质（temper）、幽默（humor）、努力（effort）。

（1,9）作为社交型领导者，致力于营造组织成员之间的友好关系或亲密氛围。与此相反，（9,1）是任务型领导，尽量减少与工作无关的人际关系，致力于提高工作效率。（1,1）是自由放任或漠不关心的类型，（5,5）是妥协的中立型。（9,9）作为团队型领导者，被认为是同时实现相互信任和绩效的理想领导。

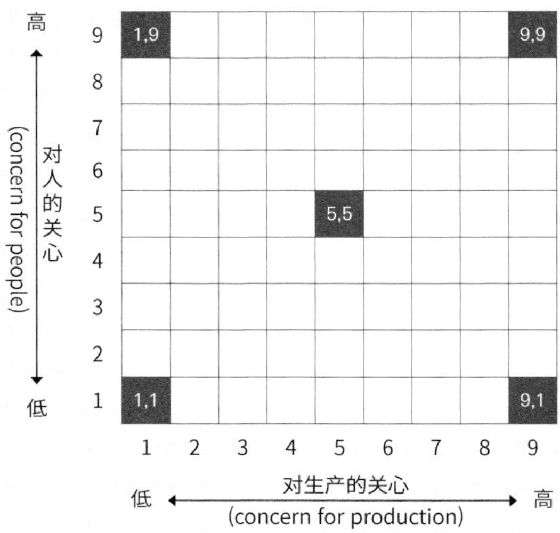

图12-2 管理方格和领导力模型

2) 整合模型

Nadler和Tushman(1992)的整合模型(congruence model)基于系统理论，将组织视为投入-转换-产出的过程。转换中包含的组织元素是员工、业务、正式组织和非正式组织，如图12-3所示。在这里，非正式组织可以看作是包括规范、价值、非正式角色、非正式权力等在内的组织文化。

整合模型重视组织战略和结构性脉络，注重外部一致性和内部一致性。外部一致性成则负责诊断投入过程中的条件和组织战略是否符合，以及是否确保了符合制定战略的四个组织要素之间的内部一致性。从内部一致性角度来看，重点诊断的内容有六种组合(例如图12-3)。

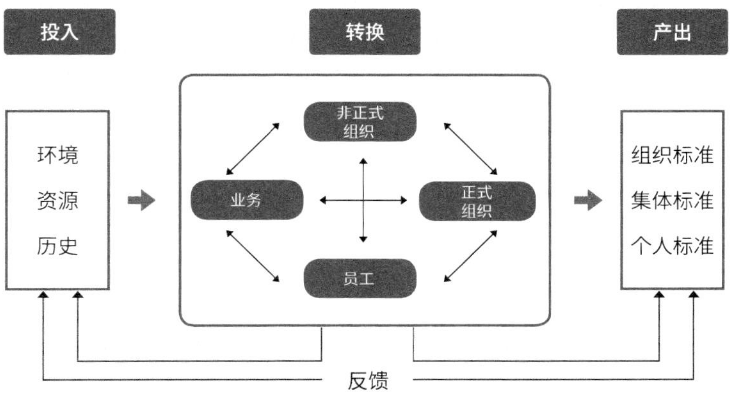

图12-3 组织流程和要素

表 12-6 根据内部一致性观点进行诊断

内部一致性关系	核心诊断内容
员工-业务	• 分配的工作是否满足了个人需求? • 个人是否具有执行业务的技能和胜任力?
员工-正式组织	• 个人需求是否由组织构成满足? • 个人对组织结构有明确的理解吗? • 个人目标和组织目标是否一致?
组织成员-非正式组织	• 个人需求是否由非正式组织满足?
业务-正式组织	• 组织的配置是否经过适当的设计以适合业务的执行? • 组织构成是否会激发执行业务的动力?
业务-非正式组织	• 非正式组织是否提高了业务绩效? • 非官方组织是否满足业务需求?
正式组织-非正式组织	• 非正式组织的目标、奖励和结构是否与正式组织的目标、奖励和结构一致?

3) 六盒模型和星型模型

Weisbord的六盒模型(6 Box Model)提出了组织能够产生问题的六个诊断因素(见 图12-4)。他把六个诊断因素比作一个无线电探测仪，一旦发现障碍物或目标，就会用声音警告他们。由目标、组织结构、人际关系、报酬/奖励、支持体系和领导力组成的诊断要素是相互作用的，因此诊断不能偏重一个要素。

位于组织外部的环境旨在与六个诊断因素相互影响，强调组织与环境之间的界限和一致性。六盒模型被广泛用于同时诊断组织内的正式和非正式组织，并进行比较和分析。随后，“对变革的态度”成为诊断因素，成为Burke和Litwin精细模型的基础。对六种诊断要素的主要诊断内容与 表 12-7 相同。

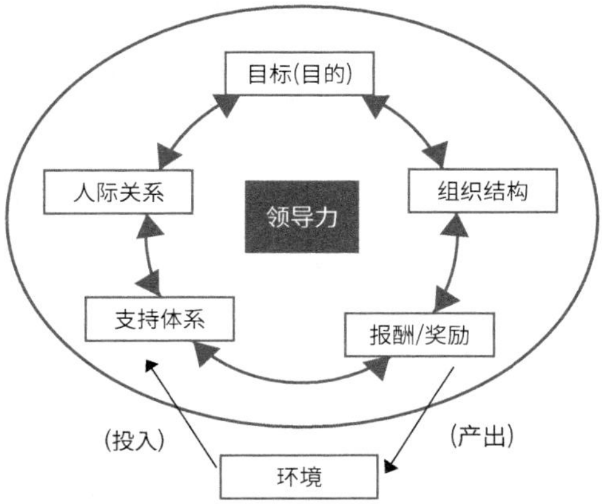

图 12-4 六盒模型

表 12-7 六盒模型的诊断要素和诊断内容

诊断要素	诊断内容
目标(目的) (purpose)	• 目标明确吗? • 目标是否适合环境? • 是否就目标达成共识?
组织结构 (structure)	• 组织结构与目标是否协调一致? • 工作分担进行得顺利吗?
人际关系 (relationships)	• 个人、团队、组织之间的关系是否顺畅? • 个人与技术的和谐实现了吗? • 没有未解决的矛盾吗?
报酬/奖励 (rewards)	• 是否具备符合实现目标的薪酬系统? • 是否与官方补偿制度和个人期待相协调?
支持体系 (helpful mechanisms)	• 组织的计划、控制、调整和信息系统是否不拘泥于形式，为实现目标提供实质性帮助?
领导力 (leadership)	• 是否协调其他五个组织要素?是否明确目标设定，目标与工作是否协调，是否努力做好组织内的整合，是否通过解决冲突来维持秩序

为了有效的组织设计而设计的Galbraith的星型模型(star model)也被广泛应用。该模型认为，如 图12-5 所示，有效的组织源于战略、结构、流程、人力资源、薪酬系统的协调。这些因素分别意味着组织的方向性、组织内的权力和权威、信息、胜任力和意识以及激励的特性和标准。

图12-5 **星型模型**(见：https://goo.gl/e77gsy)

4) 组织发展绩效模型

在组织发展领域，Cummings和Worley(2001)综合现有的诊断模型，提出了能够诊断多层面有效性的综合模型(comprehensive model)。如图 图12-6 所示，可以在组织、团队和个人级别诊断内·外一致性。较高的标准影响较低的标准，当投入和转换的因素彼此一致时，效率会提高。

组织层面的诊断参考了六盒模型、一致性模型和星型模型。

团队标准整合了现有工作组的理论(Hackman & Morris,1975; McCaskey, 1979, 1996; Lawler, Mohrman, & Ledford, 1992, 1995), 个人标准适用了Chapter 5中观察到的工作特征理论(Hackman & Oldham)。个人效果性包括工作满足、缺勤率、工作投入、个人发展等, 组织效果性的例子包括生产性、绩效、利害相关方的满足。

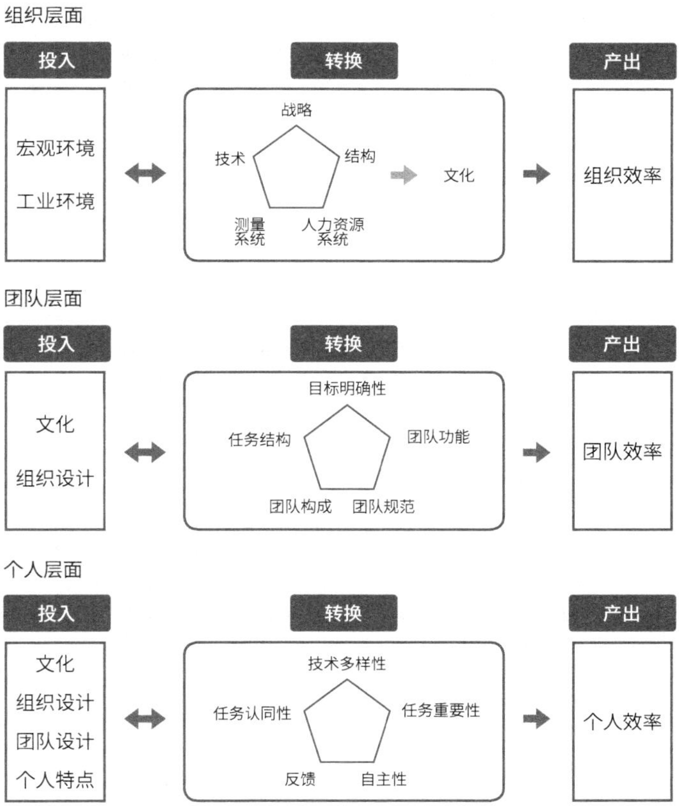

图12-6 Cummings和Worley组织发展绩效模型

3 | 绩效管理

Performance Management在本书中被译为“执行管理”,但也被称为“绩效管理”因为在解释performance方面还没有达成学术上的统一。从发展的观点来看,被解释为“执行”,但从管理观点来看,“绩效”更为普遍。“执行”被定义为实现目的的行动或计划的行动。合目的行动的焦点在于通过个人和环境相互作用构建的过程(process)。与此相反,“绩效”是指行动的结果(outcome)、成就(result)、业绩(accomplishment)。

这不是二选一的问题，performance包括执行和绩效的主张(Brethower & Smalley, 1998; Stolovitch & Keeps, 1999)是恰当的。Mager主张,从教育学的观点来看，performance不仅意味着学习的成就,还可以通过行动演示(perform)确认学习者所学到的东西。只是重心更位于哪里的问题。更何况,如果performance与管理或技术等动态单词相结合,那么执行”的意义就会更强。因为在动态性的前提下，不能排除过程而不是静态结果本身。

表 12-8 学者们对Performance的定义(Shin & Lee, 2009: 176)

观点	学者(年度))	定义
执行	Hale(1998)	是否擅于做对客户和组织有价值的事情
	Nilson(1999)	利用人类的精神、身体、情绪能力，有目的地进行活动
绩效	Rothwell (1996a)	个人、团队、组织取得的绩效、绩效、成就
	Swanson (2007)	以财物或服务的形式出现，作为系统的生产性产物而有价值的东西

1) 绩效技术的定义

人类绩效技术(human performance technology)是绩效管理的理论基础。绩效技术学从单词组合到以"人类"为对象,具有为了改善"执行和绩效"而利用"科学技法"的意义。绩效技术是改善和提高员工的执行的系统性活动(Gilley et al., 2002)。绩效技术是人类绩效改善(human performance improvement或human performance enhancement)、绩效咨询(performance consulting)等,甚至在企业现场也被称为绩效革新(performance innovation)。代表性定义见表 表 12-9。

表 12-9 绩效技术的定义(Rothwell, Hohne, & King, 2006)

学者(年度)	定义
ASTD(1992)	通过适当且多样的解决方案，系统地在工作场所分析、改善和管理绩效的系统方法。
ISPI(2005)	使用解决问题的策略来提高生产力和胜任力的系统方法
Rosenberg (1990)	解决与人们的行为相关的问题(或实现机会)的一系列方法和流程。
Stolovitch & Keeps(1999)	解决问题的技术方法，旨在通过最有效的方法从执行者那里获得理想的结果。绩效技术师从系统角度看待绩效差距，并根据数据分析、科学知识和记录在案的先例设计具有成本效益和高效的解决方案，以缩小差距。
Harless(1995)	分析当前与理想绩效状态的差距，通过设计经济高效的解决方案来改善绩效的方法
Rothwell (1996)	发现和分析主要的执行差距，制定改善执行的计划，设计和开发成本有效、道德合理的解决方案以缩小执行差距，实施解决方案并评估财务和非财务结果的系统过程。

学者(年度)	定义
Van Tiem, Moseley, & Dessinger(2004)	这是将事业目标和战略与对实现该目标负有责任的劳动力联系起来的系统过程。此外，理解并激励执行者，使用改善方法，并研究和设计在职场可以改善绩效的程序。最终，绩效技术将分析绩效的问题及其背后的原因，并给出典型的执行案例。
Pershing(2006)	关于提高组织生产力的研究和道德实践。通过设计和开发面向结果、全面、影响整体的有效解决方案来进行。

2) 绩效技术和组织发展

改善工作执行,追求绩效提高的初期绩效技术,与关注组织层面的效果起步的组织发展(organization development)相比,更侧重于短期绩效。但是,随着绩效技术和组织发展领域、对象、方法论的不断扩张,短·长期的区分变得模糊。甚至随着重叠领域的增加,正在发展为相互包含的关系。如 表 12-10 所示, Hutchison等(1996)将其分类为20个的230个改善绩效的策略和战术可以证实这一点。

表 12-10 绩效改进的策略和战术矩阵(Rothwell et al., 2006)

职业发展系统	
• 执行研究	• 业务循环系统
• 消除歧视措施项目	• 更改/替换业务
• 评估中心	• 指导
• 职业阶梯	• 外包系统
• 辅导	• 晋升系统
• 交叉训练	• 助学项目
• 聘用平等(equal employment opportunity, EEO)项目	• 结构化执行
• 经验学习	• 学习交换项目
• 网上招聘系统	• 岗位轮换系统

文件化和标准化	
• 法人相关报道 • 法律 • 有关合同和协议的文章 • 专业性系统 • 形式和格式 • 指导方针 • 协约伙伴关系	• 政策 • 程序 • 质量保证文件(内部及外部规范、资格和证明) • 参考文件 • 材料设备标准
财政系统	
• 会计和市场分析 • 活动基准会计系统(activity accounting) • 物物交换系统 • 流程工程/再工程 • 自我管理的工作组 • 业务流程设计/重新设计 • 业务项目/变更项目 • 资金投入/消费系统	• 现金流量分析 • 成本结算系统 • 信用系统 • 财务预测 • 国际贸易系统 • 定价系统(内部和外部) • 估值
沟通系统	
• 共享系统和实践 • 公司/组织新闻稿和公告栏 • 计算机网络 • 电子邮件 • 信息映射 • 会议项目	• 备忘录设计/格式化系统 • 协商机制 • 社会信息过程 • 建议系统 • 远程会议系统 • 语音信息系统
人类工学/人类因素	
• 结构系统 • 生物力学 • 色彩 • 调整和表现 • EEO 认可 • 设计/室内设计推广 • 备用品、家具及设备设计 • 信息发布系统 • 装修	• 标签和命名化 • 人机接口 • 安全项目 • 信号计及位置 • 技术性进展 • 工具装备专业化 • 警告系统 • 作业系统设计 • 标准工作量和工作疲劳程序
人才开发系统	
• 平等招聘项目 • 雇员援助项目 • 健康福利项目 • 领导力开发项目 • 教养项目 • 个人网络程序	• 外包程序 • 心理检查与诊断 • 退休项目 • 助学项目 • 专业/公共活动支持 • 教育费退还项目

文化人类学

- 信念和态度
- 礼仪、习俗、风俗、仪式
- 文化变革项目
- 文化多样性(尊重不同文化)项目
- 文化维护和变革管理项目
- 服装
- 全球化
- 语言和俚语
- 全球化项目
- 神话、故事和英雄故事

反馈系统

- 标杆管理系统
- 客户管理反馈操作
- 实施与开发
- 图形和图表系统
- 定义和文档性能指标
- 绩效评价系统
- 绩效信息系统
- 绩效管理系统
- 实时测量系统
- 建议系统
- 主管/同事评价系统

工业工学

- 预防管理系统
- 流程管理系统
- 流程工程/再工程
- 产品介绍系统
- 价值工学
- 工作方法

信息系统

- 申请人验证
- 人工智能系统
- 数据库管理
- 专业系统
- 文件恢复系统
- 人力资源信息系统(HRIS)
- 信息发布/格式系统
- 信息安全系统
- 管理信息系统(MIS)
- 个人网络系统
- 记录管理系统

经营科学

- 行动研究项目
- 集中化/个性化
- 分配系统
- 预测系统
- 全球化系统
- 目标设定系统
- 营销系统
- 矩阵
- M & A
- 项目管理/执行
- 组织架构设计
- 绩效管理系统
- 问题解决和决策系统
- 公关系统
- 危机管理/法律考虑系统
- 安全规划/实施
- 自我指导的工作团队
- 战略规划/实施
- 灵感/管理/领导力
- 愿景系统

质量改善标准

- 可接受的质量标准(AQL)
- 标杆管理程序
- 持续改善
- 参与式经营系统
- 质量保证程序
- 质量审计
- 质量委员会(质量周期、运营、委员会等)
- 质量流程设计
- 生活质量项目
- 统计过程控制(SPC)

教授系统

- 计算机管理教授(CMI)
- 课程设计
- 体验式学习项目
- 教师主导的研讨会、课程和项目
- 就业援助项目
- 自主学习
- 基于媒体的学习

测量和评估系统

- 可接受的质量标准(AQL)
- 评估中心
- 资格/执照/许可项目
- 胜任力测试
- 合规监控系统
- 图形与图表系统
- 绩效评价系统
- 成果测定
- 绩效标准和指标
- 生产率指标
- 统计过程控制(SPC)

资源系统

- 收益项目
- 预算程序
- 资本支付计划/执行
- 预测系统
- 利益共享
- 人力规划与预测系统
- 库存管理系统
- 适时生产(Just-in-Time, JIT)系统
- 制造系统
- 制作资源规划系统
- 材料要求规划系统
- 年金管理系统
- 资源分配系统
- 时间-基准报酬系统
- 离职率管理系统
- 供应系统/合同

业务流程设计/重新设计

- 基于活动的会计系统
- 胜任力建模
- 职位分类与评价
- 工作增多(扩展)
- 工作学习
- 物料管理/流程系统
- 社会工程系统规划
- 团队建设
- 价值分类

组织设计和开发

- 变化管理
- 矛盾纠纷处理
- 多功能交叉系统
- 文化变革项目
- 客户服务系统
- 组织灵活性
- 管理结构设计
- 组织冲击研究
- 合作伙伴项目

奖励/肯定系统

- 利益共享项目
- 奖金制
- 绩效工资
- 报酬/奖励系统
- 绩效分配制/利润分配系统
- 奖励与肯定系统(有形/无形、正式/非正式)
- 绩效奖励制度
- 激励项目

劳动者关系	
· 仲裁/调解 · 集体谈判 · 冲突管理系统	· 合同合规性和文件记录 · 申诉处理系统
选拔制度	
· 内部招聘制度 · 招聘公告 · 领导力开发项目	· 人员招聘和雇佣系统 · 心理测验和检测 · 晋升规划制度

绩效技术起源于应用行动科学、系统理论等,从这一点来看,与组织发展相似。重要的差异可以在绩效技术的基础教育技术(educational technology)或教学技术(instructional technology)中找到。教育技术被定义为“设计、开发、利用、管理和评价学习过程与资源的理论和实践”(Rothwell et al., 2006)。教育技术的研究范围不仅包括教育设计(instructional design)、教育系统建立(instructional system development, 以下简称ISD)、教育方法、教学-学习理论,还包括电脑、多媒体等教育媒体。特别是ISD是为了有效开发教育项目,分析(analyze)、设计(design)、开发(develop)、执行(implement)、评价(evaluate)教育要素的系统过程。大部分人力资源开发文献都依赖于ADDIE(见 图12-7), 这是ISD的典型模型。

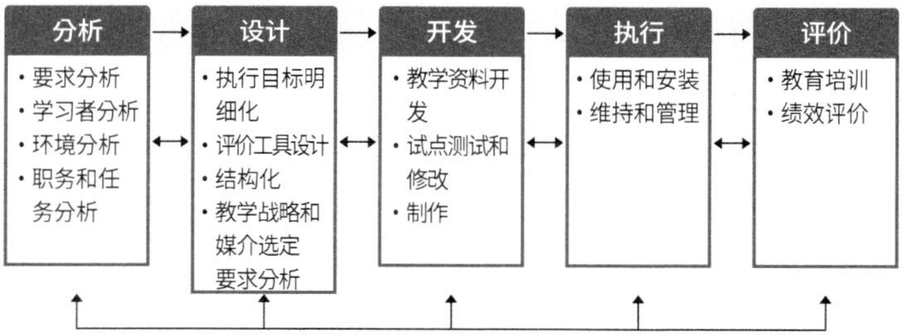

图 12-7 ADDIE 模型

3) 绩效管理模型

教育技术是重要的根源，但绩效技术不仅限于教育和学习。绩效技术的目标是“解决人类绩效相关问题的技法、程序以及方法的集合体”(Rothwell et al., 2006)。为了增进人类的执行,进而为了将组织的目标和个人胜任力联系起来,寻求所有可能的介入(intervention)对策。对所有手段、工具开放,根据取得的绩效的价值和投入的费用进行选定。

对此,国际绩效改进协会(ISPI)[2]于1992年发展了绩效技术模型(HPT)。该模型与ADDIE相似,由执行分析、原因分析、解决方案选定及设计、执行和变革管理、结果评价等程序组成。多位学者对此进行了发展，提出了绩效技术的推进模型，如 图 12-8 所示。

---

2) ISPI(International Society for Performance Improvement)的前身是1962年在美国创立的NSPI(National Society for Programmed Instruction),1973年经过National Society for Performance and Instruction于1995年成立。作为改善领先生产性及执行绩效的国际协会,其目标是引导绩效管理技术的发展及改善,提高会员的胜任力。它是绩效技术HPT(Human Performance Technology)的摇篮,从这个角度来看,共享着提高个人和组织绩效的相关话题。来源:HRD用语词典(社)韩国企业教育学会, 2010)

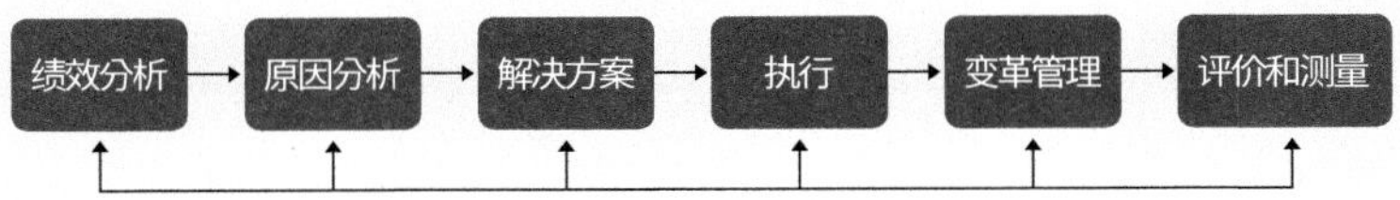

图 12-8 HPI流程模型(Rothwell, 1996a)

在第一阶段的绩效分析中，要查明和记述过去、现在和未来的绩效差距。在第二阶段的原因分析中，将了解第一阶段查明的差距的根本原因是什么。在选择第三个合适的解决方案阶段，应该通过查明根本原因，寻求缩小过去、现在和未来执行差距的方案。在第四步（执行）中，必须帮助组织执行解决方案。在第五阶段的变革管理中，要监控解决方案的实施。最后，在第六阶段评估和测量中，必须测量解决方案获得的结果。

自我充电站

现在，几点了?

随着名为《SKY Castle》的电视剧掀起热潮,入学考试顾问备受关注。环顾四周,房地产顾问、形象顾问、二手车顾问等,顾名思义就是顾问蔓延的社会。从交流先进经验和技巧的观点来看,我们谁都可以成为顾问,因此不能只认为是坏事。父母和子女讨论未来或组长与组员协商业务时,两个最终立场是顾问和顾客。

出处: Block, P. (2012). *Flawless consulting: A guide to getting your expertise used*. New York, NY: John Wiley & Sons. 根据的内容改编。

自我充电站

上面的插图出现在Peter Block撰写的《完美咨询(Flawless Consulting)》的第一章。如果仔细看会发现两人正在谈话。当顾客问顾问现在几点时，顾问索要了顾客手腕上的手表。顾问读完时间后告诉了顾客，然后自己戴上手表离开了。尖锐地讽刺了顾问不负责任、不认真工作的样子。

我看了插图，思考了作为顾问的存在理由和价值创造。首先，顾问的主要作用是为客户已经知道但在某些原因下都无法表达的问题得出解决方案并进行整理。但是，在插图中，咨询成功的背后有两个必要条件。第一个需要客户给你手表，第二个需要顾问有精准地阅读时间的能力。在这个时候，如果把已经戴在手腕上的手表和时间进行比较和分析，就会成为更好的顾问。

这里有趣的是,两人的沟通工具手表是现有的(既存)的事实。企业的问题反正是人创造出来的，这和我平时认为人都能解决的想法很吻合。虽然可以认为有些牵强附会，但想象一下。如果人类的工作没有改善的余地,那么从自己的观点和经营层的观点来看,就会出现在和未来都无事可做,并陷入严重的停滞状态。

心理学家Seligman通过动物实验证明了绝望也能被学习的事实。实验设计的基本背景是,将狗放在可以通过地面施加电击的房间里,在隔壁又设置了一个在受到电击时可以躲避的房间。首先让狗学习可以躲避到隔壁房间的方法，后来通过认为操作，受到点击的狗无法逃离至隔壁房间，这时狗可能会遭受巨大的挫折。经历了一段时间的这种挫折的狗，过了某个时间点,就会放弃逃避痛苦的行动,被动地接受痛

自我充电站

苦。但他注意到的是，尽管此后为避免痛苦提供了通往隔壁房间的道路，但狗并没有表现出积极的行为来躲避电击。这种心理反应被他命名为″习得性无助(learned helplessness)″通过学习自己的行为无法控制未来会发生的结果、自己的行为与其结果无关的事实,无法做出回避反应。最终，将实实在在存在的刺激从心理上转变为没有刺激，这种结果就是习得性无助。明明有电击，却把想成没有电击……

我在一篇报道中看到过一个男人的荒唐新闻，说小时候被绑架到岛上，在那个恶毒的绑架者的家里像长工一样生活了40多年。对于无法抗拒、在持续的暴力下习得性无助的他,当记者问他″为什么没有逃跑或反抗″时,他只是笑了笑。看到他笔者不禁想起了Seligman和″你问我为何而活，我只是笑了笑″这样的句子。

那么,我们在自己所属的组织中习得了多少无助呢？难道不是因为习得到的无助而看不到改善的余地或变化的希望吗?在某次的咨询中,顾客质疑我只是在做书面化的工作，所以我要求顾客用文字将移植的内容记录出来。尽管召开了几轮会议，但是顾客只写出了寥寥几行。那位顾客和我看着对方的脸“只是笑了笑”。

自我充电站

1 请列举几条作为人力资源开发顾问应具备的品德或胜任力。

2 在Peter Block的插图中，请给出客户没有意识到自己有手表的两个理由(习得性无助除外)。

3 请从执行管理或组织发展的角度提出克服习得性无助的方法。

Chapter 13

全球·终身学习时代的HRD

1 | 全球人力资源开发(GHRD)

近年来，韩国国内企业的海外投资和海外销售比重持续攀升。据企划财政部统计，2020年对外直接投资额为549.1亿美元，引入的外资额为110.9亿美元，相差近五倍。随着企业在海外建厂并利用廉价的劳动力增加本地生产以获得低关税，这导致韩国国内设施投资减少。在韩国，2022年市值前百强企业的海外销售额占比为52.5%，其中销售额最高的企业是三星电子，高达253.5767万亿韩元。此外，韩国籍员工的人数不足一半[1]，这表明三星集团早已不是国内公司，而是一家全球性的公司。也就是说，并不是韩国籍员工在韩国国内创收，而是不同国籍的员工在全球创造利润。

现在，企业的全球化(globalization)已经超越了确保竞争力，正在加速成为可持续经营的必要条件。经营信息实时共享，随着物流的发展，财货和服务正在向全球客户提供。在利用和外包廉价劳动力方面，国境不受限制。在市场单一化为地球村、员工也提高国际多样性的趋势下，一家企业的国籍意义变得微弱。反而国家之间的

1) 三星电子在发布的2012年版《可持续发展报告》宣布，海外员工占比54%，超过了境内员工人数。

相互依赖性增加，最重要的是增进对不同文化的理解，确保在世界市场上的竞争力。

从这个角度来看，全球人力资源开发已经成为HRD不可忽视的领域。全球HRD是指跨国公司针对包括本国和当地国家员工在内的全体人员开展系统、有计划的人才开发活动。

1) 全球人才

全球整合为一个市场，意味着在全球无限竞争中，各企业在具备国际竞争力的同时需要合作。即使是在内需市场取得成功的国内企业，能否确保与世界的竞争优势，成功发掘新市场也不确定。虽然扩大海外投资的财政余力也很难，但如果不能满足对海外信息和全球人才的绝对需求，失败是不言而喻的。

为了应对全球环境，需要开发新的经营管理思想的战略能力(Bartlett & Ghoshal, 1999)，因此员工的精神能力(mindset-based capabilities)变得更加重要(Levy et al., 2007)。换句话说，全球人才(global talent)是指具有双重性包容、实际知识和好奇心、特定情况下判断能力等特殊能力的人才(HRD术语词典，2010)。这里将其定义为可以在全球市场上取得绩效的人才，并详细描述他们应具备的全球化思维和全球能力。

2) 全球化思维

全球化思维(global mind)是指处于不同社会、文化和制度环境中的个人对其拥有的他人、群体和组织产生影响的态度(Begley &

Boyd, 2003; Hitt, Javidan & Steers, 2007)。全球化思维与企业的绩效关系密切(Nummela, Saarenketo, & Puumalainen, 2004),是全球领导力开发和成功的关键因素(Oddou, Mendenhall, & Ritchie, 2000)。因此,全球化思维成为确保全球市场长期竞争优势的决定性因素,受到新的关注(Kyvik et al., 2013)。

普遍认为,全球化思维的研究是在1969年Perlmutter的研究中触发的,他对跨国公司国际经营活动中出现的基本方法进行分类并提出的。他提出的三种方法是本国中心主义(ethnocentric)、多中心主义(polycentric)和世界中心主义(geocentric)。与解决问题并使事业取得成功的优秀性被认为在本国或当地的本国中心主义和多中心主义相比,世界中心主义的观点是,好的想法可以在世界任何地方产生,无论国籍如何。

因此,世界中心主义是指跨国公司的活动和资源配置不分本国和海外市场,以世界市场为中心,选择最适合该地区的经营方式。从世界中心主义的观点来看,通用的术语是"全球化思维,本地化行动(think globally, act locally)",1980年后半期,索尼创始人A. Morita Morita首次使用的全球本地化(global localization)或全球化(glocalization)成为范式(Ohmae, 1989)。

Rhinesmith(1992)将全球化思维为从更为广阔的视角看待世界,发现意想不到的趋势或机会,以实现个人或组织的目标。他提出了具有全球化思维的管理者的六大特征,为未来的研究奠定了基础。第一、是能够以广阔的视角考虑现在和未来,收集和利用新技术、潜在市场和人力资源等相关信息.第二、以均衡的视角,解决各种影响个人和组织绩效的矛盾关系的能力。第三、为了快速应对环境变化，在全球范围内灵活配置资源、整合制度和规定的能力。第四、对其他文化持开放态度并承认价值观的多样性，以及将文化差异转化为创造力和协同作用的能力。第五、即使在不断变化和不确定的情况下，仍可以克服焦虑、维持稳定并寻求机会的进取能力。第六、持续探求和拓展新知识、新技术，可以改善目前的行为和导向的学习能力。

Javidan和Bowen（2013）将全球化思维的组成部分划分为智慧资本、心理资本和社会资本，如表13-1所示，并提出了附属因素。首先，智慧资本是指拥有针对全球性环境的信息、知识，并进行解读的全球化思维和智慧。心理资本是全球化思维的情感方面，是投身于在全球环境中的能力和意愿。如果缺乏情感和心理资本，就很难期望对多样性采取积极的态度或行动。社会资本是全球化思维的行动方面，对应于在不同文化和人民之间建立信任和形成关系网的能力。这种全球化思维进一步细化了Beechler和Javidan（2007）的观点，体现了全球化思维由个人智慧和心理态度组成，并强调了是在多样的社会文化体系中，对个人、团队和组织产生影响的知识体系。

表 13-1 全球思维集的结构[2]

资本	领域	概念和内容
智慧资本 (intellectual capital	全球商业常识 (global business savvy)	了解国际产业环境、竞争和风险环境 • 了解全球行业 • 了解全球竞争环境和营销策略。 • 管理风险和在其他国家开展业务的知识 • 了解其他国家的供应链
	世界公民主义世界观 (cosmopolitan outlook)	了解和掌握不同文化、历史和政治、经济问题的最新信息 • 对其他文化的了解 • 了解感兴趣国家的地理、历史和关键人物 • 了解世界主要地区当前的政治和经济问题 • 有关世界重大事件的最新信息
	认知复杂性 (cognitive complexity)	解读和利用从全球商业常识和世界公民主义世界观中获得的大量信息 • 快速理解复杂概念的能力 • 分析或解决问题的能力 • 理解抽象概念的能力 • 能够理解复杂问题并从中得出要点
心理资本 (psycho-logical capital)	对多样性的好奇心 (passion for diversity)	对不同文化的人和生活方式的好奇心 • 不熟悉的行为是探索世界的兴趣 • 有兴趣了解陌生的外国人 • 对在其他国家生活和工作的兴趣 • 对其他国家生活变化的兴趣
	冒险探索 (quest for adventure)	挑战和处理新鲜和不熟悉的事物的能力 • 对克服挑战性环境的经验感兴趣 • 愿意承担风险 • 愿意测试自己的能力 • 对克服难以预测的情况的经验感兴趣
	自信 (self-assurance)	即使在恶劣的全球环境中，也有能力和信任履行角色和责任 • 热情和信心 • 即使在困难的情况下也能积极坚持的能力 • 享受困难处境的能力

2) 在Javidan和Bowen(2013)的论文中，Kwon(2013)将Global Mindset的结构和本文内容用表进行了总结。

资本	领域	概念和内容
社会资本 (social capital)	对多元文化的共鸣 (intercultural empathy)	与来自其他文化的人进行良好的沟通和合作 · 与外国人顺利合作 · 与外国人进行非语言交流的能力 · 能够与其他文化形成情感同理心 · 与外国人友好相处的能力
	人际关系影响力 (interpersonal impact)	建立一个可以与其他文化中的人进行协商并发挥影响力的网络 · 有国外合同谈判经验 · 与其他文化或有影响力的外国人建立网络 · 作为领导者的声誉 · 可靠性
	社交能力 (diplomacy)	通过给其他文化的人持续的感动，保持积极的印象 · 能够与初次见面的外国人轻松交流 · 整合不同观点的能力 · 能够倾听别人所说的话 · 合作意愿

3) 全球胜任力

依据韩国大学生核心胜任力诊断工具(K-CESA)的定义，全球胜任力是指适合全球化时代的国际意识和态度以及所需的能力。胜任力是优秀执行者所持有的特性，由心理上的成功因素、知识、技能和行动的多层结构组成，基于胜任力的教育课程具体为解决问题和提高绩效做出贡献，因此作为胜任力强化政策和教育与绩效的联系方法论备受关注。例如，在OECD的高校学生学习成果评估(Assessment of Higher Education Learning Outcome，以下简称AHELO)中，以提高大学的教育能力和学习者的深层理解为目的，利用以胜任力为基础的教育就是一个例子。Kwon(2013)提出了以胜任力为基础的课程(competency-based curriculum)作为培养全球化思维的实效性方法，并以其设计框架提出了全球化思维和全球胜任力之间的关系，如图13-1所示。

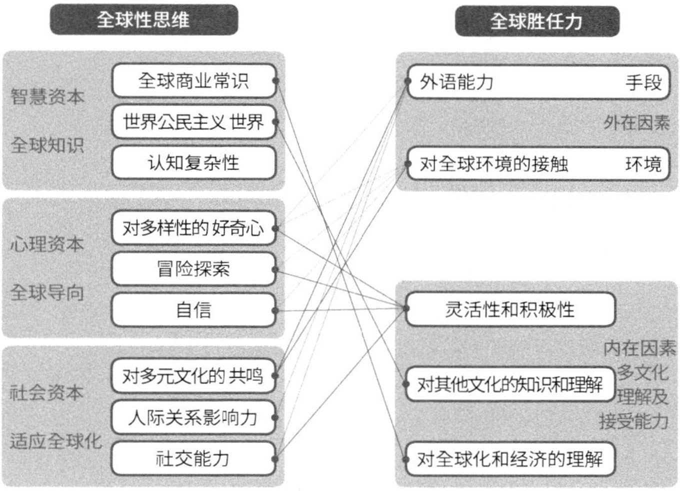

图13-1 全球化思维与全球胜任力之间的关系图(Kwon, 2013)

从图13-1中可以看出，全球性思维由对系统的知识、对象所持有的态度、技巧或方法论的技术组成。这里，智慧资本(即知识)和心理资本(即态度)与接受和理解多元文化的能力有直接性的关联，是全球胜任力的内在要素，而外语能力和对全球环境的接触则与属于全球性思维的态度范畴的心理资本，以及属于技术范畴的社会资本有间接性的关联，是学习者的外在要素。因此，要成长为全球人才，必须从认知、情感、行动等全方位的角度实施开发方案(intervention)，培养全球思维。相互反馈和反思过程对于通过概念理解和经验带来感知和行动的变化是必要的。这是因为正规教育只涉及认知领域的比例很高，对于促进全球思维价值意识或自然接受全球化和多样性没有多大作用。

4) 全球人力资源开发

日益深化的全球化要求在所有产业中以国际竞争力为基础的国际经营眼光。国内企业也越来越关注发掘和培养具备适应全球环境的全球能力的人才(Kim, Park, & Lim, 2010)。但是，由于2000年代以后全球化全面展开，系统的全球人力资源开发还不够充分。

实际上,从国内6家大企业的事例来看(Park & Kwon, 2012),全球教育集中在海外驻外人员,比起支援企业战略和未来价值,还停留在紧急性和立即应对层面。驻外人员(expatriates)是以派遣到海外或立即用于全球事业为目的的人力，主要以语言能力、适应他国文化、领导能力为重点进行事前培养教育或派遣前集中教育;当地聘用人员(locals，以下简称:当地人)作为组织负责人(将)的领导能力教育或以奖励优秀人才为目的去往韩国接受教育。

像这样，韩国国内企业的全球教育是以以市场及业务执行所需的知识和沟通为重点的语言教育为中心，韩国人通过学习当地文化，当地人通过学习韩国文化营造关系改善的简单结构。但是，与其将全球教育简单地分为驻外人员和当地人，还不如从多样性管理的角度出发，实现目的和内容的多元化。更何况，从企业持续经营的角度来看，培养符合全球环境的的员工的思想是必要条件

(Kyvik et al., 2013)因此需要设计全球教育。

表 13-2 是韩国国内企业除了以培养全球业务能力为目的的教育之外，还为培养全球思维而实施的代表性教育模块，目标是以对世界经济和全球商务的知识为基础，有效管理工作场所中的文化矛盾和冲突，增强人际关系的影响力。

将企业全球思想教育模块的各内容对应全球化思维结构进行分析，可以发现其涵盖了构成个人的智慧资本、心理资本、社会资本的各个领域的内容。但是，比起心理和社会领域，更注重理解的智慧领域的比重过高，因此很难引导可以称为学习效果的持续行动变化(Driscoll, 2000)。因为对多样性管理、全球公民意识、文化差异等的讨论或案例分析等有助于提高认知复杂性，但在增进全球思想价值观或自然接受全球化和多样性(Barak、Cherin、& Berkman, 1998)方面有限。更何况，考虑到培训时间长达2-8小时，有必要从小组讨论对全球化思维开发有效的方法(DeLoach、Saliba、Smith、& Tiemann, 2003)或思想形成方面探讨培训时间的可行性。

思维方式的形成应该从长远的角度重复，直到体现在行动中，根据被教育者的类型(按角色和职位，在外派之前/期间/之后，准驻外人员，国内的全球业务人员等)或教育目的，区分内容水平、教学方法和学习评估。然而，培养全球化思维的教育除了投入时间外，没有其他重大的变化的情况下，与生俱来具有其局限性。

表 13-2 全球胜任力态度层面的教育模块[3)]

模块名称/时间	目的	主要内容	认知智力资本	情绪心理资本	行动社会资本
全球商业热点和趋势(2小时)	了解全球经济和经营战略的变化和趋势	全球经济趋势(欧元体制一体化和崩溃，中国崛起和动摇的美国地位)	全球商业常识		
		新兴国家会继续增长吗?	全球商业常识		
		21世纪经营环境变化(国际化、信息化、复合化等)	全球商业常识		
		全球经营问题和克服这些问题的经营战略案例	认知复杂性	冒险探索，自信	
全球化思维(3小时)	全球化思维的态度转变	通过游戏认识不同国家的文化差异		冒险探索，自信	
		外国人眼中的韩国人的商业事例		冒险探索，自信	
		东方人和西方人对事物和情况的观点差异	世界公民主义世界观		对多元文化的共鸣
		如何改变这种文化扭曲的视角	认知复杂性	冒险探索，自信	
		理解不同国家的意识及民族性(权力、个人主义、集体主义、男性与女性特质、不确定性因素等)	世界公民主义世界观		
		工作中发生的文化冲突和冲突案例	认知复杂性		人际关系影响力
		全球思维设置的考虑事项，理解文化冲突阶段和克服方案	认知复杂性	冒险探索，自信	
		全球公民意识和理解全球文化的态度	世界公民主义世界观		对多元文化的共鸣

3) 该教育模块由(株)Global T&D计开发，在三星电子、现代起亚汽车、LG化学等国内多家大企业用于面向海外驻在人员的教育。

培养全球化思维不应局限于驻外人员和当地人，而应被视为在价值管理层面确保核心竞争力，将总部和分散在不同国家子公司结合成一个单一的文化社区。根据Kwon Soon-won和Oh Yu-jung(2010)的研究，根据当地情况调整和利用总部的政策、制度和系统，对人力资源管理方面的绩效更为积极。换言之，这不是在“总部主导的普遍主义或地方主导的情境主义”中二选一，而是有必要促进员工在核心价值上达成统一的认知，并引导他们对面临的情况做出适当并一贯的对应。

表 13-3 全球HRD成熟度水平和活动(Park & Kwon, 2012)

区分		全球HRD成熟度水平		
		教育培训执行水平	企业战略支持水平	未来价值支持水平
全球HRD活动	目的	• 紧迫性和有效性 • GHRD计划·服务	• 与全球战略的联动	• 为创造未来经营价值的人力资源开发
	内容	• 提供教育课程 • 教育需求对应 • 教育项目外包	• 全球胜任力开发 • 全球核心人才管理 • 与全球战略的联动	• 重新定义价值创造 • 全球能力转移 • 利用全球人力资源
	需要的HRD能力	• 教育运营能力 • 顾客需求对应服务 • 外包管理 • 适应当地	• 战略视角 • 管理变革 • 沟通 • 伙伴关系	• 战略观点 • 全球视角 • 经营者的观点 • 适应回返任职
	程序示例	• 驻外人员派遣前培训 • 当地招聘的实践培训	• 区域与市场研究 • 当地招聘本国派遣教育	• 当地招聘管理人员培训 • 先培养未来法人代表 • 即将回返任职的驻外人员

表13-3 根据全球人力资源开发成熟度总结了人力资源开发活动的目的和内容。Park和Kwon(2012)建议，为了海外事业，在早期阶段，需要将教育集中在本国招聘的驻外人员上。但是到了需要支持企业战略的阶段时，需要将人力资源开发的重点转移至在当地雇佣的员工上。最终企业必须培养能够在包括本国在内的全球市场上持续产出绩效的人才。

结合业务的全球战略,构建全球HRD的制度和组织,开展人力资源开发活动,具体分阶段来看如下。Lee(2011)主张,考虑到通过劳动市场在当地调配必要人力的可能性、当地国家的文化环境、组织内部条件和人力资源的能力,适用人力资源开发活动。图13-2 是随着全球事业战略的展开，全球人力资源开发的情况。在创业阶段，建议照搬本国的HRD政策和制度,在功能成长阶段,承认当地国家的HRD自律权的战略是正确的。随着技术专业化和市场及产品的扩大,在确立海外分公司的阶段,本土化是必须的。但是,如果经过功能成长阶段,因有限的资源和激烈的竞争,将焦点放在生产性和费用上,就会按区域整合组织,在这种受控的成长阶段,HRD也要将子公司捆绑在一起,以地区为单位运营。到了战略整合阶段,整个企业将作为一个网络运营,因此需要泛世界化,进行新形态的组织结构和战略管理。

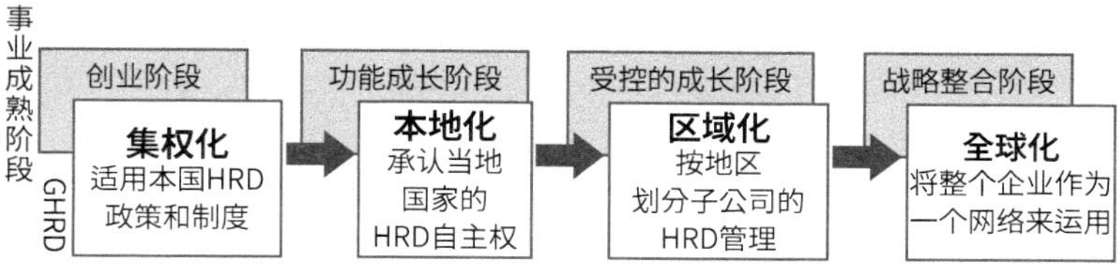

图 13-2 全球业务战略和全球HRD

Lee(2017)主张逐步发展企业总部与海外法人之间的有机HRD体系。他说:"虽然需要根据总公司和法人之间的作用和能力进行组织优化,但核心是根据全球HRD的原则和标准的培养。"初期,为了将驻外人员和长期派遣者派遣到海外地区,将建立全球HRD体制。随着本地化HRD经理和成员的聘用及培养的进展,开展海外地区总管HRD组织,加速本土化。最终,随着驻外人员和长期派遣者的回返任职,海外地区总管HRD组织将自行运营。

以上所述为基础,可以提出以下问题,确认全球人力资源开发的成败。第一, 是否让他们理解有多种多样的复合型异文化?第二, 可以建议如何整合和调整其他国家的文化吗?第三, 早期是否选拔了具有全球化思想的人才并促进了全球化?第四, 是否开发了包括全球经营教育和异文化训练等在内的多种项目? 第五, HRD活动中是否充分反映企业的全球化战略和全球化目标?最后, 是否将全球人力资源开发战略与企业的价值、使命、战略相匹配?如果能做到了上述内容,全球人力资源开发将成为促进企业全球化、确保世界市场可持续性的执行动力(enabler)。

2 | HRD 趋势与终身学习

有些学校不需要讲师、教科书、学费、学历。名为Ecole 42，法国IT技术学校[4]。超过7万名的青年报名，只有1000多人参加历时4周的新生选拔过程。其中只有1/3入学，自己成长为最好的IT工程师。只要有能力搜索所需信息，就像玩游戏一样，一步一步解决课题，培养算法发展能力。该革新学校为学习者自发地参与和投入解决问题，提供游戏性的IT环境作为学习空间[5]。所有必要的知识都像MOOCs(Massive Open Online Courses)一样，通过网上公开的各种讲座学习，并在网络公告栏上、学校线上线下进行相互反馈。只要提供平台，教授和学习者就没有必要在同一时间和空间见面一起学习。根据自己的水平，根据自己的需要，进行最佳的学习和取得最好的绩效就可以了。急剧变化的技术和随之而来的新教学-学习技巧的发展，不仅对人力资源开发的方法论，而且对目的和内容也产生了很大的影响。

1) HRD 地位的转换

随着工业社会向知识信息化社会的转变，企业从多水平(multi-level)的角度出发，从内部资源——个别组织和个人胜任力等无形资产中寻找竞争优势的源泉。

4) Xavier Niel和Nicolas Sadirac是2013年共同设立的教育机构，不仅学习者的教育满意度高，就业率、年薪、优秀实力也让毕业生和产业界满意度非常高。

5) 引入游戏设计元素并提供最佳的学习环境称为基于游戏的学习。

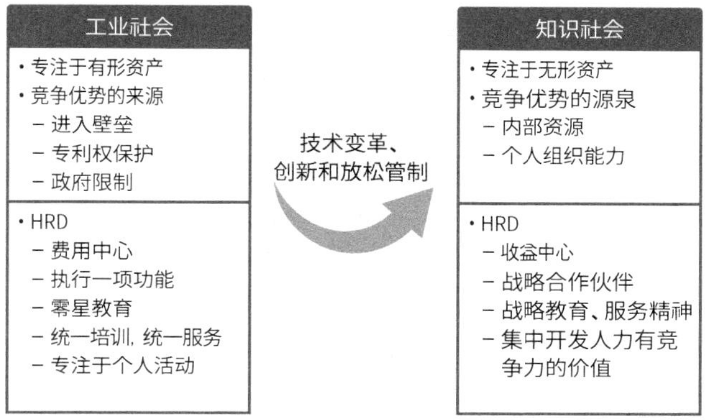

图 13-3 经营范式的转变与HRD

因为技术变化，革新、放宽限制的巨大趋势降低了外部因素或有形资产的影响力，就像之前左右绩效的进入壁垒、政府限制、专利权保护一样。人力资源开发也是为个人提供教育服务的职能部门和费用中心，因此被要求成为开发人力有竞争力价值的战略合作伙伴。

为了使人力资源开发人员在组织内获得新的地位，首先必须证明人力资源开发人员的职能和角色的必要性。必须制定有效的计划，并努力将人力资源开发纳入战略规划过程。为此，必须衡量人力资源开发活动对组织的积极影响，并将结果传达给组织的决策者。这一过程的成果导致人们认识到“学习对于竞争力至关重要”，因此对人力资源开发进行了积极投资。最终，必须揭示人力资源比财力或物质资源更有价值。HRD的地位就是人力资源的价值。

2) 人力资源开发的趋势和未来应对

随着信息和知识成为增值生产的支柱，预计2020年全球数字信息量将超过90ZB(吉比特，1ZB是千兆的1万亿倍)[6]。随着信息量的增加，信息的寿命反而缩短了。2000年初也不存在的数据科学家(data scientist)职业在年薪、职业满意度、工作岗位数等方面从2016年开始连续3年被评为最高[7]。数据科学家收集和分析信息，为制定有意义的企业战略提供重要基础。在数据科学家的参与下得出的新商业范式的销售额扩大和成本降低效果证明，数据比营销和质量更重要。但是，培养数学、统计学、计算机工程等信息技术(IT)和经营、通信等人文社会领域的创意融合型人才并不容易。

从2018学年开始，韩国在中小学推行以人文、社会学、人文学科等基础知识为基础，培养具备未来社会所需的人文想象力和科技创造力的创意融合人才的课程(教育部，2015)。中小学课程的创新修订需要一定的时间才能取得明显成效。大学等高等教育机构通过融合专业和除辅修专业外的多个专业等灵活的学术体系正在更快地发生变化。这些尝试是由行业和公司所需人才类型的变化引发的。

特别是，看似不断增长的世界经济正如Cowen(2011年)的著作《大停滞(great stagnation)》所说，正在陷入低增长时代。低增长(low-growth)是指实际增长率低于潜在增长率，即最大限度地利用国家存在的所有生产资源时可实现的国内生产总值(GDP)增长

6) 数据来自市场研究公司IDC(中央日报，日期：2018.11.10.，https://news.joins.com/article/23112392)

7) 世界最大的职场评价网站Glassdoor每年发表的资料

率的相对概念(Lee,2011)。低增长时代并不是说一两年的经济增长率会下降,而是会持续很长时间,因此具有严重性。以韩国为例,截至2018年第二季度,实际国内生产总值(GDP)增长率为2.9%,2008年以后持续呈现出3%左右的低增长。

设备运转率低、高失业率、需求低下、负债过剩、财政赤字等因素对低上市时代产生巨大影响(Kelly & Weber, 2012),这种低增长的基调也将给HRD领域带来巨大的挑战。我们曾在1997年外汇危机后,HRD部门被多数企业指定为第一次结构调整对象,经历了合并。但此后,对没有诊断成果的无差别教育训练缩小进行了反省,从此组织绩效相关活动再次受到关注,强调了HRD和绩效的联系性(Shin & Kwon, 2013)。

为了应对未来, HRD的动向从三个方面来看如下。第一, 个人及组织创意力的开发。创意不是由一个天才创造的。只有各领域的从业人员进行有效的合作, 才能取得成功。世界顶级设计企业IDEO的CEO Tim Brown表示,随着产品、服务的复杂性增加,"孤独的天才"的位置将由"热情、跨学科的合作者"占据。共同创造的创造或革新不会在某个瞬间像闪光一样出现,而是在创意交换及反馈过程中逐渐浮现(emerge)。Schumpeter表示,以新的方式重组现有资源,创造新的东西是"创造性破坏",不是从无到有的创造。

第二,自我组织学习环境(Self-Organized Learning Environment, SOLE)的组成。Mitra(2010)主张的这一概念应该促进学习者原有的好奇心,营造自己学习的环境。SOLE的要求是主动参与、好奇心、自发的学习内容结构化、社会学习、合作学习、教授的鼓励和促进。

第三，寓教于乐的(play-based)学习文化。Thomas和Brown(2011)主张,不是单纯地学习和管理知识,参与知识创造的网络和连接性是学习文化的核心。他们说,应该掌握技术及社会变化的潮流,自发地参与获取和创造知识,并促进参与者之间的相互作用,拥有多维沟通渠道和游戏。从"Homo Ludens"一词中可以看出,人类通过丰富的想象进行多样的创造活动,这样的结果为学问和艺术等人类的整体发展做出了贡献。第七代HRD范式(Lee, 2017)是为了在愉快的游戏中引导创意想法和投入实践的人力资源开发活动。这最终的前提是组织必须激发和提高其成员在创造未来长期绩效的潜力。

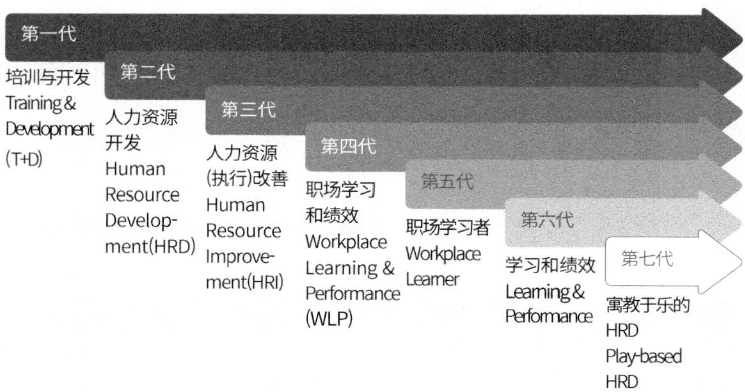

图 13-4 HRD范式的变化

3) 国家人力资源开发与终身学习

人力资源开发从培养企业所需的人力资源开始。最初的重点是培养公会这种职务级别组织所需的人才，在短时间内培养大量企业组织所需的高技能人才。随着组织单位的进一步扩大，出现了区域人力资源开发（RHRD）和国家人力资源开发（NHRD）等术语。韩国国家人力资源政策委员会（2001）将国家人力资源开发定义为“在二十一世纪的知识社会中，国家和社会为提高国民个人的生活质量，并强化国家实力，在人力资源的有效开发、利用和维持管理方面付出的努力。”

在韩国，引入教育部总理制度最早是在2000年金大中总统的新年致辞中宣布的，并于当年成立了人力资源开发会议并启动了总统顾问新教育共同体委员会作为教育和人力资源政策委员会。2001年，教育部成立人力资源开发专门小组进行研究，重组为教育与人力资源开发部，建立教育部总理制度。《人力资源开发基本法》于2002年通过，并于次年生效。然而，该法案在2008年李明博执政期间通过修改其他法律而消失在历史中。

然而，NHRD政策和项目不断实施，形成社会伙伴关系，为国家可持续发展奠定基础。首先，为了提高当地居民的生活质量，增强当地社区的发展和竞争力，通过当地人力资源的培训和利用，促进区域人力资源开发（RHRD）。特别强调再教育和文化艺术等休闲活动。二是通过运行人力资源开发优秀机构认证制度（Best HRD），政府通过专家评审，对具有优秀人力资源开发和管理能力的机构进行认证。第三，我们已经建立并正在运营人力资源开发相关信息的生产、发布和使用的信息网络以及政府资助的研究机构和教育机构的合作网络。

国家人力资源开发有三个轴:在进入社会之前通过学校教育培养人力资源、培养进入劳动力市场后直接为劳动世界创造附加值的人力资源、在学校以外领域培养更多繁荣资源这是一种涵盖以生活为导向的人力资源开发的所有轴的尝试。目前,已分为学校教育、企业教育、终身教育。最终,一致的目标是通过教育和学习,增强竞争力,追求幸福生活,实现个人、国家和社会的可持续发展。

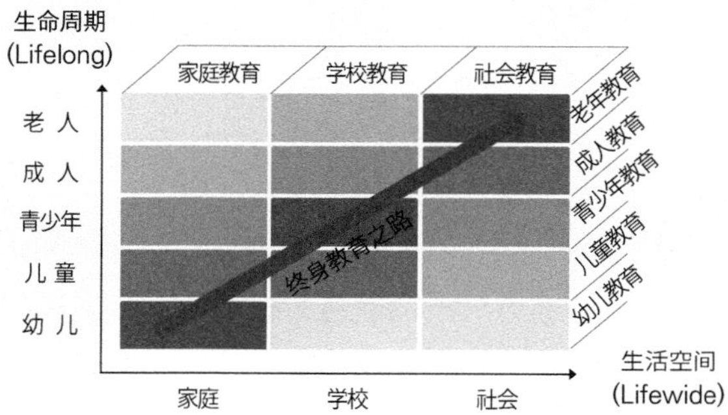

图 13-5 终身学习

终身学习(lifelong learning)是具有学习本能的人出生到死亡为止,在家庭、学校、社会等空间里,为提高生活形式和知识水平而进行教育和学习的过程。在知识信息化社会,鼓励和支持所有人根据自己的需要和能力学习,是为了培养所有人的自主学习管理能力,在急剧变化的时代中拥有可持续性。因此,在时代状况变化中,建立终身学习社会不仅是国家层面,也是地区、企业组织、学校和社会、个人和家庭都参与制度和基础设施建设和实施的领域。

自我充电站

要想读懂世界，一辈子都要提高阅读能力……

斯大林执政时期的对外宣传用统计被歪曲的事例广为人知。第一个五年计划中钢铁生产量目标是1千30万吨,事业开始年度1928年的生产量为420万吨。也就是说,只有实现610万吨的产量增加,才能实现目标。

但项目结束后，实际产量仅为590万吨。与初期420万吨的标准值相比，实际增加量仅为170万吨，目标实现率仅为27.9%。但斯大林政权宣传目标实现率为57.3%。将标准设定为1300万吨，除以业绩值590万吨。按照这个荒唐的计算方法，项目初期的420万吨已经达到了目标的40.8%(420÷1030)。

无论哪个时代，统计数据都可能被人为扭曲。没有比统计数据更好的材料来大规模生产“假新闻”。这是因为可以通过大家都回避的数据来掩盖真实意图。有些人贬低统计数据是完全谎言。但是，我们不能单方面忽略统计数据。国家统计尤其如此。这是因为从统计数据获得的信息是所有决策的基础。个人上班时，选择乘坐公交车还是地铁，最终是基于经验数据的统计概率做出的决定。

9月8日是联合国教科文组织指定的“国际扫盲日”。文盲是指不能识字的状态。感谢世宗大王创造的韩文，韩国的文盲率非常低。然而，能够阅读和理解文字的人口比例以及阅读理解率在经合组织(OECD)成员国中是最低的。我们经常看到我们周围的成年人即使尝试阅读报纸上的文字也无法理

自我充电站

解。这意味着实际上有很多文盲。

如今，从各种媒体涌入的信息不仅限于文字。包含信息的统计数据与文字一样重要。要注重理解统计、阅读准确信息的能力，也称为统计阅读理解能力。就像文盲遇到难词一样，当你面对统计数据或数字时，你是否也应该反思一下自己是否敷衍了事。文盲曾经是欺骗、剥削和歧视的基础，而文盲与固执地选择性地只接受与自己现有的思想和信仰相符的信息直接相关。这是我们必须牢记的有害影响，也是我们必须紧急促进扫盲的原因。

1 请提出一个从终身学习角度提高阅读理解能力的计划。

2 找出韩国阅读理解能力严重的领域并解释原因(统计阅读理解能力、政治阅读理解能力、财务阅读理解能力等)。

參考文獻

▶ Chapter 1

Chalofsky, N. (1992). A unifying definition for the human resource development profession. *Human Resource Development Quarterly*, *3*(2), 175-182.

Chalofsky, N., & Lincoln, C. (1983). *Up the HRD ladder*. Reading, MA: Addison-Wesley.

Gilley, J. W., & Eggland, S. A. (1989). *Principles of human resource development* (1st ed.). Massachusetts: Addison-Wesley.

Gilley, J. W., Eggland, S. A., & Gilley, A. M. (2002). *Principles of human resource development* (2nd ed.). Massachusetts: Addison-Wesley.

Harbison, F., & Myers, C. A. (1964). *Education, manpower and economic growth: Strategies of human resource development.* New York, NY: McGraw-Hill.

Jones, J. (1981). *The 1981 annual handbook for group facilitators.* San Diego, CA: University Associates.

Kim, Moon-Jun, & Kim, Han-Jun. (2016). *Strategic HRD is competitiveness.* Seoul: BG book gallery.

Lee, M. (1997). The developmental approach: a critical reconsideration. In J. Burgoyne & M. Reynolds (Eds.), *Management learning* (pp. 199-214). London, England: Sage.

Lee, M. (2001). A refusal to define HRD. *Human Resource Development International*, *4*(3), 327-341.

Lee, M. (2016). *On the nature of human resource development: Holistic agency and an almost-autoethnographical exploration of becoming*. New York, NY: Routledge.

Mankin, D. P. (2001). A Model for human resource development. *Human Resource Development International*, *4*(1), 65-85.

Marquardt, M. J., & Engel, D. W. (1993). HRD competencies for a shrinking world. *Training and Development, 47*(5), 59-65.

Marsick, V. J., & Watkins, K. E. (1994). The learning organization: An integrative vision for HRD. *Human Resource Development Quarterly, 5*(4), 353-360.

McLagan, P. A. (1989). Models for HRD practice. *Training and Development Journal*, *43*(9), 49-59.

McLean, G. N., & McLean, L. (2001). If we can't define HRD in one country, how can we define it in an international context? *Human Resource Development International*, *4*(3), 313-326.

參考文獻

Nadler, L. (1970). *Developing human resources.* Houston, TX: Gulf.

Nadler, L., & Nadler, Z. (1989). *Developing human resources: Concepts and a model* (3rd ed.). San Francisco, CA: Jossey-Bass.

Passmore, D. L. (1997). Ways of seeing: Disciplinary bases of research in HRD. In R. A. Swanson & E. F. Holton Ⅲ (Eds.), *Human resource development research handbook* (pp. 199-214). San Francisco, CA: Berrett-Koehler.

Rothwell, W. J., Sanders, E. S., & Soper, J. G. (1998). *ASTD models for workplace learning and performance: Roles, competencies, and outputs.* Alexandria, VA: ASTD.

Shanmugam, A. (Producer). (2008). SAP human resources. Retrieved from https://goo.gl/ADzvKX

Smith, R. (1988). *Human resource development: An overview.* Washington, DC: Office of Educational Research and Improvement.

Stewart, J., & McGoldrick, J. (1996). *Human resource development: Perspectives, strategies and practice.* London, England: Pitman Publishing.

Sugrue, B., O'Driscoll, T., & Blair, D. (2005). What in the world is WLP? *T&D, 59*(1), 51-52.

Swanson, R. A. (1987). *Human resource development definition.* St. Paul, MN: University of Minnesota, T&D Research Center.

Swanson, R. A. (1995). Human resource development: Performance is the key. *Human Resource Development Quarterly, 6*(2), 207-213.

Swanson, R. A., & Holton Ⅲ, E. F. (2009). *Foundations of human resource development* (2nd ed.). San Francisco, CA: Berrett-Koehler Publishers.

Wang, G. G., Werner, J. M., Sun, J. Y., Gilley, A., & Gilley, J. W. (2017). Means vs ends: Theorizing a definition of human resource development. *Personnel Review, 46*(6), 1165-1181.

Watkins, K. E. (1989). Business and industry. In S. Merriam & P. Cunningham (Eds.), *Handbook of adult and continuing education* (pp. 422-430). San Francisco, CA: Jossey-Bass.

Werner, J. M. (2014). Human resource development≠Human resource management: So what is it? *Human Resource Development Quarterly, 25*(2), 127-139.

Werner, J. M., & DeSimone, R. L. (2012). *Human resource development* (6th ed.).

參考文獻

Mason, OH: Thomson South-Western.

Wilson, J. M., Goodman, P. S., & Cronin, M. A. (2007). Group learning. *Academy of Management Review, 32*(4), 1041-1059.

▶ Chapter 2

Ahn, Hee-Don. (2013). The improvements in educational environment during the late Roman Republic. *The Korean History Education Review*, *126*, 277-301.

Chang, Suk-Min. (1985). A study of the educational characteristics of the apprenticeship system in medieval times. *The Journal of Vocational Education Research, 4*(1), 135-141

Cummings, T. G., & Worley, C. G. (2008). *Organization development and change* (9th ed.). Mason, OH: South-Western Cengage Learning.

Dooley, C. R. (2001). The training within industry report 1940-1945. *Advances in Developing Human Resources, 3*(2), 127-289.

Ford, H. (1922). *My life and work*. Garden City, NY: Doubleday, Page & Company.

Gilley, J. W., & Gilley, A. M. (2003). *Strategically integrated HRD: A six-step approach to creating results-driven programs*. Cambridge, MA: Perseus Publishing.

Gilley, J. W., & Maycunich, A. (1998). *Strategically integrated HRD: Partnering to maximize organizational performance*. Reading, MA: Addison-Wesley.

Joseph, M., & McGlinn, M. (2002). *The trivium: The liberal arts of logic, grammar, and rhetoric.* Philadelphia, PA: Paul Dry Books.

Knowles, M. S. (1970). *The modern practice of adult education: Andragogy versus pedagogy.* Chicago, IL: Follett.

Lee, Sang-O. (2013). Hermeneutic comparative research: Negative education of Jean Jacques Rousseau and positive education of Immanuel Kant. *Theory and Practice of Education*, *18*(1), 65-103

Lewin, K. (1947). Frontiers in group dynamics: Concept, method and reality in social science; social equilibria and social change. *Human Relations, 1*(1), 5-41.

Mayo, E. (1933). *The human problems of an industrial civilization.* . New York, NY: Macmillan Company.

Park, Ju-Byung. (2017). The seven liberal arts and the six arts: An implication of ancient

參考文獻

curriculum in Greece and China. *The Journal of Educational Research*, *15*(2), 39-60.

Rothwell, W. J. (2002). *The workplace learner: How to align training initiatives with individual learning competencies.* New York, NY: American Management Association.

Rothwell, W., & Wellins, R. (2004). Mapping your future: Putting new competencies to work for you. *Training & Development, 58*(5), 94-101.

Shin, Byung-Jun. (2004). Luther's influence on human education thought in the modern age. *Theory and Practice of Education*, *9*(2), 91-112.

Taylor, F. W. (1911). *The Principles of Scientific Management.* New York, NY: Harper & Brother Publishers.

Yang, Kyong-Suk. (2014). Research on Pestalozzi's theory of 'life education.' *The Korean Journal of Phenomenological and Hermeneutic Educational Practice*, *11*(1), 87-107.

▶ Chapter 3

Ansoff, H. I. (1965). *Corporate strategy: An analytic approach to business policy for growth and expansion.* New York, NY: McGraw-Hill Companies.

Beer, M., & Spector, B. (1989). Corporate wide transformations in human resource management. In R. E. Walton & P. R. Lawrence (Eds.), *Human resource management trends and challenges* (pp. 219-253). Boston, MA: Harvard University School Press.

Burgoyne, J. (1988). Management development for the individual and the organisation. *Personnel Management, 67*(6), 40-44.

Garavan, T. N. (1991). Strategic human resource development. *Journal of European Industrial Training, 15*(1), 17-30.

Garavan, T. N. (2007). A strategic perspective on human resource development. *Advances in Developing Human Resources, 9*(1), 11-30.

Garavan, T. N., Costine, P., & Heraty, N. (1995). The emergence of strategic human resource development. *Journal of European Industrial Training, 19*(10), 4-10.

Gilley, J. W., & Maycunich, A. (2000). *Organizational learning, performance, and change: An introduction to strategic human resource development.* Cambridge, MA: Perseus Publishing.

參考文獻

Grieves, J. (2003). *Strategic human resource development.* London, England: Sage.

Lawrie, J. (1986). Revitalizing the HRD function. *Personnel, 63*(6), 20–25

Lee, Chan, Park, Haesun, Jeong, Bo-Young, Jeon, Dong-Won, & Park, Yeonjeong. (2012). The development of diagnostic criteria for strategic Human resource development activities. *Journal of Corporate Education and Talent Research*, *14*(2), 155–178.

Lee, R. (1996a). The 'pay forward' view of training. *People Management, 2*(3), 30–32.

Lee, R. (1996b). *What makes training pay?* . London, England: Institute of Personnel and Development.

McCracken, M., & Wallace, M. (2000a). Towards a redefinition of strategic HRD. *Journal of European Industrial Training, 24*(5), 281–290.

McCracken, M., & Wallace, M. (2000b). Exploring strategic maturity in HRD – rhetoric, aspiration or reality? *Journal of European Industrial Training, 24*(8), 425–426.

Peterson, S. L. (2008). Creating and sustaining a strategic partnership: A model for human resource development. *Journal of Leadership Studies, 2*(2), 83–97.

Rothwell, W. J., & Kazanas, H. C. (1989). *Strategic human resource development.* Englewood, Cliffs, NJ: Prentice Hall.

Shin, Duk-Sang. (2007). Strategic human resource development in Best HRD verified institutions research on measuring maturity. *Journal of Korean HRD Research*, *2*(2), 57–81.

Walton, J. (1999). *Strategic human resource development.* London, England: Prentice Hall.

▶ Chapter 4

Boyatzis, R. E. (1982). *The competent manager: A model of effective performance.* New York, NY: John Wiley and Sons.

Choros, J. (2016). Canada's overqualified workforce is growing. *Insight, Yahoo Finance,* from https://goo.gl/hMnqQv

Dubois, D. D. (1993). *Competency-based performance improvement: A strategy for organizational change.* Amherst, MA: HRD Press, Inc.

Dubois, D., & Rothwell, W. J. (2004). *Competency-based human resource management.* Boston, MA: Davies-Black Publishing.

參考文獻

Eom, Miri, & Kwon, Jung-Eon. (2017). Research on deriving core competencies in schoolteachers' career guidance and counseling works. *Journal of Vocational Education & Training, 20*(2), 125-160.

Erdogan, B., Bauer, T. N., Peiró J. M., & Truxillo, D. M. (2011). Overqualified employees: Making the best of a potentially bad situation for individuals and organizations. *Industrial and Organizational Psychology, 4*(2), 215-232.

Flanagan, J. C. (1954). The critical incident technique. *Psychological Bulletin, 51*(4), 327-358.

Hay Consulting Group. (2002). *High performer competency*. Seoul, South Korea: Sigma Insight.

Kim, Sun-Hee, Park, Sung-Min, & Kwon, Jung-Eon. (2010). *The practice for developing corporate education program*. Gyeonggi: Seohyunsa.

Kwon, Jung-Eon et al. (2016). *Designing a distance training curriculum for schoolteachers' core job competency strengthening training (Task 3: Career guidance and counseling activities)*. Daegu: Korea Education and Research Information Service.

Lucia, A. D. & Lepsinger, R. (1999). *The art and science of competency models: Pinpointing critical success factors in organizations.* San Francisco, CA: Jossey-Bass.

Markides, C., & Williamson, P. (1994). Related diversification, core competencies and corporate performance. *Strategic Management Journal, 15*(S2), 149-165.

Maynard, D. C., Brondolo, E. M., Connelly, C. E., & Sauer, C. E. (2015). I'm too good for this job: Narcissism's role in the experience of overqualification. *Applied Psychology, 64*(1), 208-232.

McClelland, D. C. (1973). Testing for competence rather than for intelligence. *American Psychologist, 28*, 1-14.

McClelland, D. C. (1976). *A guide to job competency assessment.* Boston, MA: McBer.

McClelland, D. C., & Dailey, C. (1972). *Improving officer selection for the foreign service.* Boston, MA: McBer and Company.

Prahalad, C. K. & Hamel, G. (2001). The core competence of the corporation. *Harvard Business Review, 68*(3), 79-91.

參考文獻

Quintini, G. (2011). Over-qualified or under-skilled. A review of existing literature. OECD Social, employment and migration. *Working paper, No. 121.*

Senge, P. M. (1990). *The fifth discipline: The art and practice of the learning organization.* New York, NY: Doubleday/Currency.

Spencer, L. M. & Spencer, S. M. (1993). *Competence at work: Models for superior performance.* New York, NY: Wiley.

▶ Chapter 5

Adams, J. S. (1963). Toward an understanding of inequity. *Journal of Abnormal and Social Psychology, 67*(5), 422-436.

Alderfer, C. P. (1969). An empirical test of a new theory of human needs. *Organizational Behavior and Human Performance. 4*(2), 142-175.

Ashforth, B. E., & Kreiner, G. E. (1999). "How can you do it?": Dirty work and the challenge of constructing a positive identity. *Academy of Management Review, 24*(3), 413-434.

Berg, J. M., Grant, A. M., & Johnson, V. (2010). When callings are calling: Crafting work and leisure in pursuit of unanswered occupational callings. *Organization Science, 21*(5), 973-994.

Berg, J. M., Wrzesniewski, A., & Dutton, J. E. (2010). Perceiving and responding to challenges in job crafting at different ranks: When proactivity requires adaptivity. *Journal of Organizational Behavior, 31*(2), 158-186.

Bond, F. W., Flaxman, P. E., & Bunce, D. (2008). The influence of psychological flexibility on work redesign: Mediated moderation of a work reorganization intervention. *Journal of Applied Psychology, 93*(3), 645-654.

Cummings, T. G., & Worley, C. G. (2008). *Organization development and change* (9th ed.). Mason, OH: South-Western Cengage Learning.

Demerouti, E., Bakker, A. B., Nachreiner, F., & Schaufeli, W. B. (2001). The job demands-resources model of burnout. *Journal of Applied psychology, 86*(3), 499-512.

Drucker, P. F. (1939). *The end of economic man.* New York, NY: John Day Company.

Drucker, P. F. (1954). *The practice of management.* New York, NY: Harper & Brothers.

Hackman, J. R. & Oldham, G. R. (1976). Motivation through the design of work: Test of a theory. *Organizational Behavior and Human Performance, 16*(2), 250-279.

參考文獻

Hackman, J. R., & Oldham, G. R. (1980). *Work redesign.* Reading, MA: Addison-Wesley.

Herzberg, F. (1964). The motivation-hygiene concept and problems of manpower. *Personnel Administrator, 27*(1), 3-7.

Herzberg, F., Mausner, B., & Snyderman, B. B. (1959). *The motivation to work* (2nd ed.). New York, NY: John Wiley & Sons.

Hornung, S., Rousseau, D. M., Glaser, J., Angerer, P., & Weigl, M. (2010). Beyond top-down and bottom-up work redesign: Customizing job content through idiosyncratic deals. *Journal of Organizational Behavior, 31*(2-3), 187-215.

Lewin, K. (1947). Frontiers in group dynamics: Concept, method and reality in social science; social equilibria and social change. *Human Relations, 1*(1), 5-41.

Locke, E. A. & Latham, G. P. (1990). *Theory of goal setting & task performance.* Englewood Cliffs, NJ: Prentice-Hall.

Locke, E. A., Shaw, K. N., Saari, L. M., & Latham, G. P. (1981). Goal setting and task performance: 1969-1980. *Psychological Bulletin, 90*(1), 125-152.

Lyons, P. (2008). The crafting of jobs and individual differences. *Journal of Business and Psychology, 23*(1-2), 25-36.

Maslow, A. H. (1954). *Motivation and personality.* New York, NY: Harper & Brothers.

Oldham, G. R., & Hackman, J. R. (2010). Not what it was and not what it will be: The future of job design research. *Journal of Organizational Behavior, 31*(2-3), 463-479.

Paul, J. P., Robertson, K. B., & Herzberg, F. (1969). Job enrichment pays off. *Harvard Business Review, 47*(2), 61-78.

Petrou, P., Demerouti, E., Peeters, M. C. W., Schaufeli, W. B., & Hetland, J. (2012). Crafting a job on a daily basis: Contextual correlates and the link to work engagement. *Journal of Organizational Behavior, 33*(8), 1120-1141.

Tausky, C. (1995). The meanings of work. *Research in the Sociology of Work, 5*(1), 15-27.

Tims, M., & Bakker, A. B. (2010). Job crafting: Towards a new model of individual job redesign. *South African Journal of Industrial Psychology, 36*(2), 12-20.

Tims, M., Bakker, A. B., & Derks, D. (2012). Development and validation of the job crafting scale. *Journal of Vocational Behavior, 80*(1), 173-186.

Tims, M., Bakker, A. B., & Derks, D. (2015). Examining job crafting from an interpersonal perspective: Is employee job crafting related to the well-being of colleagues? *Applied*

參考文獻

Psychology, 64(4), 727–753.

Tims, M., Derks, D., & Bakker, A. B. (2016). Job crafting and its relationships with person–job fit and meaningfulness: A three–wave study. *Journal of Vocational Behavior, 92,* 44–53.

Trist, E. L., & Bamforth, K. (1951). Social and psychological consequences of longwall coal mining. *Human Relations, 4,* 3–38.

Vogt, K., Hakanen, J. J., Brauchli, R., Jenny, G. J., & Bauer, G. F. (2016). The consequences of job crafting: A three–wave study. *European Journal of Work and Organizational Psychology, 25*(3), 353–362.

Vroom, V. H. & Deci, E. L. (1970). *Management and motivation: Selected readings.* Harmondsworth, England: Penguin Books.

Vroom, V. H. (1964). *Work and motivation.* New York, NY: John Wiley & Sons.

Wrzesniewski, A., & Dutton, J. E. (2001). Crafting a job: Revisioning employees as active crafters of their work. *Academy of Management Review, 26*(2), 179–201.

▶ Chapter 6

Athanasopoulou, A., & Dopson, S. (2015). *Developing leaders by executive coaching: Practice and evidence.* Oxford: Oxford University Press.

Beattie, R. S., Kim, S., Hagen, M. S., Egan, T. M., Ellinger, A. D., & Hamlin, R. G. (2014). Managerial coaching: A review of the empirical literature and development of a model to guide future practice. *Advances in Developing Human Resources, 16*(2), 184–201.

Blanchard, K. H. (2010). *Leading at a higher level: Blanchard on leadership and creating high performing organizations.* Upper Saddle River, NJ: FT Press.

Burke, R. J. (1984). Mentors in organizations. *Group & Organization Management, 9*(3), 353–372.

Chung, Y. B., & Gfroerer, M. (2003). Career coaching: Practice, training, professional, and ethical issues. *Career Development Quarterly, 52*(2), 141–152.

Clutterbuck, D. (2013). Time to focus coaching on the team. *Industrial and Commercial Training, 45*(1), 18–22.

Crane, T. G. (2012). *The heart of coaching: Using transformational coaching to create a high–performance coaching* (2nd ed.). San Diego, CA: FTA Press.

參考文獻

Cummings, T. G., & Worley, C. G. (2008). *Organization development and change* (9th ed.). Mason, OH: South-Western Cengage Learning.

Fairley, S. G., & Stout, C. E. (2004). *Getting started in personal and executive coaching: How to create a thriving coaching practice.* New Jersey: John Wiley & Sons.

Fénelon, F. (1795). *The adventures of Telemachus.* Farmington Hills, MI: Thomson Gale.

Gilley, A., Gilley, J. W., & Kouider, E. (2010). Characteristics of managerial coaching. *Performance Improvement Quarterly, 23*(1), 53-70.

Grant, A. M. (2006). An integrative goal-focused approach to executive coaching. In D. Stober & A. M. Grant (Eds.), *Evidence based coaching handbook* (pp. 153-192). New York, NY: Wiley.

Hamlin, R. G., Ellinger, A. D., & Beattie, R. S. (2006). Coaching at the heart of managerial effectiveness: A cross-cultural study of managerial behaviours. *Human Resource Development International, 9*(3), 305-331.

Hamlin, R. G., Ellinger, A. D., & Beattie, R. S. (2008). The emergent 'coaching industry': A wake-up call for HRD professionals. *Human Resource Development International, 11*(3), 287-305.

Knowles, M. S. (1970). *The modern practice of adult education: Andragogy versus pedagogy.* Chicago, IL: Follett.

Kram, K. E. (1983). Phases of the mentor relationship. *Academy of Management Journal, 26*(4), 608-625.

Lombardo, M. M., & Eichinger, R. W. (1996). *The career architect development planner.* Minneapolis, MN: Lominger International.

Mace, M. L., & Mahler, W. R. (1958). On-the-job coaching. In H. F. Merrill & E. Marting (Eds.), *Developing executive skills: New patterns for management growth* (pp.99-110). New York, NY: American Management Association.

McLean, G. N., Yang, B., Kuo, M.-H. C., Tolbert, A. S., & Larkin, C. (2005). Development and initial validation of an instrument measuring managerial coaching skill. *Human Resource Development Quarterly, 16*(2), 157-178.

O'Neil, J., & Marsick, V. J. (2014). Action learning coaching. *Advances in Developing Human Resources, 16*(2), 202-221.

參考文獻

Oh, Heon-Seok. (2009). *ASTD HRD trend*. Seoul: Hakjisa.

Parsloe, E. (1992). *Coaching, mentoring, and assessing: A practical guide to developing competence.* New York, NY: Kogan Page.

Peters, J., & Carr, C. (2013). Team effectiveness and team coaching literature review. *Coaching, 6*(2), 116-136.

Pousa, C., & Mathieu, A. (2015). Is managerial coaching a source of competitive advantage? Promoting employee self-regulation through coaching. *Coaching, 8*(1), 20-35.

Scandura, T. A. (1992). Mentorship and career mobility: An empirical investigation. *Journal of Organizational Behavior, 13*(2), 169-174.

Stern, L. R. (2004). Executive coaching: A working definition. *Consulting Psychology Journal: Practice and Research, 56*(3), 154-162.

van Nieuwerburgh, C. (Ed.). (2012). *Coaching in education: Getting better results for students, educators, and parents.* London, England: Karnac.

Wenson, J. E. (2010). After-coaching leadership skills and their impact on direct reports: Recommendations for organizations. *Human Resource Development International, 13*(5), 607-616.

Whitmore, J. (1992). *Coaching for performance: Growing human potential and purpose.* London, England: Nicholas Brealey Publishing.

Williams, P. (2003). The potential perils of personal issues in coaching the continuing debate. *International Journal of Coaching in Organizations, 2*(2), 21-30.

Woo, H. R. (2017). Exploratory study examining the joint impacts of mentoring and managerial coaching on organizational commitment. *Sustainability, 9*(2), 181.

▶ Chapter 7

Akgün, A. E., Byrne, J. C., Lynn, G. S., & Keskin, H. (2007). Organizational unlearning as changes in beliefs and routines in organizations. *Journal of Organizational Change Management, 20*(6), 794-812.

Akgün, A. E., Lynn, G. S., & Byrne, J. C. (2006). Antecedents and consequences of unlearning in new product development teams. *Journal of Product Innovation Management, 23*(1), 73-88.

Alas, R. (2007). Reactions to organizational change from the institutional perspective: The

參考文獻

case of Estonia. *Problems and Perspectives in Management, 5*(3), 19–30.

Argyris, C., & Schön, D. (1978). *Organizational learning: A theory of action perspective.* Boston, MA: Addison-Wesley.

Argyris, C., & Schön, D. (1996). *Organizational learning II: Theory, method, and practice.* Reading, MA: Addison-Wesley.

Azmi, F. T. (2008). Mapping the learn-unlearn-relearn model: Imperatives for strategic management. *European Business Review, 20*(3), 240–259.

Baker, W. E., & Sinkula, J. M. (1999). The synergistic effect of market orientation and learning orientation on organizational performance. *Journal of the Academy of Marketing Science, 27*(4), 411–427.

Beck, M. (1989). Learning organisations: How to create them. *Industrial and Commercial Training, 21*(3), 21–28

Bettis, R. A., & Prahalad, C. K. (1995). The dominant logic: Retrospective and extension. *Strategic Management Journal, 16*(1), 5–14.

Boynton, A. C., Zmud, R. W., & Jacobs, G. C. (1994). The influence of IT management practice on IT use in large organizations. *MIS Quarterly Review, 18*(3), 299–318.

Cegarra-Navarro, J. G., & Dewhurst, F. W. (2006). Linking shared organizational context and relational capital through unlearning: An initial empirical investigation in SMEs. *Learning Organization, 13*(1), 49–62.

Cockburn, I. M., & Henderson, R. M. (1998). Absorptive capacity, coauthoring behavior, and the organization of research in drug discovery. *Journal of Industrial Economics, 46*(2), 157–182.

Cohen, W. M., & Levinthal, D. A. (1990). Absorptive capacity: A new perspective on learning and innovation. *Administrative Science Quarterly, 35*(1), 128–128.

Cummings, T. G., & Worley, C. G. (2008). *Organization development and change* (9th ed.). Mason, OH: South-Western Cengage Learning.

de Holan, P. M., & Phillips, N. (2004a). Organizational forgetting as strategy. *Strategic Organization, 2*(4), 423–433.

de Holan, P. M., & Phillips, N. (2004b). Remembrance of things past? The dynamics of organizational forgetting. *Management Science, 50*(11), 1603–1613.

Dodgson, M. (1993). Organizational learning: A review of some literatures. *Organization Studies, 14*(3), 375–394.

參考文獻

Garvin, D. A. (1993). Building a learning organization. *Harvard Business Review, 71*(4), 78-91.

Glass, A., & Saggi, K. (2002). Multinational firms and technology transfer. *Scandinavian Journal of Economics, 104*(4), 495-514.

Hedberg, B. (1981). How organizations learn and unlearn. In P. C. Nystrom & W. Starbuck (Eds.), *Handbook of organizational design* (pp. 3-27). Oxford, England: Oxford University Press.

Huber, G. P. (1991). Organizational learning: The contributing processes and the literatures. *Organization Science, 2*(1), 88-115.

Kim, L. (1998). Crisis construction and organizational learning: Capability building in catching-up at Hyundai Motor. *Organization Science, 9*(4), 506-521.

Kim, L., & Dahlman, C. J. (1992). Technology policy for industrialization: An integrative framework and Korea's experience. *Research Policy, 21*(5), 437-452.

Klein, J. (1989). Parenthetic learning in organizations: Toward the unlearning of the unlearning model. *Journal of Management Studies, 26*(3), 291-308.

Kwon, Jung-Eon. (2011). *The influence of individual creativity to organizational creative product in entertainment media companies: Focus on unlearning capacity and absorptive capacity*. Unpublished Ph. D. dissertation, Department of Human Resource Development. Chung-Ang University at Seoul.

Lane, P. J., & Lubatkin, M. (1998). Relative absorptive capacity and interorganizational learning. *Strategic Management Journal, 19*(5), 461-477.

Lewin, K. (1947). Frontiers in group dynamics: Concept, method and reality in social science; social equilibria and social change. *Human Relations, 1*(1), 5-41.

Liu, X., & White, R. S. (1997). The relative contributions of foreign technology and domestic inputs to innovation in Chinese manufacturing industries. *Technovation, 17*(3), 119-125.

Marquardt, M. J. (1996). *Building the learning organization: A systems approach to Quantum Improvement and Global Success.* New York, NY: McGraw-Hill.

Matusik, S. F., & Heeley, M. (2001). Absorptive capacity and firm knowledge: Separating the multiple components of the absorptive capacity construct. *In annual meeting of the Academy of Management, Washington, DC.*

Mowery, D. C., & Oxley, J. E. (1995). Inward technology transfer and competitiveness:

參考文獻

The role of national innovation systems. *Cambridge Journal of Economics, 19*(1), 67–93.

Navarro, J. G. C. & Moya, B. R. (2005). Business performance management and unlearning process. *Knowledge and Process Management, 12*(3), 161–170.

Nonaka, I., & Johansson, J. K. (1985). Organizational learning in Japanese companies. In R. Lamb & P. Shrivastava (Eds.), *Advances in strategic management* (pp. 277–296). Greenwich, CT: JAI Press.

Nystrom, P. C., & Starbuck, W. H. (1984). To avoid organizational crises, unlearn. *Organizational Dynamics, 12*(4), 53–65.

Pedler, M., Burgoyne, J., & Boydell, T. (1997). *The learning company: Strategies for sustainable development.* London, England: McGraw–Hill.

Phene, A., Fladmoe–Lindquist, K., & Marsh, L. (2006). Breakthrough innovations in the U.S. biotechnology industry: The effects of technological space and geographic origin. *Strategic Management Journal, 27*(4), 369–388.

Prahalad, C. K. & Hamel, G. (2001). The core competence of the corporation. *Harvard Business Review, 68*(3), 79–91.

Prahalad, C. K., & Bettis, R. A. (1986). The dominant logic: A new linkage between diversity and performance. *Strategic Management Journal, 7*(6), 485–501.

Senge, P. M. (1990). *The fifth discipline: The art and practice of the learning organization.* New York, NY: Doubleday/Currency.

Sinkula, J. M. (2002). Market–based success, organizational routines, and unlearning. *Journal of Business and Industrial Marketing, 17*(4), 253–269.

Starbuck, W. H. (1996). Unlearning ineffective or obsolete stechnologies. *International Journal of Technology Management, 11*(7–8), 725–737.

Szulanski, G. (1996). Exploring internal stickiness: Impediments to the transfer of best practice within the firm. *Strategic Management Journal, 17*(S2), 27–43.

Tsang, E. W. K., & Zahra, S. A. (2008). Organizational unlearning. *Human Relations, 61*(10), 1435–1462.

Ulrich, D., Kerr, S., & Ashkenas, R. N. (2002). *The GE Work–out.* New York, NY: McGraw–Hill.

Van Wijk, R., Van den Bosch, F., & Volberda, H. (2001). The impact of knowledge depth and breadth of absorbed knowledge on levels of exploration and exploitation. *In*

参考文獻

Academy of Management Annual Meeting, Annual Reviews, Washington, DC.

Veugelers, R. (1997). Internal R&D expenditures and external technology sourcing. *Research Policy, 26*(3), 303–316.

Watkins, K. E., & Marsick, V. J. (1993). *Sculpting the learning organization: Lessons in the art and science of systemic change.* San Francisco, CA: Jossey-Bass.

Watkins, K. E., & Marsick, V. J. (1996). *In Action: Creating the Learning Organization.* Alexandria, VA: American Society for Training and Development.

Yang, B., Watkins, K., & Marsick, V. (2004). The construct of the learning organization: Dimensions, measurement, and validation. *Human Resource Development Quarterly, 15*(1), 31–55.

Zahra, S. A., & George, G. (2002). Absorptive capacity: A review, reconceptualization, and extension. *Academy of Management Review, 27*(2), 185–203.

▶ Chapter 8

Arthur, M. (1994). The boundaryless career: A new perspective for organizational inquiry. *Journal of Organizational Behavior, 15*(4), 295–306.

Arthur, M., & Rousseau, D. (1996). Conclusion: A lexicon for the new organizational era. In M. Arthur, & D. Rousseau (Eds.), *The boundaryless career: A new employment principle for a new organizational era* (pp. 370–382). Oxford, England: Oxford University Press.

Arthur, M., Hall, D. T., & Lawrence, B. S. (Eds.) (1989). *Handbook of career theory.* Cambridge, MA: Cambridge University Press.

Arthur, M., Khapova, S., & Wilderom, C. (2005). Career success in a boundaryless career world. *Journal of Organizational Behavior, 26*(2), 177–202.

Autin, K. L., Douglass, R. P., Duffy, R. D., England, J. W., & Allan, B. A. (2017). Subjective social status, work volition, and career adaptability: A longitudinal study. *Journal of Vocational Behavior, 99,* 1–10.

Biemann, T., Zacher, H., & Feldman, D. C. (2012). Career patterns: A twenty-year panel study. *Journal of Vocational Behavior, 81*(2), 159–170.

Gilley, J. W., Eggland, S. A., & Gilley, A. M. (2002). *Principles of human resource development* (2nd ed.). Massachusetts: Addison-Wesley. 장원섭(역). (2003). *인적자원개발론.* 서울: 학지사.

參考文獻

Gould, S. (1979). Characteristics of career planners in upwardly mobile occupations. *Academy of Management Journal, 22*(3), 539-550.

Gubler, M., Arnold, J., & Coombs, C. (2014). Reassessing the protean career concept: Empirical findings, conceptual components, and measurement. *Journal of Organizational Behavior, 35*(S1), S23-S40.

Hall, D. T. (1996). Protean careers of the 21st century. *Academy of Management Perspectives, 10*(4), 8-16.

Hall, D. T. (2002). *Careers in and out of organizations.* Thousand Oaks, CA: Sage Publications.

Hall, D. T. (2004). The protean career: A quarter-century journey. *Journal of Vocational Behavior, 65*(1), 1-13.

Hall. D. T. (1971). A theoretical model of career subidentity Development in organizational settings. *Organizational Behavior and Human Performance, 6*(1), 50-76.

Hall. D. T. (1976). *Careers in Organizations.* Glenview, IL: Scott Foresman.

Hirschi, A. (2009). Career adaptability development in adolescence: Multiple predictors and effect on sense of power and life satisfaction. *Journal of Vocational Behavior, 74*(2), 145-155.

Johnston, C. S., Luciano, E. C., Maggiori, C., Ruch, W., & Rossier, J. (2013). Validation of the German version of the career adapt-abilities scale and its relation to orientations to happiness and work stress. *Journal of Vocational Behavior, 83*(3), 295-304.

London, M., & Mone, E. M. (1987). *Career management and survival in the workplace.* San Francisco, CA: Jossey-Bass.

McArdle, S., Waters, L., Briscoe, J. P., & Hall, D. T. (2007). Employability during unemployment: Adaptability, career identity and human and social capital. *Journal of Vocational Behavior, 71*(2), 247-264.

Park, Sung-Min. (2010). *Occupation and career development*. Gyeonggi: Seohyunsa.

Savickas, M. L. (2002). Career construction: A developmental theory of vocational behavior. In D. Brown & Associates (Eds.), *Career choice and development* (pp. 149-205). San Francisco, CA: John Wiley & Sons.

Savickas, M. L. (2005). The theory and practice of career construction. In R. W. Lent & S. D. Brown (Eds.), *Career development and counseling: Putting theory and research to work* (pp. 42-70). Hoboken, New Jersey: John Wiley & Sons.

参考文献

Savickas, M. L. (2013). Career construction theory and practice. In R. W. Lent & S. D. Brown (Eds.), *Career development and counseling: Putting theory and research to work* (2nd ed., pp. 147-183). Hoboken, New Jersey: John Wiley & Sons.

Savickas, M. L., & Porfeli, E. J. (2012). Career adapt-abilities scale: Construction, reliability, and measurement equivalence across 13 countries. *Journal of Vocational Behavior, 80*(3), 661-673.

Schein, E. H. (Ed.). (1978). *Career dynamics: Matching individual and organizational needs.* Reading, MA: Addison-Wesley Publishing.

Sears, S. (1982). A definition of career guidance terms: A national vocational guidance association perspective. *Vocational Guidance Quarterly, 31*(2), 137-143.

Shepard, H. A. (1984). On the realization of human potential: A path with a heart. In M. B. Arthur, L. Bailyn, D. J. Levenson, & H. A. Shepard (Eds.), *Working with careers* (pp. 25-46). New York, NY: Columbia University School of Business.

Skorikov, V. (2007). Continuity in adolescent career preparation and its effects on adjustment. *Journal of Vocational Behavior, 70*(1), 8-24.

Sullivan, S. E. (1999). The changing nature of careers: a review and research agenda. *Journal of Management. 25*(3), 457-484,

Sullivan, S. N. & Baruch, Y. (2009). Advances in career theory and research, critical review and agenda for future exploration. *Journal of Management, 35*(6), 1452-1571.

Super, D. E., & Knasel, E. G. (1981). Career development in adulthood: Some theoretical problems and a possible solution. *British Journal of Guidance & Counselling, 9*(2), 194-201.

Tolentino, L. R., Sedoglavich, V., Lu, V. N., Garcia, P. R. J. M., & Restubog, S. L. D. (2014). The role of career adaptability in predicting entrepreneurial intentions: A moderated mediation model. *Journal of Vocational Behavior, 85*(3), 403-412.

Yang, W., Guan, Y., Lai, X., She, Z., & Lockwood, A. J. (2015). Career adaptability and perceived overqualification: Testing a dual-path model among Chinese human resource management professionals. *Journal of Vocational Behavior, 90*, 154-162.

Zikic, J., & Klehe, U. C. (2006). Job loss as a blessing in disguise: The role of career exploration and career planning in predicting reemployment quality. *Journal of Vocational Behavior, 69*(3), 391-409.

參考文獻

▶ Chapter 9

Anderson, J. C., Rungtusanatham, M., & Schroeder, R. G. (1994). A theory of quality management underlying the Deming management method. *Academy of Management Review, 19*(3), 472-472.

Antony, J., & Banuelas, R. (2002). Key ingredients for the effective implementation of six sigma program. *Measuring Business Excellence, 6*(4), 20-27.

Behnam, N., & Joao, S. N. (2009). The challenges of six sigma in improving service quality. *International Journal of Quality and Reliability Management, 26*(7), 663-684.

Bohlander, G., & Snell, S. (2004). *Managing human rsesources.* Mason, OH: Thomson/South-Western.

Bushe, G. R., & Shani, A. B. (1991). Parallel learning structures: *Increasing innovation in bureaucracies.* Reading, MA: Addison-Wesley.

Christensen, C. M., Raynor, M. E., & McDonald, R. (2015). What is disruptive innovation? *Harvard Business Review, 93*(12), 44-53.

Cummings, T. G., & Worley, C. G. (2008). *Organization development and change* (9th ed.). Mason, OH: South-Western Cengage Learning.

Cummings, T. G., & Worley, C. G. (2014). *Organization development and change* (10th ed.). Stamford, CT: Cengage Learning.

Dean, J. W., Jr., & Bowen, D. E. (1994). Management theory and total quality: Improving research and practice through theory development. *Academy of Management Review, 19*(3), 392-418.

Deming, W. E. (1982). *Out of the crisis.* Cambridge, MA: MIT press.

Evans, W. R., & Davis, W. D. (2005). High-performance work systems and organizational performance: The mediating role of internal social structure. *Journal of management, 31*(5), 758-775.

Flynn, B. B., Schroeder, R. G., & Sakakibara, S. (1994). A framework for quality management research and an associated measurement instrument. *Journal of Operations Management, 11*(4), 339-366.

Glaser, E. M. (1980). Productivity gains through worklife improvement. *Personnel, 57*(1), 71-77.

Goldstein, S. G. (1985). Organizational dualism and quality circles. *Academy of*

参考文獻

Management Review, 10(3), 504-517.

Gowen Ⅲ, C. R., & Tallon, W. J. (2005). Effect of technological intensity on the relationships among six sigma design, electronic-business, and competitive advantage: A dynamic capabilities model study. *Journal of High Technology Management Research, 16*(1), 59-87.

Hawk, T. F., & Zand, D. E. (2014). Parallel organization: Policy formulation, learning, and interdivision integration. *Journal of Applied Behavioral Science, 50*(3), 307-336.

Jensen, J. M., Patel, P. C., & Messersmith, J. (2011). Exploring employee reactions to high performance work systems: Is there a potential "Dark Side"? *Academy of Management Proceedings, 2011*(1), 1-6.

Kaynak, H. (2003). The relationship between total quality management practices and their effects on firm performance. *Journal of Operations Management, 21*(4), 405-435.

Kim, Hwan-Il. (2008). The current status and establishment strategies of high-performance work organizations in South Korea. *KEF Compensation Quarterly, 16*(4), 86~104.

Lawler, E. E. (1986). *High involvement management: Participative strategies for improving organisational performance.* San Francisco, CA: Jossey-Bass.

Lawler, E. E., Mohrman, S. A., & Benson, G. (2001). *Organizing for high performance: Employee involvement, TQM, reengineering, and knowledge management in the Fortune 1000.* San Francisco, CA: Jossey-Bass.

Linderman, K., Schroeder, R. G., Zaheer, S., & Choo, A. S. (2003). Six sigma: A goal-theoretic perspective. *Journal of Operations Management, 21*(2), 193-203.

Macky, K., & Boxall, P. (2007). The relationship between 'high-performance work practices' and employee attitudes: an investigation of additive and interaction effects. *The International Journal of Human Resource Management, 18*(4), 537-567.

Nadler, D. A. & Gerstein, M. S. (1992). Designing high-performance work systems: Organizing people, work, technology and information, In D. A. Nadler, M. S. Gerstein, & R. B. Shaw (Eds.), *Organizational architecture: Designs for changing organizations* (pp. 195-208). San Francisco, CA: Jossey-Bass.

Nadler, D. A., & Tushman, M. L. (1997). Competing by design: The power of organizational architecture. New York, NY: Oxford University Press.

Nair, A. (2006). Meta-analysis of the relationship between quality management practices

參考文獻

and firm performance-implications for quality management theory development. *Journal of Operations Management, 24*(6), 948–975.

Ok, Chi-Ho. (2015). The impact of HPWS on firm performance–Panel design analysis for mediating effects of organizational ambidexterity. *Journal of Human Resource Management Research, 22*(1), 45–71.

Pak, Jongwook, & Son, Seung-Yeon. (2017) Effects of perceived high performance work systems on task performance and creativity: Moderating effects of core self-evaluation. *Korean Journal of Management, 25*(2), 193–218.

Pfeffer, J. (1998). *The human equation: Building profits by putting people first.* Boston, MA: Harvard Business School Press.

Ravichandran, J. (2006). Six-sigma milestone: An overall sigma level of an organization. *Total Quality Management and Business Excellence, 17*(8), 973–980.

Reeves, C. A., & Bednar, D. A. (1994). Defining quality: Alternatives and implications. *Academy of Management Review, 19*(3), 419–445.

Reger, R. K., Gustafson, L. T., Demarie, S. M., & Mullane, J. V. (1994). Reframing the organization: Why implementing total quality is easier said than done. *Academy of Management Review, 19*(3), 565–584.

Rubinstein, D., & Woodman, R. W. (1984). Spiderman and the Burmese raiders: Collateral organization theory in action. *Journal of Applied Behavioral Science, 20*(1), 1–16.

Schroeder, R. G., Linderman, K., Liedtke, C., & Choo, A. S. (2008). Six sigma: Definition and underlying theory. *Journal of Operations Management, 26*(4), 536–554.

Semler, R. (2004). *The seven-day weekend: Changing the way work works.* New York, NY: Penguin.

Senge, P. M. (1990). *The fifth discipline: The art and practice of the learning organization.* New York, NY: Doubleday/Currency.

Sinha, K. K., & Van de Ven, A. H. (2005). Designing work within and between organizations. *Organization Science, 16*(4), 389–408.

Sitkin, S. B., Sutcliffe, K. M., & Schroeder, R. G. (1994). Distinguishing control from learning in total quality management: A contingency perspective. *Academy of Management Review, 19*(3), 537–564.

Sousa, R., & Voss, C. A. (2002). Quality management re-visited: A reflective review and agenda for future research. *Journal of Operations Management, 20*(1), 91–109.

參考文獻

Spencer, B. A. (1994). Models of organization and total quality management: A comparison and critical evaluation. *Academy of Management Review, 19*(3), 446-471.

Stein, B. A., & Kanter, R. M. (1980). Building the parallel organization: Creating mechanisms for permanent quality of work life. *Journal of Applied Behavioral Science, 16*(3), 371-388.

Swanson, R. A., & Holton, E. F. (2010). *Foundations of human resource management* (2nd ed.). San Francisco, CA: Berrett-Koehler Publishers.

Vaill, P. B. (1982). The purposing of high-performing systems. *Organizational Dynamics, 11*(2), 23-39.

Vandenberg, R. J., Richardson, H. A., & Eastman, L. J. (1999). The impact of high involvement work processes on organizational effectiveness a second-order latent variable approach. *Group & Organization Management, 24*(3), 300-339.

Waldman, D. A. (1994). The Contributions of total quality management to a theory of work performance. *Academy of Management Review, 19*(3), 510-536.

Walton, R. E. (1973). Quality of work life: what is it? *Sloan Management Review, 15*(1), 11-21.

Walton, R. E. (1980). Improving the QWL. *Harvard Business Review, 19*(12), 11-24.

Welch, J. (2001). *Jack: Straight from the gut.* New York, NY: Warner Business Books.

Zand, D. E. (1974). Collateral organization: A new change strategy. *Journal of Applied Behavioral Science, 10*(1), 63-89.

Zand, D. E., & Hawk, T. F. (2010). Formulating policy with a parallel organization: How a CEO integrated independent divisions. *Strategy & Leadership, 38*(5), 33-38.

Zatzick, C. D., Moliterno, T. P., & Fang, T. (2012). Strategic (MIS) FIT: The implementation of TQM in manufacturing organizations. *Strategic Management Journal, 33*(11), 1321-1330.

Zu, X., Fredendall, L. D., & Douglas, T. J. (2008). The evolving theory of quality management: The role of six sigma. *Journal of Operations Management, 26*(5), 630-650.

▶ Chapter 10

Abdolvand, N., Albadvi, A., & Ferdowsi, Z. (2008). Assessing readiness for business

參考文獻

process reengineering. *Business Process Management Journal, 14*(4), 497-511.

Amis, J., Slack, T., & Hinings, C. R. (2004). The pace, sequence, and linearity of radical change. *Academy of Management Journal, 47*(1), 15-39.

Argyris, C., & Schön, D. A. (1978). *Organizational learning: A theory of action perspective.* Reading, MA: Addison-Wesley.

Armenakis, A. A., & Bedeian, A. G. (1999). Organizational change: A review of theory and research in the 1990s. *Journal of Management, 25*(3), 293-315.

Armenakis, A. A., & Harris, S. G. (2002). Crafting a change message to create transformational readiness. *Journal of Organizational Change Management, 15*(2), 169-183.

Armenakis, A. A., Harris, S. G., & Mossholder, K. W. (1993). Creating readiness for organizational change. *Human Relations, 46*(6), 681-703.

Ashurst, C., & Hodges, J. (2010). Exploring business transformation: The challenges of developing a benefits realisation capability. *Journal of Change Management, 10*(2), 217-237.

Balogun, J., & Hope Hailey, V. (2004). *Exploring strategic change* (2nd ed.). London, England: Prentice Hall.

Bamford, D. R., & Forrester, P. L. (2003). Managing planned and emergent change within an operations management environment. *International Journal of Operations & Production Management, 23*(5), 546-564.

Beer, M. (2011). Developing an effective organization: Intervention method, empirical evidence, and theory. In A. B. R. Shani, R. W. Woodman & W. A. Pasmore (Eds.), *Research in organizational change and development* (Vol. 19, pp. 1-54). Bingley, England: Emerald Group Publishing Limited.

Beer, M., & Nohria, N. (2000). Cracking the code of change. *Harvard Business Review, 78*(3), 133-141.

Bullock, R. J., & Batten, D. (1985). It's just a phase we're going through: a review and synthesis of OD phase analysis. *Group & Organization Studies, 10*(4), 383-412.

Burchell, N., & Kolb, D. G. (2006). Stability and change for sustainability. *Business Review, 8*(2), 32-41.

Burke, W. W., Lake, D. G., & Paine, J. W. (2009). *Organization change: A comprehensive reader.* San Francisco, CA: Jossey-Bass.

参考文献

Davidson, M. C. G., & De Marco, L. (1999). Corporate change: Education as a catalyst. *International Journal of Contemporary Hospitality Management, 11*(1), 16–23.

De Bono, E. (1971). *Lateral thinking for management.* New York, NY: American Management Association.

Derfus, P. J., Maggitti, P. G., Grimm, C. M., & Smith, K. G. (2008). The red queen effect: Competitive actions and firm performance. *Academy of Management Journal, 51*(1), 61–80.

Drucker, P. F. (1998). *Peter Drucker on the profession of management.* Boston, MA: Harvard Business School Publishing.

Eldrod II, P. D., & Tippett, D. D. (2002). The "death valley" of change. *Journal of Organizational Change Management, 15*(3), 273–291.

Feldman, M. S., & Pentland, B. T. (2003). Reconceptualizing organizational routines as a source of flexibility and change. *Administrative Science Quarterly, 48*(1), 94–118.

Fiegenbaum, A., Hart, S., & Schendel, D. (1996). Strategic reference point theory. *Strategic Management Journal, 17*(3), 219–235.

Gersick, C. J. G. (1991). Revolutionary change theories: A multilevel exploration of the punctuated equilibrium paradigm. *Academy of Management Review, 16*(1), 10–36.

Golembiewski, R. T., Billingsley, K., & Yeager, S. (1976). Measuring change and persistence in human affairs: Types of change generated by OD designs. *Journal of Applied Behavioral Science, 12*(2), 133–157.

Grabow, S. G., & Heskin, A. (1973). Foundations for a radical concept of planning. *Journal of the American Institute of Planners, 39*(2), 106–114.

Graetz, F., & Smith, A. C. T. (2009). Duality theory and organizing forms in change management. *Journal of Change Management, 9*(1), 9–25.

Haberberg, A., & Rieple, A. (2008). *Strategic management: Theory and application.* New York, NY: Oxford University Press.

Hayes, J. (2002). *The theory and practice of change management.* New York, NY: Palgrave.

He, Z.-L., & Wong, P.-K. (2004). Exploration vs. exploitation: An empirical test of the ambidexterity hypothesis. *Organization Science, 15*(4), 481–494.

Higgs, M., & Rowland, D. (2005). All changes great and small: Exploring approaches to change and its leadership. *Journal of Change Management, 5*(2), 121–151.

參考文獻

Hinings, C. R., & Greenwood, R. (1988). *The dynamics of strategic change.* Oxford, England: Blackwell.

Holt, D. T., Armenakis, A. A., Feild, H. S., & Harris, S. G. (2007). Readiness for organizational change: The systematic development of a scale. *Journal of Applied Behavioral Science, 43*(2), 232-255.

Holt, D. T., Armenakis, A. A., Harris, S. G., & Feild, H. S. (2007). Toward a comprehensive definition of readiness for change: A review of research and instrumentation. In A. B. R. Shani, R. W. Woodman & W. A. Pasmore (Eds.), *Research in organizational change and development* (Vol. 16, pp. 289-336). Bingley, England: Emerald Group Publishing Limited.

Holt, D. T., Bartczak, S. E., Clark, S. W., & Trent, M. R. (2007). The development of an instrument to measure readiness for knowledge management. *Knowledge Management Research and Practice, 5*(2), 75-92.

Hughes, M. (2011). Do 70 per cent of all organizational change initiatives really fail? *Journal of Change Management, 11*(4), 451-464.

Jacobson, E. H. (1957). *The effect of changing industrial methods and automation on personnel.* Paper presented at the symposium on preventive and social psychology, Washington, DC.

Jansen, K. J., & Hofmann, D. A. (2011). Mapping momentum fluctuations during organizational change: A multistudy validation. In A. B. R. Shani, R. W. Woodman & W. A. Pasmore (Eds.), *Research in organizational change and development* (Vol. 19, pp. 163-190). Bingley: Emerald Group Publishing Limited.

Jick, T. D. (1993). *Managing change.* Burr Ridge, IL: McGraw-Hill Irwin.

Kotter, J. P. (1995). Leading change: Why transformation efforts fail. *Harvard Business Review, 73*(6), 59-67.

Kotter, J. P. (1996). *Leading change.* Boston, MA: Harvard Business School Press.

Kwahk, K. Y., & Lee, J. N. (2008). The role of readiness for change in ERP implementation: Theoretical bases and empirical validation. *Information and Management, 45*(7), 474-481.

Labansat, H. A., Ten Eyck, L. L., Gresky, D. M., Dansereau, D. F., & Lord, C. G. (2007). Directed thinking and readiness to change self-beneficial behaviors: Are you ready for some studying? *Journal of Applied Social Psychology, 37*(10), 2238-2260.

參考文獻

Levy, A. (1986). Second-order planned change: Definition and conceptualization. *Organizational Dynamics, 15*(1), 5-23.

Lewin, K. (1947). Frontiers in group dynamics: Concept, method and reality in social science; social equilibria and social change. *Human Relations, 1*(1), 5-41.

Lewin, K. (1958). Group decision and social change. In E. E. Maccoby (Ed.), *Readings in social psychology.* New York, NY: Holt.

Loch, C. H., & Huberman, B. A. (1999). A punctuated-equilibrium model of technology diffusion. *Management Science, 45*(2), 160-177.

Lord, R. G., Diefendorff, J. M., Schmidt, A. M., & Hall, R. J. (2010). Self-regulation at work. *Annual Review of Psychology, 61*(1), 543-568.

Lowy, A., & Hood, P. (2004). *The power of the 2×2 matrix: Using 2×2 thinking to solve business problems and make better decisions.* San Francisco, CA: Jossey-Bass.

Luecke, R. (2003). *Managing change and transition.* Boston, MA: Harvard Business School Press.

Maes, G., & Hootegem, G. V. (2011). Toward a dynamic description of the attributes of organizational change. *Research in Organizational Change and Development, 19,* 191-231.

Magretta, J. (2011). *Understanding Michael Porter: The essential guide to competition and strategy.* Boston, MA: Harvard Business Review Press.

Marshak, R. J. (2002). Changing the language of change: How new contexts and concepts are challenging the ways we think and talk about organizational change. *Strategic Change, 11*(5), 279-286.

McCarthy, I. P. (2004). Manufacturing strategy: Understanding the fitness landscape. *International Journal of Operations & Production Management, 24*(2), 124-150.

Meyer, J. P., Srinivas, E. S., Lal, J. B., & Topolnytsky, L. (2007). Employee commitment and support for an organizational change: Test of the three-component model in two cultures. *Journal of Occupational and Organizational Psychology, 80*(2), 185-211.

Miller, D., & Friesen, P. (1980). Archetypes of organizational transition. *Administrative Science Quarterly, 25*(2), 268-299.

Nasim, S., & Sushil. (2011). Revisiting organizational change: Exploring the paradox of managing continuity and change. *Journal of Change Management, 11*(2), 185-206.

參考文獻

Nutt, P. C., & Wilson, D. C. (2010). *Handbook of decision making.* West Sussex, UK: John Wiley & Sons Ltd.

Oakland, J. S., & Tanner, S. J. (2007a). Successful change management. *Total Quality Management and Business Excellence, 18*(1-2), 1-19.

Oakland, J. S., & Tanner, S. J. (2007b). A new framework for managing change. *TQM Magazine, 19*(6), 572-589.

Orlikowski, W. J. (1996). Improvising organizational transformation over time: A situated change perspective. *Information Systems Research, 7*(1), 63-92.

Paglis, L. L., & Green, S. G. (2002). Leadership self-efficacy and managers' motivation for leading change. *Journal of Organizational Behavior, 23*(2), 215-235.

Palmer, I., & Dunford, R. (2008). Organizational change and the importance of embedded assumptions. *British Journal of Management, 19*(S1), 20-32.

Pettigrew, A. M. (1987). Context and action in the transformation of the firm. *Journal of Management Studies, 24*(6), 649-670.

Pettigrew, A. M., Woodman, R. W., & Cameron, K. S. (2001). Studying organizational change and development: Challenges for future research. *Academy of Management Journal, 44*(4), 697-713.

Pfeffer, J. (1997). Pitfalls on the road to measurement: The dangerous liaison of human resources with the ideas of accounting and finance. *Human Resource Management, 36*(3), 357-365.

Rafferty, A. E., & Simons, R. H. (2006). An examination of the antecedents of readiness for fine-tuning and corporate transformation changes. *Journal of Business and Psychology, 20*(3), 325-350.

Raisch, S., & Birkinshaw, J. (2008). Organizational ambidexterity: Antecedents, outcomes, and moderators. *Journal of Management, 34*(3), 375-409.

Rogers, E. (2003). *Diffusion of innovations* (5th ed.). New York, NY: Free Press.

Romanelli, E., & Tushman, M. L. (1994). Organizational transformation as punctuated equilibrium: An empirical test. *Academy of Management Journal, 37*(5), 1141-1166.

Rusly, F. H., Corner, J. L., & Sun, P. (2012). Positioning change readiness in knowledge management research. *Journal of Knowledge Management, 16*(2), 329-355.

Self, D. R. (2007). Organizational change - overcoming resistance by creating readiness. *Development and Learning in Organizations, 21*(5), 11-13.

参考文獻

Self, D. R., & Schraeder, M. (2009). Enhancing the success of organizational change: Matching readiness strategies with sources of resistance. *Leadership and Organization Development Journal, 30*(2), 167–182.

Shinkle, G. A. (2012). Organizational aspirations, reference points, and goals: Building on the past and aiming for the future. *Journal of Management, 38*(1), 415–455.

Sirkin, H. L., Keenan, P., & Jackson, A. (2005). The hard side of change management. *Harvard Business Review, 83*(10), 108–118.

Srivastava, & Fry, D. E. (1992). *Executive and organizational continuity: Managing the paradoxes of stability and change.* San Francisco, CA: Jossey-Bass.

Stace, D., & Dunphy, D. (2002). *Beyond the boundaries: Leading and re-creating the successful enterprise.* Sydney: McGraw-Hill Book Co.

Struckman, C. K., & Yammarino, F. J. (2003). Managing through multiple change activities: A solution to the enigma of the 21st century. *Organizational Dynamics, 32*(3), 234–246.

Sushil. (2001). Sap-lap framework. *Global Journal of Flexible Systems Management, 2*(1), 51–55.

Sushil. (2005). A flexible strategy framework for managing continuity and change. International *Journal of Global Business and Competitiveness, 1*(1), 22–32.

Todnem By, R. (2010). Journal of change management: 10 years on. *Journal of Change Management, 10*(1), 1–3.

Trompenaars, F., & Woolliams, P. (2003). A new framework for managing change across cultures. *Journal of Change Management, 3*(4), 361–375.

Van de Ven, A. H., & Poole, M. S. (1995). Explaining development and change in organizations. *Academy of Management Review, 20*(3), 510–540.

Van de Ven, A. H., & Sun, K. (2011). Breakdowns in implementing models of organization change. *Academy of Management Perspectives, 25*(3), 58–74.

Vroom, V. H. (1964). *Work and motivation.* New York, NY: John Wiley & Sons.

Vroom, V. H. (2005). On the origins of expectancy theory. In K. G. Smith & M. A. Hitt (Eds.), *Great minds in management: The process of theory development* (pp. 239–258). Oxford, England: Oxford University Press.

Walinga, J. (2008). Toward a theory of change readiness: The roles of appraisal, focus, and perceived control. *Journal of Applied Behavioral Science, 44*(3), 315–347.

參考文獻

Wanberg, C. R., & Banas, J. T. (2000). Predictors and outcomes of openness to changes in a reorganizing workplace. *Journal of Applied Psychology, 85*(1), 132-142.

Weick, K. E., & Quinn, R. E. (1999). Organizational change and development. *Annual Review of Psychology, 50*(1), 361-386.

Wischnevsky, J. D., & Damanpour, F. (2005). Punctuated equilibrium model of organizational transformation: Sources and consequences in the banking industry. In R. Woodman, P. W. Pasmore & A. B. R. Shani (Eds.), *Research in organizational change and development* (Vol. 15, pp. 207-239). Bingley, England: Emerald Group Publishing.

Woo, Hyung-Rok, & Han, Jung-Wha. (2013). Common success factors for effective change management: evaluating six sigma implementation. *Korean Journal of Management, 21*(2), 181-216

▶ Chapter 11

Boonstra, J. (2013) Cultural change and leadership in organizations: *A practical guide to successful organizational change.* Malden, MA: John Wiley & Sons.

Cameron, K., & Quinn, R. E. (1999). *Diagnosing and changing organizational culture.* Reading, MA: Addison-Wesley.

Campbell, J. P. (1977). On the nature of organizational effectiveness. In P. S. Goodman & J. M. Pennings, (Eds.), *New perspectives on organizational effectiveness* (pp. 36-41). San Francisco, CA: Jossey-Bass.

Deal E. T. & Kennedy A. A. (1982). *Corporate culture: The rites and rituals of corporate life.* Reading, MA: Addison Wesley Publishing.

Denison, D. R. (1990). *Corporate culture and organizational effectiveness.* New York, NY: John Wiley & Sons.

Denison, D. R. and Mishra, A. K. (1995). Toward a theory of organizational culture and effectiveness. *Organization Science, 6*(2), 204-223.

Duncan, W. J. (1989). Organizational culture:"Getting a fix"on an elusive concept. *Academy of Management Perspectives, 3*(3), 229-236.

Ernest, R. C. (1985). Corporate cultures and effective planning. *Personnel Administrator, 30*(3), 49-60.

Gerstner, L. V. (2002). *Who says elephants can't dance? Inside IBM's historic*

参考文献

turnaround. New York, NY: Harper Business.

Goffee, R. & Jones, G. (1998). *The character of a corporation: How your company's culture can make or break your business,* London, England: HarperCollins.

Handy, C. B. (1978). *Gods of management: How they work, and why they will fail.* London, England: Penguin.

Harrison, R. (1972). Understanding your organization's character. *Harvard Business Review, 50*(3), 119-128.

Harrison, R., & Stokes, H. (1992). *Diagnosing organizational culture.* San Francisco, CA: Pfeiffer.

Kilmann, R. & Saxton, M. (1985). *Gaining control of the corporate culture.* San Francisco, CA: Jossey-Bass.

Leavitt, H. J., & Bahrami, H. (1988). *Managerial psychology: Managing behavior in organization* (5th ed.). Chicago, IL: University of Chicago.

Ouchi, W. G. (1980). Markets, bureaucracies, and clans. *Administrative Science Quarterly, 25*(1), 129-141.

Ouchi, W. G. (1981). Theory Z: How American business can meet the Japanese challenge. *Business Horizons, 24*(6), 82-83.

Pascal, R. T. & Athos, A. G. (1981). *The art of Japanese management.* New York, NY: Simon and Schuster.

Pettigrew, A. M. (1979). On studying organizational cultures. *Administrative Science Quarterly, 24*(4), 570-581.

Quinn, R. E., & McGrath, M. R. (1985). The transformation of organizational cultures: A competing values perspective. In P. J. Frost, L. F. Moore, M. R. Louis, C. C. Lundberg, & J. Martin (Eds.), *Organizational culture* (pp. 315-334). Thousand Oaks, CA: Sage Publications.

Quinn, R. E., & Rohrbaugh, J. (1981). A competing values approach to organizational effectiveness. *Public Productivity Review, 5*(2), 122-140.

Quinn, R. E., & Rohrbaugh, J. (1983). A spatial model of effectiveness criteria: Towards a competing values approach to organizational analysis. *Management Science, 29*(3), 363-377.

Sathe, V. (1985). *Culture and related corporate realities.* Homewood, IL: Irwin.

Schein. E. H. (1985). *Organizational culture and leadership: A dynamic view.* San

參考文獻

Francisco, CA: Jossey-Bass.

Wallach, E. J. (1983). Individuals and organizations: The cultural match. *Training & Development Journal, 37*(2), 28-36.

Weick, K., & Quinn, R. (1999). Organizational change and development. *Annual Review of Psychology, 50*(1), 361-386.

▶ Chapter 12

ASTD. (1996). *Introduction to performance: A primer for trainers.* Alexandria, VA: ASTD.

Beckhard, R. (1969). *Organization development: Strategies and models.* Reading, MA: Addison-Wesley.

Blake, R. & Mouton, J. (1964). *The managerial grid.* Houston, TX: Gulf.

Blake, R. & Mouton, J. (1968). *Corporate excellence through grid organization development: A systems approach.* Houston, TX: Gulf.

Blake, R. & Mouton, J. (1969). *Building a dynamic corporation through grid organization development.* Reading, MA: Addison-Wesley.

Brethower, D. M. & Smalley, K. A. (1998). *Performance-based instruction: Linking training to business results.* San Francisco, CA: Jossey-Bass/Pfeiffer.

Burke, W. (1982). *Organization development: Principles and practices.* Boston, MA: Little, Brown.

Burke, W. W., & Litwin, G. H. (1992). A causal model of organizational performance and change. *Journal of management, 18*(3), 523-545.

Cooperrider D. L., & Srivastva S. (1987). Appreciative inquiry in organizational life. In R. W. Woodman & W. A. Pasmore (Eds.), *Research in organizational change and development* (Vol. 1, pp.129-169). Greenwich, CT: JAI Press.

Cummings, T. G., & Worley, C. G. (2008). *Organization development and change* (9th ed.). Mason, OH: South-Western Cengage Learning.

Cummings, T. G., & Worley, C. G. (2014). *Organization development and change* (10th ed.). Stamford, CT: Cengage Learning.

Diener, E., & Seligman, M. E. P. (2002). Very happy people. *Psychological Science, 13*(1), 81-84.

参考文献

Galbraith, J. R. (1995). *Designing organizations: An executive briefing on strategy, structure, and process.* San Francisco, CA: Jossey-Bass.

Galbraith, J. R. (2002). Organizing to deliver solutions. *Organizational dynamics, 31*(2), 194.

Gilley, J. W., Eggland, S. A., & Gilley, A. M. (2002). *Principles of Human Resource Development* (2nd ed.). Massachusetts: Addison-Wesley.

Greiner, L. E., & Bhambri, A. (1989). New CEO intervention and dynamics of deliberate strategic change. *Strategic Management Journal, 10*(S1), 67-86.

Hackman, J. R. & Oldham, G. R. (1976). Motivation through the design of work: Test of a theory. *Organizational Behavior and Human Performance, 16*(2), 250-279.

Hackman, J. R., & Morris, C. G. (1975). Group tasks, group interaction process, and group performance effectiveness: A review and proposed integration. In L. Berkowitz (Ed.), *Advances in experimental social psychology,* (Vol. 8, pp. 47-99), New York, NY: Academic Press.

Hackman, J. R., & Oldham, G. R. (1980). *Work redesign.* Reading, MA: Addison-Wesley.

Hale, J. (1998). *The performance consultant's fieldbook: Tools and techniques for improving organizations and people.* San Francisco, CA: Jossey-Bass/Pfeiffer.

Harless, J. (1995). Performance technology skills in business: Implications for preparation. *Performance Improvement Quarterly, 8*(4), 75-88.

Hutchison, C. S., Stein, F., & Carleton, J. R. (1996). *Potential Strategies and Tactics for Organizational Performance Improvement.* Washington: National Society for Performance and Instruction.

Kelm, J. (2005). *Appreciative Living: The Principles of appreciative inquiry in personal life.* Wake Forest, NC: Venet.

Kwon, Jung-Eon, & Woo, Hyung-Rok. (2016). The study on boundary spanning activities and success factors in marginal team. *Korean Corporation Management Review, 23*(3), 57-76.

Lawler, E. E., Mohrman, S. A., & Ledford, G. E. (1995). *Creating high performance organizations: Practices and results of employee involvement and total quality management in Fortune 1000 companies.* San Francisco, CA: Jossey-Bass.

Lawler, E. E., Mohrman, S. A., & Ledford, G. E. (1998). *Strategies for high-performance organizations.* San Francisco, CA: Jossey-Bass.

參考文獻

Lewin, K. (1951). *Field Theory in Social Science.* New York, NY: Harper & Row.

Likert, R. (1967). *The Human Organization.* New York, NY: McGraw-Hill.

Mager, R. (1997). *Making instruction work* (2nd ed.). Belmont, CA: Lake.

McCaskey, M. B. (1979). *Framework for analyzing work groups*. Boston, MA: Harvard Business School.

McCaskey, M. B. (1992). A framework for analyzing work groups. In J. J. Gabarro (Ed.), *Managing people and organizations,* Boston, MA: Harvard Business School.

Nadler, D. A., & Tushman, M. L. (1980). A model for diagnosing organizational behavior. *Organizational Dynamics, 9*(2), 35-51.

Nadler, D. A., & Tushman, M. L. (1989). Organizational frame bending: Principles for managing reorientation. *Academy of Management Perspectives, 3*(3), 194-204.

Nadler, D., & Tushman, M. (1988). *Strategic organization design: Concepts, tools & processes.* Glenview, IL: Scott Foresman.

Nilson, C. (1999). *The performance consulting toolbook.* New York, NY: McGraw-Hill.

Pershing, J. A. (Ed.). (2006). *Handbook of human performance technology: Principles, practices, potential.* San Francisco, CA: Pfeiffer.

Porras, J. I., & Robertson, P. J. (1987). Organization development theory: A typology and evaluation. In R. W. Woodman & W. A. Pasmore (Eds.), *Research in organization development* (Vol. 1, pp. 1-57). Greenwich, CT: JAI Press.

Rosenberg, M. (1996). Human performance technology. In R. Ceaig(Ed.), Training and development handbook (4th ed.). New York, NY: McGraw-Hill.

Rosenberg, M. J. (1990). Performance technology: Working the system. *Training, 27*(2), 42-48.

Rothwell, W. J. (1996a). *Beyond training and development: State-of-the art strategies for enhancing human performance.* New York, NY: AMACOM.

Rothwell, W. J. (1996b). *ASTD models for human performance improvement.* Alexandria, VA: ASTD.

Rothwell, W. J., Hohne, C. K., & King, S. B. (2006). *Human performance improvement: Building practitioner performance* (2nd ed.). Boston, MA: Butterworth-Heinemann.

Rothwell, W. J., Sullivan, R. L. (Eds.) (2005). *Practicing organization development: A guide for consultants* (2nd ed.). San Diego, CA: Pfeiffer.

参考文獻

Seligman, Martin E. P. (1991). *Learned Optimism: How to Change Your Mind and Your Life.* New York, NY: Pocket Books.

Seligman, Martin E. P. (2002). *Authentic happiness: Using the new positive psychology to realize your potential for lasting fulfillment.* New York, NY: Free Press.

Shin, Dung-Sang, & Lee, Hee-Su. (2009). A study on translating HRD terms into Korean in order to sharpen novices' understanding of HRD literatures: Focusing on the 'performance'. *The Journal of Lifelong Education and HRD, 5*(4), 171-193.

Stolovitch, H. D., & Keeps, E. J. (1999). *Handbook of human performance technology* (2nd ed.). San Francisco, CA: Jossey-Bass/Pfeiffer.

Swanson, R. A. (2007). *Analysis for improving performance: Tools for diagnosing organizations and documenting workplace expertise* (2nd ed.). San Francisco, CA: Berrett-Koehler.

Van Tiem, D. M., Moseley, J. L. & Dessinger, J. C. (2004). *Fundamentals of performance technology* (2rd ed.). Silver Spring, MD: International Society for Performance Improvement.

Warrick, D. D. (1984). Organization development. In W. R. Tracey (Ed.), *Human resources management and development handbook,* (pp. 915-925). New York, NY: American Management Association.

Weisbord, M. R. (1976). Organizational diagnosis: Six places to look for trouble with or without a theory. *Group & Organization Studies, 1*(4), 430-447.

Whitney, D. D., & Trosten-Bloom, A. (2003). *The power of appreciative inquiry: A practical guide to positive change.* San Francisco, CA: Berrett-Koehler.

Worley, C. G., Hitchin, D. E., & Ross, W. L. (1996). *Integrated strategic change: How OD builds competitive advantage.* Reading, MA: Addison-Wesley.

▶ Chapter 13

Barak, M. E., Cherin, D. A., & Berkman, S. (1998). Organizational and personal dimensions in diversity climate: Ethnic and gender differences in employee perceptions. *Journal of Applied Behavioral Science, 34*(1), 82-104.

Bartlett, C., & Ghoshal, S. (1998). *Managing across borders: The transnational solution.* Boston, MA: Harvard Business School Press.

參考文獻

Beechler, S., & Javidan, M. (2007). Leading with a global mindset. In M. Javidan, R. Steers & M. Hitt (Eds.), *Advances in international management* (Vol. 19, pp. 131-169). New York, NY: Elsevier.

Begley, T. M., & Boyd, D. P. (2003). The need for a corporate global mind-set. *MIT Sloan Management Review, 44*(2), 25-32.

Cowen, T. (2011). *The great stagnation: How America ate all the low-hanging fruit of modern history, got sick, and will (eventually) feel better.* New York, NY: Dutton.

Deloach, S., Saliba, L., Smith, V., & Tiemann, T. (2003). Developing a global mindset through short-term study abroad: A group discussion approach. *Journal of Teaching in International Business, 15*(1), 37-59.

Driscoll, M. P. (2000). *Psychology of learning for instruction* (2nd ed.). Needham Heights, MA: Allyn & Bacon.

Education and Human Resources Policy Committee. (2001). *A national HRD policy report to lead the knowledge power of the 21st Century*. Seoul: Education and Human Resources Policy Committee.

Hitt, M. A., Javidan, M., & Steers, R. M. (2007). The global mindset: An introduction. In M. Javidan, R. Steers & M. Hitt (Eds.), *Advances in international management* (Vol. 19, pp. 1-10). New York, NY: Elsevier.

Javidan, M., & Bowen, D. (2013). The 'Global Mindset' of managers: What it is, why it matters, and how to develop it. *Organizational Dynamics, 42*(2), 145-155.

Kim, Jung-Jin, Park, Kyung-Kyu, & Lim, Hyochang. (2010). A study on the effective repatriation adjustment: Focused on Korean large corporations. *The Korean Journal of Industrial and Organizational Psychology*, *23*(2), 251-273.

Kwon, Jung-Eon. (2013). Suggestions on a general education curriculum for the global mindset: Based on the content analysis of corporate global training and development program. *Korean Journal of General Education*, *7*(3), 97-137.

Kwon, Sun-Won, & Oh, Yoo-Jung. (2010). *The effect of the MNC's human resource management on performance at Korean firms in China*. Paper presented at the Korean Academy of Organization and Management.

Kyvik, O., Saris, W., Bonet, E., & Felício, J. A. (2013). The internationalization of small firms: The relationship between the global mindset and firms' internationalization behavior. *Journal of International Entrepreneurship, 11*(2). 172-195.

参考文獻

Lee, Chan. (2017). HRD trend. In Chan Lee et al., *Human resource development*, (pp.351–379). Gyeonggi: Yangseowon.

Lee, Ho-Joon. (2011.11.15.). Low-growth era is coming: Signs of low-growth in Korea's economy, including plunging growth rate, population decline. *Kyunghyang Shinmun*. Retrieved from http://news.khan.co.kr/kh_news/art_print.html?artid=201111152155185

Lee, Jae-Chang. (2011). *Psychology for human resource management*. Seoul: Hakjisa.

Lee, Sang-Seub. (2017). Global HRD. In Chan Lee et al., *Human resource development*, (pp.319–343). Gyeonggi: Yangseowon.

Levy, O., Beechler, S., Taylor, S., & Boyacigiller, N. A. (2007). What we talk about when we talk about 'global mindset': Managerial cognition in multinational corporations. *Journal of International Business Studies, 38*(2), 231–258.

Mitra, S. (2010). Self-Organized Learning Environment (SOLE). *Toolkit: How to bring Self-Organized Learning Environments to your community. TED Prize.[on-line] at: http://www.ted.com/pages/sole_toolkit (accessed July 2014).*

Nummela, N., Saarenketo, S., & Puumalainen, K. (2004). A global mindset: A prerequisite for successful internationalization? *Canadian Journal of Administrative Sciences, 21*(1), 51–64.

Oddou, G., Mendenhall, M. E., & Ritchie, J. B. (2000). Leveraging travel as a tool for global leadership development. *Human Resource Management, 39*(2–3), 159–172.

Ohmae, K. (1989). Managing in a borderless world. *Harvard Business Review, 67*(3), 152–161.

Park, Sung-Min, & Kwon, Jung-Eon. (2012). Case study of Korean major companies' global HRD. *Andragogy Today: Interdisciplinary Journal of Adult & Continuing Education*, *15*(4), 1–26.

Perlmutter, H. V. (1969). The tortuous evolution of the multinational corporation. *Columbia Journal of World Business, 4*(1), 9–18.

Rhinesmith, S. H. (1992). Global mindsets for global managers. *Training and Development, 46*(10), 63–68.

Shin, Duck-Sang, & Kwon, Jung-Eon. (2013). Changes in Korean corporations' HRD before and after low-growth era and their implications. *Journal of Agricultural Education and Human Resource Development*, *45*(1), 51–73.

參考文獻

The Ministry of Education. (2015). *The 2015 revised curriculum compendium*. Sejong: The Ministry of Education.

Thomas, D., & Brown, J. S. (2011). *A new culture of learning: Cultivating the imagination for a world of constant change* (Vol. 219). Lexington, KY: CreateSpace.

作者简介

• **权静彦**

作者权静彦，对人、成长和相互作用有着浓厚的兴趣，并一直致力于这方面的研究和工作。在韩国梨花女子大学获得了心理学学士学位和教育工学硕士学位，在韩国中央大学获得了人力资源开发（HRD）博士学位。曾在PSI咨询、托马斯国际（Thomas International）、韩国生产性本部担任教授设计师和人力资源开发顾问，同时在韩国CJ集团担任人才开发部部长，开展了胜任力建模、教育体系建立、职业发展路线图制定、评估中心、教育项目开发等项目。

目前，担任韩国中部大学校远程研究生院前途职业咨询系教授，正在培养开发终身前途、促进幸福成长的经验开发专家。另外，作为学生成长教养学部教授，还致力于培养符合第4次产业革命时代的问题解决胜任力和创意性思维的人才。

著作有《设计新视角》、《企业教育项目开发的理论与实践》等书，并在韩国环境部、劳动保障公团、韩国研究基金会担任顾问教授，以及科学技术信息通信部的评估委员会成员。

• **禹亨禄**

作者禹亨禄在韩国高丽大学获得了心理学学士学位和工商管理（MBA）硕士学位，在韩国汉阳大学获得了战略经营博士学位。将学术理论与企业现场相结合，以数据和实证分析为基础，持续进行扩张理论的工作。他在PSI咨询、PwC咨询、IBM、Nemo Partners作为经营顾问，以韩国国内知名的企业和政府机关为对象，进行了人事组织、PI/ERP、六西格玛的相关研究，并执行了经营战略、组织设计及变革管理、经营革新、标准胜任力评价范式研究，绩效评价制度设计，组织诊断，选拔/聘用工具开发等项目。

目前，担任韩国国立木浦大学校经营大学教授，教授人力资源管理及战略经营。

著作有《统计实例》，在全球经济学的《超越变化走向未来》、京畿日报的《世界现在》等上刊登了对组织发展及战略的具有洞察力的专栏。

译者介绍

• **薛汝宽**

译者薛汝宽，毕业于韩国国立木浦大学，分别获得工商管理学学士学位、硕士学位和博士学位。主要研究领域包括人力资源开发（HRD）、跨边界领导力（Boundary-Spanning Leadership）、工作重塑（Job Crafting）以及变革管理等。曾担任韩国文化发展研究所专门委员和韩国国立木浦大学教育革新本部助教等。

目前，担任山东东营职业学院二级学院（经济贸易与管理学院）的讲师，教授人力资源管理和市场营销的专业课程。同时，一直进行着改善组织绩效和个人成长的研究和实践工作。在SCI期刊发表了关于“跨边界领导力如何促进工作绩效”的论文。

印紙
省略

人力资源开发论

2024年 5月　5日 初版 1刷 印刷
2024年 5月 10日 初版 1刷 發行

著　者 权静彦, 禹亨禄
翻　译 薛汝宽
發行人 秦旭相
發行社 (株)白山出版社

地　址 京畿道 坡州市 会同街 370号(白山大厦 3楼)
电　话 02-914-1621
传　真 031-955-9911
电子邮件 edit@ibaeksan.kr
首　页 www.ibaeksan.kr

ISBN 979-11-6567-846-3 93320
值 22,000won